Gutachten A und B
zum 64. Deutschen Juristentag
Berlin 2002

W0392561

VERHANDLUNGEN DES VIERUNDSECHZIGSTEN DEUTSCHEN JURISTENTAGES

Berlin 2002

Herausgegeben von der

STÄNDIGEN DEPUTATION

DES DEUTSCHEN JURISTENTAGES

BAND I

Gutachten

Teile A und B

VERLAG C.H. BECK MÜNCHEN 2002

Empfiehlt es sich, die rechtliche Ordnung finanzieller Solidarität zwischen Verwandten in den Bereichen des Unterhaltsrechts, des Pflichtteilsrechts, des Sozialhilferechts und des Sozialversicherungsrechts neu zu gestalten?

Unterhalts- und erbrechtliches Teilgutachten

GUTACHTEN A

für den 64. Deutschen Juristentag

Erstattet von

PROFESSOR DR. DIETER MARTINY

Europa-Universität Viadrina Frankfurt (Oder)

Sozialrechtliches Teilgutachten

GUTACHTEN B

für den 64. Deutschen Juristentag

Erstattet von

PROFESSOR DR. EBERHARD EICHENHOFER

Friedrich-Schiller-Universität Jena

VERLAG C.H. BECK MÜNCHEN 2002

ISBN 3 406 49346 7

© 2002 Verlag C. H. Beck oHG
Wilhelmstraße 9, 80801 München
Druck: Druckerei C. H. Beck Nördlingen
(Adresse wie Verlag)

Gedruckt auf säurefreiem, alterungsbeständigem Papier
(hergestellt aus chlorfrei gebleichtem Zellstoff)

Empfiehlt es sich, die rechtliche Ordnung finanzieller Solidarität zwischen Verwandten in den Bereichen des Unterhaltsrechts, des Pflichtteilsrechts, des Sozialhilferechts und des Sozialversicherungsrechts neu zu gestalten?

Unterhalts- und erbrechtliches Teilgutachten

GUTACHTEN A

für den 64. Deutschen Juristentag

Erstattet von

PROFESSOR DR. DIETER MARTINY

Europa-Universität Viadrina Frankfurt (Oder)

VERLAG C.H. BECK MÜNCHEN 2002

Inhaltsverzeichnis

A. Einleitung

I. Finanzielle Solidarität im Zivilrecht

1. *Solidarität in der Familie* kann als Zusammenhalt, als Füreinander-Einstehen begriffen werden.[1] Solidarität ist aber kein prä-

---

[1] Abgekürzt zitiert werden Axmann, Die Auswirkungen des Art 6 Nr 5 GG auf Unterhaltsansprüche zwischen nicht miteinander verheirateten Eltern (1999); Ebenroth, Erbrecht (1992); Engstler, Die Familie im Spiegel der amtlichen Statistik (6. Aufl 2001); Erman/Bearbeiter, Bürgerliches Gesetzbuch (10. Aufl 2000); Fuchs, Zivilrecht und Sozialrecht (1992); Gernhuber/Coester-Waltjen, Lehrbuch des Familienrechts (4. Aufl 1994); Göppinger/Wax (Hrsg), Unterhaltsrecht (7. Aufl 2000); Hartkamp/Hesselink/Hondius/Joustra/du Perron (Hrsg), Towards a European Civil Code (2. Aufl Nijmegen/The Hague 1998); Henrich, Testierfreiheit vs Pflichtteilsrecht (2000); Henrich/Schwab (Hrsg), Familienerbrecht und Testierfreiheit im europäischen Vergleich (2001); Huber, Das Pflichtteilsrecht aus positivrechtlicher, rechtsvergleichender und rechtspolitischer Sicht (1999); Kalthoener/Büttner/Niepmann, Die Rechtsprechung zur Höhe des Unterhalts (7. Aufl 2000); Klingelhöffer, Pflichtteilsrecht (1996); Koninklijke Federatie van Belgische Notarissen (Hrsg), De Erfrechtelijke reserve in Vraag Gesteld I (Brüssel 1997); Kremer, Das Stiefkind im Unterhaltsrecht (2001); Lange, Die Ordnung der gesetzlichen Erbfolge (1938); Lange/Kuchinke, Erbrecht (5. Aufl 2001); Leipold, Erbrecht (13. Aufl 2000); Linker, Zur Neubestimmung der Ordnungsaufgaben im Erbrecht in rechtsvergleichender Sicht (1999); Lowe/Douglas, Bromley's Family Law (London 9. Aufl 1998); Lüscher, Soziologische Annäherungen an die Familie (2001); Martiny, Unterhaltsrang und -rückgriff I, II (2000); Maunz/Dürig (Hrsg), Grundgesetz, Kommentar II (2001); Mertens, Die Entstehung der Vorschriften des BGB über die gesetzliche Erbfolge und das Pflichtteilsrecht (1970); Münchener Kommentar/Bearbeiter, Kommentar zum Bürgerlichen Gesetzbuch VIII (4. Aufl 2002), IX (3. Aufl 1997); Palandt/Bearbeiter, Bürgerliches Gesetzbuch (61. Aufl 2002); Pintens (Hrsg), International Encyclopedia of Laws – Family and Succession Law I–III (The Hague, London, Boston 1997ff); Rauscher, Reformfragen des gesetzlichen Erb- und Pflichtteilsrechts, I–III (1993); Rheinstein/Knapp/Sundberg/Bromley/Rieg/Reichert-Facilides (Hrsg), Das Erbrecht von Familienangehörigen in positivrechtlicher und rechtspolitischer Sicht (1971); Ruland, Familiärer Unterhalt und Leistungen der sozialen Sicherheit (1973); Scheiwe, Kinderkosten und Sorgearbeit im Recht (1999); Schwab/Henrich (Hrsg), Familiäre Solidarität (1997); Schwenzer, Vom Status zur Realbeziehung (1987); Soergel/Bearbeiter, BGB (12. Aufl) VIII (1987), IX (1992); Staudinger/Bearbeiter, Kommentar zum Bürgerlichen Gesetzbuch (13. Aufl) Familienrecht, §§ 1601–1615 o (1997); Erbrecht – Einleitung, §§ 1922–1966 (1994); Erbrecht, §§ 2265–2338 a (1998); Vollmer, Verfü-

(Fortsetzung nächste Seite)

ziser Rechtsbegriff.[2] Sie steht für kein bestimmtes Rechtsinstitut, sondern berührt als Querschnittsthema viele Rechtsgebiete, in denen es um den Transfer und die Verteilung von Leistungen geht.[3] Hier müssen die Voraussetzungen, der Umfang, die Durchführung, die Berechtigten und die Verpflichteten – die jeweilige Solidargemeinschaft – näher bestimmt werden. Auch in den Sozialwissenschaften ist Solidarität ein ambivalenter Begriff.[4] Auf jeden Fall kann Solidarität unterschiedliche Formen annehmen.[5] Sie kann sich auf das Gefühl des Zusammenhalts und der Verbundenheit beschränken, emotionaler Natur sein,[6] sich aber auch in materiellen Leistungen ausdrücken. Finanzielle Solidarität kann daher als Gewährung geldwerter Leistungen verstanden werden. Im zivilrechtlichen Zusammenhang interessieren dabei weniger freiwillige Zuwendungen, als vielmehr solche Leistungen, zu denen auch eine rechtliche Verpflichtung besteht. Für die Lösung der Frage, was die Angehörigen der einen Generation von denen der anderen Generation billigerweise erwarten können, müssen auch die Interessengegensätze und Spannungen unter den Beteiligten bewertet werden.[7]

Sowohl das Verwandtenunterhaltsrecht (näher B) als auch das Pflichtteilsrecht (unter C) betrifft vermögenswerte Leistungen innerhalb der Familie und den Transfer von einer Generation an eine andere. Daher wird die Solidargemeinschaft zwischen den Generatio-

---

(Fortsetzung der Fußnote)
gungsverhalten von Erblassern und dessen Auswirkungen auf das Ehegattenerbrecht und das Pflichtteilsrecht (2001); Wendl/Staudigl, Das Unterhaltsrecht in der familiengerichtlichen Praxis (5. Aufl 2000). – Auf Einzelnachweise zu den ausländischen Rechtsvorschriften wird aus Raumgründen verzichtet. Die Texte bzw Übersetzungen finden sich ganz überwiegend in den Länderteilen von Bergmann/Ferid/Henrich (Hrsg), Internationales Ehe- und Kindschaftsrecht I–XIV (6. Aufl 1983 ff); Ferid/Firsching/Dörner/Hausmann (Hrsg), Internationales Erbrecht I–VIII (4. Aufl 1994 ff). – Wirkungsvoll unterstützt haben mich meine wiss Mitarbeiterin Sabine Hoffmann sowie stud iur Jana Behlendorf und stud iur Krzysztof Peśla.

2 Vgl Grimm, Solidarität als Rechtsprinzip (1973).

3 Vgl Ruland, 235 ff; Martiny, I 79 ff.

4 Näher Lüscher, 21 ff; ders, Handeln Generationen wirklich „solidarisch"?, FPR 1999, 35 ff; Huinink (Hrsg), Solidarität in Partnerschaft und Familie (2001).

5 Vgl Bengtson, Beyond the Nuclear Family – The Increasing Importance of Multigenerational Bonds, J. Marr. Fam. 63 (2001) 1 (8), der mehrere Aspekte der Solidarität in der Familie unterscheidet. „Normative solidarity" betrifft die Erwartung von individuellen Verpflichtungen. Die Gewährung von Hilfen wird als „functional solidarity" bezeichnet, während „structural solidarity" die Gelegenheiten zur Interaktion umschreibt.

6 Siehe Köcher, Lebenszentrum Familie, in: Bundesministerium für Familie und Senioren (Hrsg), Festschr 40 Jahre Familienpolitik (1993) 37 ff.

7 Zur sozialwissenschaftlichen Erklärung über eine „Generationenambivalenz" Lüscher, 21 ff.

nen häufig als Grundlage des Verwandtenunterhalts,[8] aber auch des Pflichtteils- bzw Noterbrechts angeführt.[9] Die Rechtsordnung steht insofern vor der Herausforderung, für eine solche intergenerative Umverteilung ein in sich schlüssiges und funktionsfähiges Modell zu entwickeln. Dabei stehen sich Tendenzen zur Einzelfallbeurteilung bzw Individualisierung und Bestrebungen zu einer Schematisierung gegenüber. Dies gilt gleichermaßen für das Unterhalts- wie für das Pflichtteilsrecht.[10]

Das bisherige Recht beruht nach wie vor auf dem Bürgerlichen Gesetzbuch von 1896, das allerdings mehrfach Veränderungen erfahren hat. Dies geschah zunächst durch die Gleichberechtigung der Geschlechter auch im Unterhaltsrecht.[11] In jüngerer Zeit wurde dann die Diskriminierung nichtehelicher Kinder im Kindschaftsrecht,[12] im Unterhaltsrecht[13] und auch im Erbrecht[14] beseitigt. Sie sind nunmehr den ehelichen Kindern gleichgestellt. Daher wird – vom Betreuungsunterhalt einmal abgesehen – nachfolgend auf die Nichtehelichkeit nicht mehr gesondert eingegangen.

2. *Unterhalt* bedeutet die Deckung des Lebensbedarfs durch die Gewährung von geldwerten Leistungen – Betreuung, Natural- oder Geldleistungen – aufgrund familienrechtlicher Verpflichtung gegenüber einem anderen.[15] Solche Unterhaltsleistungen sollen unterschiedliche Bedarfslagen ausgleichen; sie können unter Ehegatten, an Abkömmlinge (Deszendenten) oder auch an Vorfahren (Aszendenten) erbracht werden. Unter Verwandten wird das Unterhaltsrecht vor allem in der Kindheit und im Alter relevant, wo der Grundsatz der Selbsterhaltung bzw Eigenverantwortung nur begrenzt oder gar

---

[8] Schwab, Familiäre Solidarität – Die Begründung und die Grenzen der Unterhaltspflicht unter Verwandten im europäischen Vergleich – Das deutsche Recht, in: Schwab/Henrich, 39 (56f); ders, Familiäre Solidarität, FamRZ 1997, 521ff. – Vgl Martiny, I 98ff.

[9] Schlüter, Die Änderung der Rolle des Pflichtteilsrechts im sozialen Kontext, Festschr 50 Jahre BGH I (2000) 1047 (1049); Henrich, 14f; Pintens, Enkele bedenkingen over het erfrecht en de erfrechtelijke reserve in rechtsvergelijkend perspectief, in: Pintens/Van der Meersch, (Hrsg), Vereffening – verdeling van de nalatenschap (Antwerpen, Apeldoorn 1993) 3ff; ders, Das Spannungsverhältnis zwischen Familienerbrecht und Testierfreiheit im belgischen Recht, in: Henrich/Schwab 30.

[10] Zum Unterhaltsrecht s Martiny, I 121ff.

[11] Gleichberechtigungsgesetz vom 18. 6. 1957, BGBl 1957 I 609.

[12] Gesetz zur Reform des Kindschaftsrechts (Kindschaftsrechtsreformgesetz – KindRG) vom 16. 12. 1997, BGBl 1997 I 2942.

[13] Gesetz zur Vereinheitlichung des Unterhaltsrechts minderjähriger Kinder (Kindesunterhaltsgesetz – KindUG) vom 6. 4. 1998, BGBl 1998 I 666.

[14] Gesetz zur erbrechtlichen Gleichstellung nichtehelicher Kinder (Erbrechtsgleichstellungsgesetz – ErbGleichG) vom 16. 12. 1997, BGBl 1997 I 2968.

[15] Vgl Martiny, I 11f; Göppinger/Wax(-Wax), Rn 2; Gernhuber/Coester-Waltjen, 226ff.

nicht greift.[16] In der Rechtswirklichkeit ist der Unterhaltsberechtigte häufig der schwächere Teil, da er als der Bedürftige auf Leistungen für seinen Lebensunterhalt angewiesen ist.[17] Wichtig am Unterhaltsrecht ist daher, dass es effektiv ist.

3. Die Rechtsordnung ermöglicht die Weitergabe des Vermögens von einer Generation an die andere durch Verfügungen unter Lebenden, insbesondere durch Schenkung. Auch entgeltliche Verträge, in denen als Gegenleistung Dienstleistungen (Betreuung) und Wohngelegenheit versprochen werden, sind häufig. Die *Übertragung des Vermögens im Todesfall* erfolgt durch gesetzliche Erbfolge oder Verfügung von Todes wegen. Bei der Intestaterbfolge ist eine bestimmte Erbenordnung, die außer dem Ehegatten die Verwandten zum Zuge kommen lässt – das sog Verwandtenerbrecht –, vorgegeben. Bei der gewillkürten Erbfolge macht dagegen der Erblasser von seiner Testierfreiheit Gebrauch und bestimmt seinen Erben selbst. Auch hier können wirtschaftliche Tauschbeziehungen sowie die Aussicht auf Pflegeleistungen zwischen den Generationen den einzelnen Verfügungen zugrunde liegen.[18] Gleichsam als Korrektiv – und als Widerspiegelung des gesetzlichen Erbrechts – sichert das Pflichtteilsrecht den kraft Gesetzes Begünstigten eine Mindestteilhabe am Wert des Nachlasses, wenn ihnen der Erblasser nicht auch diese Möglichkeit wirksam entzogen hat. Der Vorgabe des Themas entsprechend wird nachfolgend vor allem dieser grundsätzlich unentziehbare Anspruch untersucht, obwohl er enge Zusammenhänge mit dem Ehegüterrecht, dem übrigen Recht der Verfügungen von Todes wegen sowie dem gesetzlichen Erbrecht aufweist. Die folgenden Ausführungen zum Familienvermögensrecht sind daher notwendigerweise unvollkommen.

4. *Verwandte* sind Personen, welche voneinander abstammen, also insbesondere Eltern und Kinder (vgl § 1589 BGB). Dementsprechend konzentriert sich das vorliegende Gutachten auf diesen Personenkreis und geht auf die Beziehungen unter Ehegatten und Lebenspartnern nur dort ein, wo es der Zusammenhang mit dem Thema verlangt. Verwandtschaft erstreckt sich allerdings nicht nur auf eine Generation, die Eltern-Kinder-Beziehung, sondern auch auf Mehrgenerationenbeziehungen, insbesondere solche zwischen Großeltern und Enkeln. Nach geltendem Recht ist die durch Abstammung

---

[16] Näher Martiny, I 10f; Göppinger/Wax(-Wax), Rn 5.

[17] Dazu Martiny, Des widerspenstigen Schuldners Zähmung – Zur Soziologie des Unterhaltsrechts, ZfRSoz 8 (1987) 24 (31f).

[18] Vgl Lauterbach/Lüscher, Erben und die Verbundenheit der Lebensläufe von Familienmitgliedern, KZfSS 48 (1996) 66ff. – Zu den USA Oldham, What Does the U.S. System Regarding Inheritance Rights of Children Reveal about American Families?, Fam. L. Q. 33 (1999) 265 (271f) mwN.

begründete Beziehung eine tragfähige Basis für den angeordneten Transfer vermögenswerter Leistungen. Sowohl im Unterhalts- als auch im Erbrecht gibt es einen bestimmten Berechtigtenkreis (§§ 1601ff, 1924ff BGB), wobei der des Pflichtteilsrechts noch enger ist (§§ 2303, 2309 BGB). Es geht dabei nicht nur um das Verhältnis der Berechtigten untereinander, ihren Gleich- oder Vorrang, sondern auch darum, in welchem Umfang verwandtschaftliche Beziehungen familien- und erbrechtlich geschützt werden und/oder wie weit sie (zusätzliche) faktische familiäre Beziehungen voraussetzen.[19] Nicht zu vernachlässigen ist schließlich, dass sich die Frage der familiären Solidarität heute vor dem Hintergrund größerer Solidargemeinschaften, dh der Versicherten und der Steuerzahler, und für das Verhältnis der jeweiligen Leistungen zueinander stellt. Insgesamt ist daher zu prüfen, ob – bildlich gesprochen – einige vertrocknete Äste aus dem Geflecht der bestehenden rechtlichen Regeln herausgeschnitten werden müssen, damit zugleich Raum für neues Wachstum geschaffen wird.[20]

II. Entwicklung der sozialen Verhältnisse

1. Für die Angemessenheit familien- und erbrechtlicher Regeln ist eine möglichst zutreffende Einschätzung der Familienbeziehungen, der Vermögensverhältnisse sowie des sozio-demographischen Hintergrunds von Bedeutung. In Anbetracht eines eigenständigen Referats hierzu, sollen nachfolgend nur einige wichtige Entwicklungen skizziert werden. Hierzu gehört die „Wiederkehr der Vielfalt"[21] der einzelnen Lebensformen von Alleinleben, nichtehelichem Zusammenleben und Scheidungsfamilie, die neben die traditionelle Familie getreten sind. Die Beziehungen können zudem je nach Schicht, Einkommen, Erwerbstätigkeit, Geschlecht und Alter der Beteiligten außerordentlich verschieden sein. Die Schilderung steht ferner unter dem Vorbehalt, dass die Grenzen zwischen moralischen und rechtlichen Verpflichtungen gerade in Familienbeziehungen fließend sind.

---

[19] Siehe auch Coing, Empfiehlt es sich, das gesetzliche Erbrecht und Pflichtteilsrecht neu zu regeln? – Verh 49. DJT I A 19.

[20] Vgl für das Verwandtenerbrecht Strätz, Reform der gesetzlichen Erbfolge, DNotZ 2001, 452.

[21] So etwa von Trotha, Zum Wandel der Familie, KZfSS 42 (1990) 452ff; Nave-Herz, Die Pluralität von Familienformen – Ideologie oder Realität?, FuR 1992, 186ff.

Die deutsche *Familie* hat sich im Laufe des 19. und 20. Jahrhundert beträchtlich verändert. Infolge des Übergangs von einer noch weitgehend landwirtschaftlich geprägten Gesellschaft zu einer eher städtisch orientierten Dienstleistungsgesellschaft ist sie immer weniger Wohn- und Wirtschaftsgemeinschaft. Da ihre Aufgaben von anderen Institutionen übernommen wurden, spricht man vielfach vom Niedergang der Familie. Der Entwicklung von der Groß- zur Kleinfamilie scheint zudem noch der Zerfall der Kleinfamilie zu folgen. Tatsächlich passt sich aber die Familie an, so dass eher von einem Bedeutungswandel gesprochen werden sollte. Nach wie vor ist sie ein Solidaritätsverband mit materiellen und immateriellen Unterstützungsleistungen zwischen den einzelnen Familienangehörigen.[22]

Das Vordringen der Kleinfamilie von Eltern und Kindern bedeutet, dass ganz überwiegend nur Eltern mit ihren Kindern zusammenleben. Gleichwohl hat sich die Annahme einer „isolierten Kleinfamilie“ nicht bewahrheitet.[23] In der Regel bestehen nach wie vor intensive Beziehungen unter den Generationen. Auch wenn die materielle Existenz der Großeltern über Renteneinkommen und eigenes Vermögen abgesichert ist, leisten die Kinder vielfach Beistand. Umgekehrt hilft die Großelterngeneration in vielfältiger Weise, steuert erhebliche materielle Leistungen bei und nimmt Betreuungsaufgaben wahr.[24] Insgesamt unterstützen Eltern ihre erwachsenen Kinder deutlich häufiger finanziell als umgekehrt.[25] Gerade angesichts des hohen Scheidungsanteils und der großen Anzahl Alleinerziehender sind Großeltern oft ein Stabilitätsfaktor. Teilweise wird sogar behauptet, in der Zukunft werde die Mehrgenerationenfamilie noch wichtiger sein als heute.[26]

Unter den Familien überwiegen die Zwei-Kinder-Familien; es steigt aber auch der Anteil der Kinderlosen.[27] Der Rückgang der Geburtenzahlen bewirkt, dass immer mehr Kinder als Einzelkinder und

---

[22] Nave-Herz, Familie 2000, FF 2000, 41ff. – Vgl auch Leipold, Wandel in den Grundlagen des Erbrechts?, AcP 180 (1980) 160 (173ff); Martiny, I 112f.

[23] Dazu Kohli, Beziehungen und Transfers zwischen den Generationen, in: Vaskovics (Hrsg), Familienleitbilder und Familienrealitäten (1997) 278 (279ff). – Nachw auch bei Coing, Verh 49. DJT I A 22f; Strätz, Rechtspolitische Gesichtspunkte des gesetzlichen Erbrechts und Pflichtteilsrechts nach 100 Jahren BGB, FamRZ 1998, 1553 (1555); Rauscher, I 191f.

[24] Zu deutschen Untersuchungen Köcher, Festschr 40 Jahre Familienpolitik 45ff. – Vgl auch Bengtson, J. Marr. Fam. 63 (2001) 1 (4ff).

[25] Nachw bei Szydlik/Schupp, Stabilität und Wandel von Generationenbeziehungen, ZfSoz 27 (1998) 297 (302f); Motel/Szydlik, Private Transfers zwischen den Generationen, ZfSoz 28 (1999) 3 (18f).

[26] So für die USA Bengtson, J. Marr. Fam. 63 (2001) 1 (4ff).

[27] Nachw bei Nave-Herz, FF 2000, 40f.

ohne Geschwister aufwachsen; der Anteil der Seitenverwandten sinkt. Das einzelne Kind kann daher mehr Unterstützung und Zuwendung von seinen Eltern erfahren. Auch im Erbfall konkurriert es weniger mit anderen. Auf der anderen Seite bedeutet eine geringere Zahl erwachsener Kinder zugleich einen Rückgang des für den Unterhalt und die Betreuung der älteren Generation bereitstehenden Personenkreises.[28] Damit dürfte in der Zukunft – jedenfalls dort, wo keine ausreichende Eigenvorsorge getroffen wurde – das Bedürfnis nach noch mehr sozialrechtlicher Absicherung steigen.

2. Wenngleich die eheliche Familie noch immer die am stärksten vertretene Familienform ist, haben die Eheschließungen quantitativ abgenommen. *Nichteheliche Lebensgemeinschaften* haben seit Ende der 70er Jahre in erheblichem Umfang zugenommen und sind zu einer weitgehend akzeptierten Lebensform geworden. So geht man heute von etwa 2,1 Mio Paaren (1999) aus; davon 29% mit Kindern.[29] Immer mehr Kinder werden außerhalb der Ehe geboren, in Ostdeutschland sind es inzwischen 47% (gesamtdeutsch 16%), wobei freilich viele Eltern später noch heiraten.[30] Die frühere strikte Unterscheidung von ehelichen und nichtehelichen Kindern ist von der Rechtswirklichkeit überholt worden; der Gesetzgeber ist dem schließlich gefolgt. Viele Probleme alleinstehender Eltern sind freilich geblieben; letztere sind häufig einkommensschwach und haben Schwierigkeiten Familie und Erwerbstätigkeit zu vereinbaren (Kinderbetreuung).[31] Auch der Anteil der *Alleinlebenden* innerhalb der Gesellschaft ist gestiegen. Eigene Erwerbstätigkeit und soziale Sicherheit ermöglichen es auch außerhalb des Familienverbandes ein Auskommen zu finden. Ein „Zusammenleben auf Distanz"[32] braucht zwar weder die emotionalen Bindungen noch finanzielle Leistungen und Abhängigkeiten unter Verwandten zu beeinträchtigen, steht aber insgesamt doch einem intensiven, räumlich-sozialen Näheverhältnis entgegen. Es weckt Zweifel am Umfang von Unterhaltsverpflichtungen[33] und überkommenen erbrechtlichen Positionen der Beteiligten.[34]

---

[28] Walter, Unterhaltsrecht und Generationenvertrag, in: Mansel/Rosenthal/Tölke (Hrsg), Generationen – Beziehungen, Austausch und Tradierung (1997) 74 (75).

[29] Näher Nave-Herz, Die nichteheliche Lebensgemeinschaft – eine soziologische Analyse, FPR 2001, 3 ff; Schwarz, Bericht 2000 über die demographische Lage in Deutschland, ZBevWiss 26 (2001) 3 (25 f); Engstler, 58.

[30] Schwarz, ZBevWiss 26 (2001) 3 (35). Vgl auch Engstler, 95, 98 f.

[31] Näher Meier, Wirtschaftliche Folgen der Trennung – Die sozio-ökonomische Situation Alleinerziehender, FPR 1997, 3 ff.

[32] So Schwarz, ZBevWiss 26 (2001) 3 (46).

[33] Vgl Martiny, I 112.

[34] Siehe etwa Schlüter, Festschr BGH I 1047 (1067). – Vgl auch Oldham, Fam. L. Q. 33 (1999) 265 (272 f).

3. Die *Scheidungszahlen* haben sich auf hohem Niveau stabilisiert; ein Rückgang ist nicht zu erwarten.[35] Es ist damit zu rechnen, dass in Zukunft mehr als jede dritte, in den Großstädten sogar jede zweite Ehe geschieden wird.[36] Die Zunahme an Scheidungen führt zu Brüchen innerhalb der Familien und fördert die Kinderarmut. Letztere hat ihre Ursache nicht zuletzt in Trennung bzw Scheidung der Eltern und der Nichterfüllung von elterlichen (meist väterlichen) Unterhaltsverpflichtungen;[37] etwa 19% aller ehelich geborenen Kinder werden eines Tages „Scheidungswaisen".[38]

Stiefkindschaft ist heute regelmäßig die Folge von Trennung und Scheidung der Eltern. Wegen der Wiederheirat von Eltern gibt es heute etwa 8% Stiefelternfamilien.[39] Damit wird der Schutz des Scheidungskindes immer dringender. Zu klären sind die Verhältnisse zwischen unterschiedlichen, sukzessiven Verbindungen. Kinder stammen aus verschiedenen Verbindungen und Familien; es entwickeln sich Netzwerke von Halbgeschwistern und Verschwägerten.[40] Gleichwohl besteht eine Verwandtschaft nur zu einem Elternteil. Im Todesfall ist die Gemeinschaft der Erben heute oft nicht mehr eine Notgemeinschaft des überlebenden Ehegatten und unmündiger Kinder, sondern eine Art „Zufallsgemeinschaft mit eher zentrifugalen Potenzen".[41] Für das Erbrecht gewinnt bei Wiederheirat die Wahrung der Belange von Kindern aus der ersten Verbindung des Erblassers an Bedeutung. Ausländische empirische Untersuchungen bestätigen, dass wiederverheiratete Testatoren dazu neigen, ihre neuen Ehegatten und (jüngere) Kinder aus der neuen Verbindung, zT sogar Kinder des neuen Partners, zu begünstigen und eigene Kinder aus früheren Verbindungen zu enterben.[42] Außer der wirtschaftlichen und emotionalen Nähe zur neuen Familie sowie verlorengegangenem Kontakt zu diesen Kindern dürfte auch die Begrenztheit der eigenen Mittel dieses Verhalten fördern.

---

35 Nave-Herz, FF 2000, 40 (41).

36 Näher Emmerling, Ehescheidungen 1999, WiSta 2001, 253 (256f).

37 Nachw zum tatsächlichen Umfang von Unterhaltsleistungen bei Scheiwe, 113ff.

38 Schwarz, ZBevWiss 26 (2001) 3 (28).

39 Nave-Herz, FF 2000, 40 (43).

40 Zu Zweifeln, wieweit tatsächlich der „sozialen" Vaterschaft Vorrang vor der Verpflichtung gegenüber eigenen leiblichen Kindern gegeben wird, Manning/Smock, „Swapping" Families – Serial Parenting and Economic Support for Children, J. Marr. Fam. 62 (2000) 111ff.

41 So Reimann, Testierfreiheit und Pflichtteilsrecht, WPK-Mitt 2000, 92 (93); ders, Familienerbrecht und Testierfreiheit im deutschen Recht, in: Henrich/Schwab, 33 (36).

42 Siehe zu den USA die Nachw bei Chester, Should American Children be protected against Disinheritance?, Real Prop & Trust J 32 (1997) 409ff; Oldham, Fam L Q 33 (1999) 265 (269f).

4. Die *Ausbildung* hat eine besondere Bedeutung für den Status innerhalb der Gesellschaft. Damit ist auch nicht mehr so sehr die Weitergabe von Familienvermögen das Problem, sondern die Schaffung von „human capital“.[43] Verlängerte und vertiefte Ausbildung hat wiederum ihren Preis. Wer sich voll und ganz seiner Ausbildung widmet, kann regelmäßig seinen Lebensbedarf nicht selbst decken und ist auf die Hilfe anderer angewiesen. Der Herabsetzung des Volljährigkeitsalters auf 18 Jahre steht auf der anderen Seite eine längere ökonomische Abhängigkeit von elterlicher Unterhaltsgewährung und öffentlichen Mitteln gegenüber.[44] Damit stellt sich die Frage, ob dies der privatrechtliche Unterhalt abdecken kann; Gerichtsverfahren betreffen meist Scheidungskinder (unten B III 1 c).

5. Für die Bevölkerungsentwicklung ist eine Verminderung des Anteils von Kindern und Jugendlichen sowie ein beträchtlicher Anstieg des Anteils der 60-jährigen und Älteren kennzeichnend.[45] Dabei hat die Sozialversicherung in erheblichem Umfang die sog Altenlast gemindert, da den Bedürftigen eigenes Einkommen aus Rentenzahlungen zur Verfügung steht. Die statistische Wahrscheinlichkeit, Unterhalt für die Eltern zahlen zu müssen, ist erheblich gesunken.[46] Allerdings ist die Absicherung unterschiedlich; ältere geschiedene Frauen bilden immer noch eine von Armut bedrohte Gruppe. Die *steigende Lebenserwartung* führt zu einem längeren Nebeneinander der Generationen.[47] Die durchschnittliche Lebenserwartung hat sich im letzten Jahrhundert in etwa verdoppelt; diejenige von neugeborenen Jungen ist auf 74 Jahre, die von Mädchen auf 80,3 Jahre gestiegen.[48] Zwar lebt immer noch ein erheblicher Teil der älteren Generation mit seinen erwachsenen Kindern unter einem Dach; Pflegeleistungen werden überwiegend von Familienangehörigen erbracht.[49] Allerdings steigt der Anteil der in Heimen Lebenden, wo wiederum Leistungen in einem Maße angeboten werden, welches über das hinausgeht, was Familienangehörige im Allgemeinen anbieten können. Der starke Zuwachs an Hochbetagten bedeutet auch eine vermehrte Pflegebedürftigkeit, welche zu erheblichen Kosten

[43] Vgl bereits Langbein, The Twentieth-Century Revolution in Family Wealth Transmission, Mich. L. Rev. 86 (1988) 722 ff.

[44] Nachw bei Nave-Herz, Sandwichgeneration? Lastenverteilung zwischen Familie und Staat, FF 2001 Sonderheft (SH) 25 (29).

[45] Näher Schwarz, ZBevWiss 26 (2001) 3 (19 f). – Vgl auch Nave-Herz, Die Menschen werden älter und immer älter …, FuR 1994, 328 ff; dies, FF 2001 SH 25 f.

[46] Vgl schon Ruland, 233 ff.

[47] Vgl auch Nave-Herz, FF 2000, 40 (43).

[48] Nachw bei Nave-Herz, FF 2001 SH 25 (28).

[49] Schwarz, ZBevWiss 26 (2001) 3 (36).

führt.[50] In Deutschland gibt es über 1,2 Mio Personen, welche 65 Jahre alt oder älter und pflegebedürftig sind.[51]

Das *Pflegefallrisiko* und die Kosten werden teilweise von der Pflegeversicherung aufgefangen. Freilich entlastet dies oft zunächst den Sozialhilfeträger;[52] nach wie vor bleibt ein Teil der Kosten der Alters- und Pflegeheime ungedeckt. Eltern erhalten zwar des öfteren materielle Unterstützung von ihren erwachsenen Kindern, sie selbst klagen sie aber wegen der Einbindung in ein soziales Näheverhältnis praktisch nie ein.[53] Stattdessen nehmen sie öffentliche Leistungen wie die Sozialhilfe in Anspruch. Damit gewinnt vor allem für Sozialleistungsträger der Elternunterhalt eine neue Dimension. Die erwachsenen Kinder, ihrerseits bereits unter Druck durch Steuerzahlungen, Sozialversicherungsbeiträge und/oder den Unterhalt ihrer eigenen Kinder, bilden die sog Sandwichgeneration.[54] Als Opfer einer „doppelten Transferausbeutung"[55] verlangen sie Entlastungen, weitere Sozialleistungen für die Älteren bzw die Beseitigung ihrer eigenen privatrechtlichen Verpflichtungen (vgl B III 2 c). Die gestiegene Lebenserwartung heißt zugleich, dass Kinder den Tod ihrer Eltern erst in der Mitte ihres Lebens oder noch später erleben.[56]

6. *Familienbeziehungen* sollen von gegenseitiger Rücksichtnahme geprägt und zugleich möglichst herrschaftsfrei sein. Widersprüche entstehen vor allem dann, wenn der Einzelne möglichst unabhängig sein will und doch in finanzieller Abhängigkeit ist. Der Familienbeziehung wird ein hoher emotionaler Wert beigemessen. Auf der anderen Seite kann es nicht verwundern, dass langdauernde Beziehungen, zumal zwischen mehreren Generationen, ein beträchtliches Spannungspotential aufweisen und zu Konflikten führen können.[57] Auch wenn die gegenseitigen Beziehungen schwierig sind, so bleibt man doch miteinander verwandt bzw untereinander unterhaltspflichtig und erbberechtigt.

---

[50] Nave-Herz, FF 2001 SH 25 (26). – Nachw auch bei Bengtson, J. Marr. Fam. 63 (2001) 1 (6).

[51] Ziegler, Forschungsbefunde zur richterlichen Regulation des Elternunterhalts, FPR 1999, 28 (29) mwN.

[52] Näher Hoch, Forschungsbefunde zur Praxis der Sozialämter bei der Regulation des Elternunterhalts, FPR 1999, 20 (26); Ziegler, FPR 1999, 28.

[53] Vgl van Houtte/Breda, Maintenance of the Aged by Their Adult Child – The Family as a Residual Agency in the Solution of Poverty in Belgium, L Soc Rev 12 (1978) 645 ff. – S auch Martiny, I 129 f.

[54] Vgl Diederichsen, Die Sandwich-Generation, FF 2001 SH 7 ff; Nave-Herz, FF 2001 SH 25 ff; Schwab in: Schwab/Henrich 39 (54 f); Brudermüller, Elternunterhalt und Generationensolidarität, Festschr Henrich 31 (35 ff); Martiny, I 101 f, 568 f.

[55] Hoch, FPR 1999, 20 (21).

[56] Zu Deutschland etwa Köcher, Festschr 40 Jahre Familienpolitik 45 ff. – Vgl auch Stöcker, FamRZ 1971, 609 (612).

[57] Vgl Bengtson, J. Marr. Fam. 63 (2001) 1 (6, 12).

B. Unterhaltsrecht

I. Geltendes Unterhaltsrecht

Grundkonzept des Verwandtenunterhaltsrechts des Bürgerlichen Gesetzbuchs von 1896 ist die Bildung eines Unterhaltsverbandes von Verwandten der auf- und der absteigenden Linie, die einander zu Unterhalt verpflichtet sind (§ 1601 BGB). Auslöser der Unterhaltspflicht ist die Verwandtschaft, dh grundsätzlich die Abstammung. Sie stellt eine genügend enge Verbindung dar, aus der sich regelmäßig eine tragfähige soziale Beziehung entwickelt und eine Verpflichtung ergibt. Persönliche Beziehungen zwischen den Beteiligten werden vorausgesetzt, aber nicht näher definiert. Lediglich bei massiven Störungen kommt es zum Ausschluss (§ 1611 BGB). Zwar ist die Unterhaltsverpflichtung der Eltern gegenüber ihren minderjährigen Kindern besonders intensiv und umfangreich (vgl § 1603 II BGB). Grundsätzlich sind aber auch die Kinder gegenüber der älteren Generation verpflichtet. Die Unterhaltsverpflichtungen treffen auch entferntere Verwandte und sind somit generationenübergreifend. Dagegen verfolgte das Unterhaltsrecht der DDR eine restriktive Haltung; es kannte nur eine Unterhaltspflicht in gerader Linie bis zum zweiten Grad (§§ 81, 79 FamGB).[58]

Der letzte größere gesetzgeberische Eingriff in das Unterhaltsrecht erfolgte mit dem Kindesunterhaltsgesetz von 1998. Dieses beschränkte sich freilich im Wesentlichen auf die Unterhaltsanpassung (§ 1612a BGB),[59] die Unterhaltsberechnung, Sondervorschriften für nicht miteinander verheiratete Eltern (§§ 1615l ff BGB) und das Unterhaltsverfahren.[60] Nunmehr besteht in allen Unterhaltssachen eine einheitliche Zuständigkeit der Familiengerichte und ein einheitlicher Instanzenzug (§ 23a Nr 2, 3 GVG). Das materielle Verwandtenunterhaltsrecht ist hiervon im Kern nicht berührt worden. Allerdings verlangt eine neuere Bundestagsentschließung eine bessere

---

[58] Dazu Rohde, Unterhalt zwischen Verwandten, NJ 1968, 177f; Soergel(-Häberle), vor § 1601 BGB Rn 17.

[59] Zum Regelbetrag siehe auch die Regelbetrag-Verordnung vom 28. 5. 1999 (BGBl 1999 I 1110).

[60] Zum vereinfachten Verfahren über den Unterhalt Minderjähriger siehe §§ 645ff ZPO.

Abstimmung des Unterhaltsrechts mit sozial- und steuerrechtlichen Parallelregelungen sowie den verfassungsrechtlichen Grundlagen; ferner werden ganz allgemein die unterhaltsrechtlichen Rangregeln kritisiert.[61]

Mit dem Unterhaltsrecht haben sich schon *frühere Juristentage* in unterschiedlichen Zusammenhängen befasst. Der Verwandtenunterhalt wurde im Hinblick auf die Reform des Kindschaftsrechts im Jahre 1992 behandelt.[62] Während die Kindschaftsrechtsreform inzwischen erfolgt ist, stießen die damaligen Beschlüsse zum Unterhaltsrecht, welche erhebliche Beschränkungen der bestehenden Ansprüche vorsahen, bislang auf wenig gesetzgeberische Gegenliebe. Das Unterhaltsrecht wurde auch im Jahre 1988 im Zusammenhang mit der nichtehelichen Lebensgemeinschaft berührt.[63]

Ein *europäisches Privatrecht* ist vor allem in Form schuld- und handelsrechtlicher Richtlinien bereits Realität. Die Schaffung eines europäischen Zivilgesetzbuchs scheint nicht mehr ausgeschlossen. Familien- und Erbrecht sind hiervon freilich noch kaum berührt worden. Die Entwicklung von Prinzipien eines europäischen Familienrechts wird zwar für möglich gehalten.[64] Dazu würden auch die Beziehungen unter Verwandten gehören. Von der Solidarität zwischen den Generationen wird bislang aber lediglich in sozial-

---

[61] Beschluss vom 14. 6. 2000, Annahme der Beschlussempfehlung des Rechtsausschusses (BT-Drucks 14/3781). – Vgl dazu auch Heger, Die Änderung des § 1612b V BGB – Schlußstein oder Neubeginn?, FamRZ 2001, 1409 (1414).

[62] Siehe Verh des 59. DJT, Hannover 1992, Empfiehlt es sich, das Kindschaftsrecht neu zu regeln? – Gutachten Schwenzer, I A 1ff; Referate Zenz, II M 9ff, Willutzki, II M 33ff, Diederichsen, II M 62ff; Beschlussfassung II M 241ff. Beschlüsse auch FamRZ 1992, 1245. – Mit der Reform des Verwandtenunterhaltsrechts beschäftigte sich auch die Wissenschaftliche Vereinigung für Familienrecht im Jahre 1995; vgl dazu Brudermüller, Solidarität und Subsidiarität im Verwandtenunterhalt, FamRZ 1996, 129ff; Richter, Rechtspolitische Erwägungen zur Reform des Unterhaltsrechts nach §§ 1601ff BGB, FamRZ 1996, 1245ff. Das Unterhaltsrecht ist schließlich ständiges Thema des Deutschen Familiengerichtstages, s nur Schwab, Unterhaltsrecht im Spannungsfeld von Art 2 und 6 GG, 9. DFGT (1992) 47ff; Schwenzer, Reform des Verwandtenunterhalts – eine rechtspolitische Notwendigkeit oder übereilte Aufgabe der Familiensolidarität?, 10. DFGT (1994) 59ff.

[63] Vgl Verh des 57. DJT, Mainz 1988, Empfiehlt es sich, die rechtlichen Fragen der nichtehelichen Lebensgemeinschaft gesetzlich zu regeln? – Gutachten Lieb, I A 1ff; Referat Schmidt-Aßmann, II I 9ff; Beschlussfassung II I 215ff.

[64] Näher Martiny, Europäisches Familienrecht – Utopie oder Notwendigkeit?, RabelsZ 59 (1995) 419ff; ders, Is Unification of Familiy Law Feasible or Even Desirable?, in: Hartkamp ua 151ff. – Vgl auch Kuchinke, Über die Notwendigkeit, ein gemeineuropäisches Familien- und Erbrecht zu schaffen, Festschr Söllner (2000) 589f.; Däubler-Gmelin, Ehe und Familie in einem zusammenwachsenden Europa, Bitburger Gespräche 2001, 99ff; Herzog, Europäischer Grundrechtsschutz für Ehe und Familie, Bitburger Gespräche 2001, 7ff.

politischem Zusammenhang gesprochen.[65] Bezüglich des Unterhalts beschränken sich die Anstrengungen bisher auf das internationale Verfahrensrecht, namentlich die Zuständigkeit, die Anerkennung und Vollstreckbarerklärung sowie die Unterhaltsdurchsetzung.[66] Von einem europäischen Unterhaltsrecht ist noch nicht die Rede (vgl unten II 6). Allerdings darf das nationale Recht nicht gegen das Recht auf Achtung des Familienlebens (Art 8 I) sowie gegen das Diskriminierungsverbot der Europäischen Konvention zum Schutz der Menschenrechte und Grundfreiheiten verstoßen.[67] Nachfolgend werden zunächst die Grundlagen des Verwandtenunterhalts (II) und sodann einzelne Verpflichtungen (III) untersucht.

II. Grundsätze der geltenden Regelung

1. Unterhaltsverband und Gegenseitigkeit

Zwar sind in das Konzept des Verwandtenunterhalts inzwischen die nichtehelichen Kinder integriert[68] und zuvor ist bereits die Gleichberechtigung der Geschlechter eingeführt worden. Im Übrigen ist es aber in seiner Grundstruktur unverändert geblieben. Eine Erklärung dafür liegt in der abstrakten Technizität und Flexibilität der Unterhaltsnormen. Das BGB hat den gemeinrechtlich überkommenen Verwandtenunterhalt zusammen mit dem Ehegattenunterhalt unter das Dach des „Unterhaltsrechts" gestellt.[69] Die Rangregeln ordnen den Kreis der Verpflichteten. An erster Stelle steht die eheliche Solidarität, wie sie im Vorrang des Ehegatten zum Ausdruck kommt (§ 1609 II BGB). Entsprechendes gilt für die nacheheliche Solidarität (§ 1584 BGB). Unter den unterhaltspflichtigen Verwand-

---

[65] Vgl Entschließung des Europäischen Parlaments zu „Wohlstand und Solidarität zwischen den Generationen", ABl EG 2001 C 232/381; Braun (Hrsg), Solidarität der Generationen (2001).

[66] Unterhalt erfasst die EG-VO über die gerichtliche Zuständigkeit und die Anerkennung und Vollstreckung von Entscheidungen in Zivil- und Handelssachen vom 22. 12. 2000 (ABl 2001 L 12/1; „Brüssel I"), die das EuGVÜ zum 1. 3. 2002 abgelöst hat. Ferner gilt seit 1. 3. 2001 die EG-VO über die Zuständigkeit und die Anerkennung und Vollstreckung von Entscheidungen in Ehesachen und in Verfahren betreffend die elterliche Verantwortung für die gemeinsamen Kinder der Ehegatten vom 29. 5. 2000 (ABl EG 2000 L 160/90; „Brüssel II"). Vgl Göppinger/Wax(-Linke), Rn 3200 ff. – S auch Martiny, II 911 ff; ders, Maintenance Obligations in the Conflict of Laws, Rec des Cours 247 (1994-III) 131 (248 ff).

[67] Näher Axmann, 119 ff.

[68] Beginnend mit dem Nichtehelichengesetz vom 19. 8. 1969, BGBl 1969 I 1243.

[69] Vgl Koch, Unterhaltspflichten in rechtshistorischer Sicht, in: Schwab/Henrich 8 ff.

ten gilt das Näheprinzip, dh Verwandte näheren Grades gehen denen entfernteren Grades vor (§ 1606 II BGB). Ferner genießt die absteigende Linie Vorrang vor der aufsteigenden. Die Rangregeln für die Berechtigten folgen grundsätzlich den gleichen Prinzipien. Auch hier kommen der Ehegattenvorrang, der Vorrang der Gradesnähe und der absteigenden Linie zum Tragen.[70]

Das Verwandtenunterhaltsrecht mit seinem nach oben in aufsteigender und nach unten in absteigender Linie offenen System sollte ein Netz von Ansprüchen schaffen, zusätzlich abgesichert über eine Ersatzhaftung (§ 1607 BGB). Im Gegenzug zu den in der Jugend empfangenen Leistungen sollte bei Volljährigkeit in einer Art „ungleichzeitig-gegenseitiger Solidarität“[71] die Versorgung der älteren Generation übernommen werden. Der Leistungsfähigkeit eines solchen Netzwerks sind freilich, selbst wenn es mit Leben erfüllt wird, Grenzen gesetzt.[72] Das BGB entsprach schon bei seiner Entstehung der sozialen Lage jedenfalls teilweise nicht mehr. Nicht Kinder, Enkel und Urenkel sorgten zunehmend für den Lebensunterhalt der älteren Generation, sondern Ansprüche aus der Altersvorsorge. Die potenzielle Unterhaltsberechtigung konnte freilich weiterbestehen; eine wichtige Schaltstelle im Unterhaltssystem ist die Bedürftigkeit (s unten 3 a).

Eine Unterhaltspflicht unter *Geschwistern,* welche einigen Rechtsordnungen noch heute bekannt ist,[73] hatte das BGB nie vorgesehen.[74] Anerkannt ist lediglich, dass Zuwendungen einer sittlichen Pflicht entsprechen können.[75] Der 59. DJT hat auch einen Billigkeitsanspruch zutreffend abgelehnt.[76] Ein Geschwisterunterhalt stünde nicht mit den tatsächlichen Familienverhältnissen und der internationalen Entwicklung in Einklang. In der Schweiz ist er 1998 entfallen.[77]

Für den heutigen Verwandtenunterhalt wird eine Beschränkung der Unterhaltsverpflichtungen auf die Kernfamilie vorwiegend mit

---

[70] Zu § 1606 BGB s Martiny, I 192ff; zu § 1609 BGB s Martiny, I 416ff.

[71] So Ruland, 29.

[72] Dem rechtlichen Unterhaltsverband mit seinen nur potenziellen Unterhaltspflichten stellt einen familiären Unterhaltsverband mit tatsächlichen Unterhaltsbeziehungen gegenüber Ruland, 10ff, 256.

[73] So zB Art 433 Nr 6, 439 ital c c.; Art 143 span C c; Art 128, 134 poln FamVormGB.

[74] Nachw bei Martiny, I 267.

[75] Schwab in: Schwab/Henrich, 39 (42f).

[76] Verh 59. DJT II M 259. – Ebenso Diederichsen, Verh 59. DJT II M 73, 91. – Hingegen für solche Ansprüche Willutzki, Verh 59. DJT II M 41, 58.

[77] Zu Art 328 I ZGB nF s Hegnauer, Familiäre Solidarität – Begründung und Grenzen der Unterhaltspflicht unter Verwandten im schweizerischen Recht, in: Schwab/Henrich, 185 (187); Martiny, I 220.

den gewandelten sozialen Verhältnissen und Rechtsüberzeugungen sowie der Deckung der Unterhaltsbedürfnisse aus anderen Quellen begründet.[78] Die Gegner verweisen auf die Generationensolidarität,[79] die auch heute noch weitverbreiteten Hilfestellungen über die Kernfamilie hinaus[80] (vgl oben A II 1) bzw befürchten eine weitere Schwächung familiärer Bindungen.[81] Jedenfalls ist zu bedenken, dass eine Streichung weitergehender Verpflichtungen weitreichende Auswirkungen hätte. Nicht nur der Anspruch bzw die Ersatzhaftung (§ 1607 BGB) entfiele. Gleichwohl erbrachte Unterhaltsleistungen würden als freiwillige Leistungen an Dritte erscheinen und könnten anderen Berechtigten möglicherweise nicht mehr entgegengehalten werden.

2. *Verfassungsrechtliche Vorgaben*

Das Verfassungsrecht hat bislang für den Verwandtenunterhalt nur eine begrenzte Rolle gespielt. In der Vergangenheit ging es mehr um den Rang und Umfang des nachehelichen Unterhalts[82] sowie um die Benachteiligung nichtehelicher Kinder (Art 6 V GG). Auf letztere ist noch im Zusammenhang mit dem Betreuungsunterhalt einzugehen (unten B III 4). Das Bestehen von Unterhaltsansprüchen wird vom Schutz von Ehe und Familie (Art 6 I GG) erfasst.[83] Seine Beistands- und Versorgungsfunktion erstreckt sich zunächst einmal auf Unterhaltsansprüche während der Ehe und nach der Ehescheidung.[84] Auch der lebenslange Beistand von Eltern und Kindern wird erfasst.[85]

---

[78] Siehe Landfermann, Der Kreis der Unterhaltsverpflichteten im europäischen Familien- und Sozialhilferecht, RabelsZ 35 (1971) 505 (520 ff); Schwenzer, Verh 59. DJT I A 41 f; Willutzki, Verh 59. DJT II M 36, 40 f; ders, Reform des Verwandtenunterhalts, in: Generationensolidarität in den Familien, epd-Dokumentation 38–39 (1998) II 3 ff.

[79] Brudermüller Festschr Henrich, 31 (42 ff).

[80] Richter, FamRZ 1996, 1245 ff.

[81] Schwab, 9. DFGT 47 (48 f); Battes, Zu den Unterhaltsansprüchen volljähriger Kinder, FuR 1993, 253 (261); Kuhla, Testierfreiheit und Pflichtteil – Verfassungsrechtliche und prozessuale Überlegungen, Festschr Bezzenberger (2000) 497 (500 f); von Münch, Reform des Verwandtenunterhalts – eine rechtspolitische Notwendigkeit oder übereilte Aufgabe der Familiensolidarität?, 10. DFGT 55 (56).

[82] Dazu BVerG 10. 1. 1984, BVerfGE 66, 84 (93) = FamRZ 1984, 346 = NJW 1984, 1523; Schwab, 9. DFGT 47 (53 ff).

[83] Siehe Schwab, 9. DFGT 47 (48 f); Kuhla, Festschr Bezzenberger 497 (500 f); Martiny, I 16 ff. – Vgl auch von Münch, 10. DFGT 55 (56).

[84] BVerfG 28. 2. 1980, BVerfGE 53, 257 (296); 10. 1. 1984, BVerfGE 66, 84 (93).

[85] BVerfG 5. 2. 1981, BVerfGE 57, 170 (178) = NJW 1981, 1943 (Briefkontrolle); A. Derleder, Welche und wessen Solidarität gebietet unsere Verfassung?, in: Generationensolidarität in den Familien, epd-Dokumentation 38–39 (1998) II 49 (50).

Die Gewährung von der Bedürftigkeit abhelfenden Leistungen ist durch die Institutsgarantie von Ehe und Familie verfassungsrechtlich gesichert. Ob „Familie“ über die engere Familie, dh das Eltern-Kind-Verhältnis, hinausreicht, ist umstritten. In anderen Zusammenhängen sind entferntere Verwandte wie Großeltern und Enkel ausgeschlossen worden.[86] Folgt man dieser Auffassung, so kann ein Schutz solcher Beziehungen – wenn überhaupt – nur mithilfe anderer verfassungsrechtlicher Bestimmungen erreicht werden. Das Unterhaltsverhältnis zwischen Eltern und minderjährigen Kindern lässt sich auch auf die elterliche Verantwortung des Art 6 II GG stützen.[87]

Umgekehrt kann sich der Verpflichtete gegen eine ungerechtfertigte Freiheitsbeschränkung und wirtschaftliche Strangulierung vor allem unter Hinweis auf die auch ihn schützende allgemeine Handlungsfreiheit und das ihm zustehende Existenzminimum wehren (Art 2 I GG).[88] Der grundsätzlichen Obliegenheit zum Erwerb von Mitteln kann er sich allerdings nicht entziehen.[89] Es ist anzunehmen, dass nicht jeder einzelne Anspruch des Verwandtenunterhaltsrechts den gleichen verfassungsrechtlichen Schutz genießt. Eine Begrenzung der Berechtigtenordnung dürfte vor allem dann möglich sein, wenn sich die sozialen Verhältnisse tiefgreifend geändert haben und eine sozialrechtliche Absicherung des Bedarfs gegeben ist.

3. Bedürftigkeit und Leistungsfähigkeit

a) Bedürftigkeit des Berechtigten

aa) Ausgangspunkt des Unterhaltsrechts ist die Bedürftigkeit des Berechtigten. Unterhaltsberechtigt ist nur, wer außerstande ist,

---

[86] BVerfG 31. 5. 1978, BVerfGE 48, 327 (329) = FamRZ 1978, 667 = NJW 1978, 2289. Weitergehend Jarass/Pieroth(-Pieroth), Grundgesetz (6. Aufl 2002), Art 6 GG Rn 4. Offen gelassen BVerfG 6. 7. 1975, BVerfGE 39, 316 (326) = NJW 1975, 1771 (Rentenversicherung).

[87] BVerfG: 10. 11. 1998, BVerfGE 99, 216 (231) = FamRZ 1999, 291 = JZ 1999, 723 Anm Lehner; 6. 2. 2001, FamRZ 2001, 343 = NJW 2001, 957; Kuhla, Festschr Bezzenberger 497 (500); Schwab, 9. DFGT 50 ff.

[88] BVerfG: 14. 7. 1981, BVerfGE 57, 361 (381 ff) = FamRZ 1981, 745 Anm Bosch; 4. 7. 1989, BVerfGE 80, 286 (294) = FamRZ 1989, 941; 20. 8. 2001, FamRZ 2001, 1685; Schwab, 9. DFGT 47 (48 ff).

[89] Vgl Reinecke, Rechtsprechungstendenzen zum Verlust des Arbeitsplatzes im Unterhaltsrecht, FPR 2000, 25 ff.

sich selbst zu unterhalten (§ 1602 I BGB). Dazu gehört auch eine Obliegenheit des Bedürftigen, sich die notwendigen Mittel in erster Linie selbst zu beschaffen.[90] Die unterhaltsrechtlichen Maßstäbe sind dabei häufig strenger als die des Sozialrechts.[91] Spürbar werden Unterhaltsverpflichtungen durch ihre konkrete Umsetzung und ihr Ausmaß. Vor einer gesetzgeberischen Beseitigung eines Anspruches sollte daher zunächst einmal sein Umfang und seine Handhabung überprüft werden.[92] Eine Streichung ist nicht notwendig, wenn eine inhaltliche Beschränkung ausreicht.

bb) Da es für das anzustrebende Sicherungsniveau kein vorgegebenes Konzept gibt, erscheint es je nach Blickwinkel häufig unzureichend oder auch zu hoch. Beim Kindesunterhalt geht es um den Kindesbedarf, der sich in Richtwerten niederschlägt. Dass die Werte der Regelbetrag-Verordnung[93] und der Düsseldorfer Tabelle nicht wirklich bedarfsdeckend sind, wird immer wieder kritisiert.[94] Bei der Versorgung Älterer wird faktisch das Niveau von sozialen Einrichtungen vorgegeben.[95]

Nach dem inzwischen für alle minderjährigen Kinder geltenden § 1612a BGB kann als Barunterhalt ein durch Verordnung festgesetzter *Regelbetrag* verlangt werden, der zur Zeit je nach Kindesalter 188 bis 269 Euro (bzw in Ostdeutschland 174 bis 249 Euro) beträgt.[96] Eine generelle Dynamisierung des Kindesunterhalts gibt es nicht,[97] lediglich eine Anpassung der Regelbeträge durch Verordnung (§ 1612a IV, V BGB); die neuen Beträge können in einem vereinfachten Gerichtsverfahren durchgesetzt werden (§§ 645ff ZPO). Die 1998 erfolgte Streichung des früheren § 1610 III BGB, wonach das Scheidungskind wenigstens den Regelunterhalt des nichtehelichen Kindes (§ 1615f aF BGB) verlangen konnte, hat zunächst die bestehenden Ansätze zur Absicherung des Kindesmindestbedarfs be-

---

[90] Näher Pauling, Die Erwerbslosigkeit im Ehegatten- und Kindesunterhaltsrecht, FPR 2000, 11ff.

[91] Dazu näher P. Derleder, Unterhaltsrecht versus Sozialhilferecht, FuR 1991, 1ff.

[92] Vgl Schwab in: Schwab/Henrich, 39 (56f).

[93] Vgl zum früheren Recht Willutzki, Verh 59. DJT II M 43f; Puls, Verh 59. DJT II M 179f; Meier/Sames, Zustandekommen des Regelbetrags nach dem Kindesunterhaltsgesetz, FPR 1998, 155ff; Scheiwe, Anrechnung des Kindergeldes auf den Kindesunterhalt nach § 1612b BGB bereits ab Unterhaltszahlungen in Höhe des Regelbetrages? – Zur Problematik der Bezugsgröße für die Anrechnung in § 1612b BGB, ZfJ 1999, 423 (425f) mwN.

[94] Nachw bei Scheiwe, 136ff.

[95] Krit Diederichsen, FF 2001 SH 7ff.

[96] Siehe die Verordnung zur Änderung der Regelbetrag-Verordnung v 8. 5. 2001 (BGBl 2001 I 842 = FamRZ 2001, 823).

[97] Krit Schlüter/Kemper, Verwandtenunterhaltsrecht im Wandel, FuR 1993, 245 (247).

seitigt.[98] Nach heutigem Recht ist umstritten, ob ein Mindestbedarf des Kindes dem nur noch als Rechenbetrag gedachten gesetzlichen Regelbetrag[99] oder der periodischen Festsetzung des sozialhilferechtlichen Existenzminimums[100] entnommen werden kann.[101] Angesichts der Neufassung des § 1612b V BGB[102] wird auch vertreten, das Existenzminimum sei nunmehr mit 135% des Regelbedarfs anzusetzen; dies sei der Mindestbedarf eines minderjährigen unverheirateten Kindes.[103] Insofern sollte eine gesetzliche Klarstellung an der systematisch richtigen Stelle, nämlich im Rahmen des § 1610 BGB, erfolgen.[104]

Früher wurde kritisiert, der Regelbetrag mit seinen Stufen und verhältnismäßig seltenen Änderungen stehe einer schonenden Anpassung im Wege. Notwendig seien daher einheitlich festgesetzte Mindestsätze, gesetzliche Vorgaben für die Unterhaltsberechnung sowie eine Bemessung in Prozentsätzen auf der Basis einer solchen einheitlichen Festlegung.[105] Die heutige Betragsanpassung alle zwei Jahre sowie die Möglichkeit prozentualer Festsetzung nach § 1612a BGB entsprechen diesem Verlangen nur teilweise. An der Forderung nach gesetzlichen Vorgaben ist daher auch heute festzuhalten.

cc) Vielfache Verwendung finden nach wie vor die Unterhaltstabellen[106] und Leitlinien der Oberlandesgerichte.[107] Verschiedent-

---

[98] Näher Scheiwe, ZfJ 1999, 423 (425 ff).

[99] ZB OLG Karlsruhe 28. 1. 2000, FamRZ 2000, 1432; Gerhardt, Die neue Kindergeldverrechnung ab 1. 1. 2001, FamRZ 2001, 73 ff. – Abl etwa Bißmaier, Kindesunterhalt: Unterhaltsbedarf, Leistungsfähigkeit des Verpflichteten und Kindergeldverrechnung, FPR 2001, 181 ff; Heger, FamRZ 2001, 1409 (1412).

[100] Siehe BT-Drucks 14/1926. Vgl auch Scheiwe, ZfJ 1999, 423 (428 f).

[101] Vgl Palandt(-Diederichsen), § 1612 a BGB Rn 3 mwN.

[102] Durch Art 1 Nr 2 Ges zur Ächtung der Gewalt in der Erziehung und zur Änderung des Kindesunterhaltsrechts v 2. 11. 2000, BGBl 2000 I 1479. Eine einstweilige Anordnung hiergegen wurde versagt (BVerfG 12. 1. 2001, FamRZ 2001, 541). Vgl Heger, FamRZ 2001, 1409 ff.

[103] Krause, Mindestbedarf des minderjährigen unverheirateten Kindes, FamRZ 2001, 266 (267); Luthin, FamRZ 2001, 334 (335 f). – Abl Palandt(-Diederichsen), § 1612 a BGB Rn 3.

[104] Vgl auch Puls, Verh 59. DJT II M 180.

[105] Schlüter/Kemper, FuR 1993, 245 (252).

[106] Siehe insbes Düsseldorfer Tabelle (Stand 1. 1. 2002), FamRZ 2001, 810.

[107] Vgl nur Unterhaltsleitlinien OLG Brandenburg (2001/2002), FamRZ 2001, 1202; Leitlinien OLG Bremen (2001), FamRZ 2001, 1278; Leitlinien OLG Celle (2001), FamRZ 2001, 1679; Unterhaltsleitlinien OLG Dresden (2001), FamRZ 2001, 962; Unterhaltsgrundsätze OLG Frankfurt aM (2001), FamRZ 2001, 1205; Unterhaltsrechtliche Grundsätze OLG Hamburg (2002), FamRZ 2001, 1120; Leitlinien OLG Hamm (2001), FamRZ 2001, 1121; Leitlinien KG (2001), FamRZ 2001, 1126; Leitlinien OLG Naumburg (2001), FamRZ 2001, 966; Modifikationen OLG Nürnberg (2001), FamRZ 2001, 970; Leitlinien OLG Oldenburg (2001), FamRZ 2001, 972; Leitlinien OLG Rostock (2001/2002), FamRZ 2001, 977; Leitlinien OLG Saarbrücken (2001), FamRZ 2001, 979; Leitlinien OLG Schleswig (2001), FamRZ 2001, 1356.

lich wird bezweifelt, dass es dem Demokratie- und Rechtsstaatsprinzip (Art 20 I GG) genügt, wenn die Gerichte als „Quasi-Gesetzgeber" tätig werden und die Unterhaltshöhe überwiegend nach Bedarfstabellen und Leitlinien bestimmen, welche erheblich voneinander abweichen, ohne dass dies durch regionale Besonderheiten gerechtfertigt wäre.[108] Ausländische Erfahrungen mit Unterhaltsformeln und -tabellen bestätigen, dass diese einer häufigen Anpassung bedürfen und ohne den Sachverstand der Praxis nicht erfolgreich entwickelt werden können.[109] Es ist aber zu bezweifeln, dass jeder Oberlandesgerichtsbezirk seine eigenen Regeln aufstellen muss, ohne dass ein bundeseinheitliches Regelwerk vorhanden ist. Insofern ist die Vereinheitlichung der süddeutschen Unterhaltsrichtlinien ein Schritt in die richtige Richtung.[110]

b) Leistungsfähigkeit des Verpflichteten

Voraussetzung des Unterhaltsanspruchs ist auch im Verwandtenunterhaltsrecht die sich vor allem aus Vermögen und Einkommen ergebende Leistungsfähigkeit des Verpflichteten (§ 1603 I BGB); sie ist im Einzelfall zu ermitteln. Da der Unterhalt als privater Transfer von der konkreten Einkommenssituation des Verpflichteten abhängt, haben zurückgehende Unterhaltsleistungen nicht nur Zahlungsunwilligkeit, sondern auch Arbeitslosigkeit und niedrige Einkommen als Ursache. Ferner versteht sich von selbst, dass ein besserer Zugang von Alleinstehenden zum Arbeitsmarkt sowie eine bessere Vereinbarung von Erwerbstätigkeit und Familie die Einkünfte erhöhen würden. Mit der Stärkung des eigenen Einkommens sinkt auch die Notwendigkeit eines Unterhaltstransfers.

Nach dem von der Rechtsprechung entwickelten Selbstbehalt darf der Unterhaltspflichtige von seinen monatlichen Nettoeinkünften zur Deckung seines eigenen Bedarfs einen bestimmten Betrag behalten, der dem Unterhaltszugriff entzogen ist. Eine Unterhaltspflicht besteht insoweit nicht, als der eigene Unterhalt gefährdet würde. Eine übermäßige Belastung wäre verfassungswidrig und könnte zudem eigene Sozialhilfeansprüche des Verpflichteten auslösen. Die jeweiligen Sätze sind nach der Art des Unterhaltsanspruchs, der

---

108 Schlüter/Kemper FuR 1993, 245 (246 ff).

109 Zur britischen Unterhaltsformel s Martiny, I 165 f. – Zu den Tabellen und Formeln der US-Einzelstaaten s Garrison, Child Support Guideline Review, in: Bainham (Hrsg), The International Survey of Family Law – 2001 Edition (Bristol 2001) 437 ff; Martiny, I 174 ff.

110 Siehe Unterhaltsrechtliche Leitlinien der Familiensenate in Süddeutschland (Stand 1. 1. 2002), FamRZ 2001, 1433 = NJW 2001, 3247.

Minder- oder Volljährigkeit des Berechtigten sowie nach der Erwerbstätigkeit des Verpflichteten gestaffelt. Die Eigenbedarfs- bzw Selbstbehaltssätze haben eine gewisse Standardisierung bewirkt.[111] Der 59. DJT hatte beschlossen, dass Mindestbedarf und Selbstbehalt realitätsgerecht durch eine Unterhaltsverordnung festgesetzt werden sollten.[112] Diese Forderung nach genereller Festsetzung hat nichts an Aktualität verloren.

c) Lastenverteilung

Das Unterhaltsrecht betrifft auch die Lastenverteilung unter mehreren Schuldnern. Immer noch geschlechtsspezifisch verteilt, erbringen überwiegend Mütter den Betreuungsunterhalt, während die Väter Barunterhalt zu zahlen haben. Grundsätzlich gilt die Regel des § 1606 III BGB, wonach beim Kindesunterhalt Bar- und Betreuungsunterhalt gleichwertig sind.[113] Bei der Vereinbarkeit von Erwerbsarbeit und Elternschaft spielt eine Rolle, wieweit Erwerbseinkommen des Betreuenden bei der Unterhaltsbemessung angerechnet wird. Diese Problematik kann aber der Rechtsprechung überlassen bleiben.[114]

Das gemeinsame Sorgerecht nach Ehescheidung (§ 1671 I BGB) und bei nichtehelicher Kindschaft (§§ 1626a ff BGB) hat die Regeln über den Kindesunterhalt unverändert gelassen. Für das Unterhaltsrecht kommt es nach wie vor auf die tatsächliche Kindesbetreuung an, welche nicht identisch mit der Sorgerechtsregelung zu sein braucht. Auf den häufigsten Fall, dass das Kind ganz überwiegend bei einem Elternteil wohnt und von diesem betreut wird, kann der Gleichwertigkeitsgrundsatz des § 1606 III BGB iVm § 1612a BGB uneingeschränkt Anwendung finden.[115]

4. Unterhaltsvereinbarungen

a) Vereinbarungen können den gesetzlichen Unterhaltsanspruch lediglich konkretisieren, aber auch zu einer weitergehenden Lasten-

---

[111] Siehe nur Düsseldorfer Tabelle (Stand 1. 1. 2002), FamRZ 2001, 810. – Krit zur geringen Höhe Schwab, 9. DFGT 47 (63 ff).

[112] Verh 59. DJT II M 260.

[113] Zur Problematik Martiny, I 365 ff; Gernhuber/Coester-Waltjen, 703 ff.

[114] Dazu Kalthoener/Büttner/Niepmann, Rn 387 ff; Wendl/Staudigl(-Scholz), § 2 Rn 289 ff.

[115] Vgl Affeldt, Kindesunterhalt und gemeinsame elterliche Sorge, FPR 1998, 186 (187 f).

verschiebung unter den Beteiligten führen. Anders als für den nachehelichen Unterhalt (§ 1585c BGB) ist ein Verzicht auf den Familienunterhalt (§ 1360a III iVm § 1614 I BGB), den Trennungsunterhalt (§ 1361 IV 4 iVm § 1614 I BGB) sowie auf den Verwandtenunterhalt (§ 1614 I BGB) für die Zukunft unzulässig. Eine weitere Beschränkung ergibt sich aus dem Kontext mit dem Sozialrecht. Verzichtet der Berechtigte trotz bestehender Bedürftigkeit auf den Unterhalt, so könnte er Sozialhilfe zum Lebensunterhalt beantragen. Grenze solcher *bedürftigkeitsschaffender Vereinbarungen* sind mangels besonderer Vorschriften die Generalklauseln des Zivilrechts, namentlich § 138 I BGB. Nach der Rechtsprechung ist der Verzicht auf die Ressource und die damit erfolgte Lastenverschiebung entscheidend. Die Vereinbarung ist unwirksam, soweit sie objektiv zwangsläufig zur Sozialhilfebedürftigkeit führt.[116] Eine schädigende Absicht ist nicht erforderlich. Zudem kann die Verletzung der Kindesinteressen die Geltendmachung des Verzichts ausschließen.[117] Hieran dürfte festzuhalten sein. Die Nachrangigkeit der Sozialhilfe und der Grundsatz der Eigenhilfe des Bedürftigen müssen Vereinbarungen Grenzen setzen. Wegen der beschränkten Verzichtsmöglichkeit für den Kindesunterhalt spielt diese Problematik für den Verwandtenunterhalt selbst keine große Rolle; allerdings beeinträchtigt ein Verzicht auf Betreuungsunterhalt (§ 1570 BGB) mittelbar auch die Kindesinteressen.[118]

b) Die Zivilgerichte haben Vereinbarungen für zulässig gehalten, wonach ein Elternteil den anderen im Scheidungsfall von der Erbringung seines Anteils an Kindesunterhalt freistellt.[119] Solchen *Freistellungsvereinbarungen*, welche bei mangelnder Leistungsfähigkeit des Verzichtenden letztlich zu Lasten des Kindes gehen, hat das Bundesverfassungsgericht für einen mit einer Schwangeren vor Eheschließung geschlossenen Vertrag eine Grenze gesetzt. Dabei hat das Gericht mit dem Schutz vor unangemessener Benachteiligung durch einen Ehevertrag argumentiert (Art 2 I iVm Art 6 IV GG); im Übri-

---

[116] Siehe nur BGH 9. 7. 1992, FamRZ 1992, 1403f = NJW 1992, 3164; OLG Hamm 10. 12. 1998, FamRZ 2000, 31 (32) = NJW-RR 1999, 950; Münder, Der sozialhilferechtliche Übergang von Ansprüchen gegen zivilrechtlich Unterhaltspflichtige, NJW 2001, 2201 (2202f) sowie Eichenhofer unter IV 3c in diesem Band.

[117] BGH: 28. 11. 1990, FamRZ 1991, 306 (307) = NJW 1991, 913; 16. 4. 1997, FamRZ 1997, 873 = NJW-RR 1997, 897.

[118] Krit daher Schwenzer, Vertragsfreiheit im Ehevermögens- und Scheidungsfolgenrecht, AcP 196 (1996) 88ff; Büttner, Grenzen ehevertraglicher Gestaltungsmöglichkeiten, FamRZ 1998, 1 (7f); Frank, 100 Jahre BGB – Familienrecht zwischen Rechtspolitik, Verfassung und Dogmatik, AcP 200 (2000) 401 (409f).

[119] BGH 25. 2. 1987, FamRZ 1987, 934 (935); Müller, Regelungen zum Kindesunterhalt in Trennungs- und Scheidungsvereinbarungen, FPR 2000, 255 (257f); Palandt(-Diederichsen), § 1606 BGB Rn 21.

gen verletze eine derartige Vereinbarung auch das Kindeswohl (Art 6 II GG).[120] Man wird wohl der Praxis überlassen können, greifbare Kriterien für die Zulässigkeit solcher Vereinbarungen zu entwickeln. Die Einführung eines generellen Beurkundungszwangs für Unterhaltsvereinbarungen[121] dürfte eine zu große Erschwernis für die Praxis darstellen.

5. Einfluss des Sozialrechts

a) Sozialleistungen als Unterhaltsersatz

aa) Die Sicherung des Lebensunterhalts ist seit alters her auch eine Aufgabe des Fürsorgerechts. Inzwischen ist ein weitgefächertes System der sozialen Sicherheit entstanden; der privatrechtliche Unterhalt ist nur noch eine Leistung unter mehreren. Vor allem durch die Sozialversicherungsleistungen an die ältere Generation ist eine weitgehende Veränderung eingetreten, welche das Element der Gegenseitigkeit geschwächt hat. Den Leistungen der Eltern für die Kinder steht insoweit kein privatrechtlich vermitteltes Äquivalent mehr gegenüber; die Solidarität der Familiengenerationen wird durch eine Solidarität zwischen Altersgruppen ersetzt.[122] Bedeutsam für den Verwandtenunterhalt ist daher vor allem der immer noch zivilrechtlich dominierte Kindesunterhalt.

bb) Angesichts der Überschneidungen und Wechselbeziehungen von Sozialleistungen und Unterhaltsleistungen wird immer wieder eine bessere Koordination verlangt. Ein Patentrezept dürfte es freilich nicht geben, solange eine Vielzahl unterschiedlicher Sozialleistungen zu berücksichtigen ist. Solche Mittel können dem Unter-

---

[120] Unter Berufung auf Art 2 I iVm Art 6 IV sowie Art 6 II GG, BVerfG 6. 2. 2001, BVerfGE 103, 89 = FamRZ 2001, 343 zust Anm Schwab = NJW 2001, 957. Siehe auch BVerfG 29. 3. 2001, FamRZ 2001, 985 (Unterhaltsverzicht). – Näher Bäumel, Nacheheliche Unterhaltsansprüche – grenzenlose Vereinbarungen?, FPR 2001, 111 ff; Bergschneider, Zur Inhaltskontrolle bei Eheverträgen, FamRZ 2001, 1337 ff; Dauner-Lieb, Reichweite und Grenzen der Privatautonomie im Ehevertragsrecht, AcP 201 (2001) 295 ff; Rauscher, Ein Bärendienst für die Freiheit der Eheschließung, FuR 2001, 155 ff; Röthel, Richterliche Inhaltskontrolle von Eheverträgen, NJW 2001, 1334 f; Schubert, Wirksamkeit von Unterhaltsverzichts- und -freistellungserklärungen, FamRZ 2001, 733 ff; Palandt(-Brudermüller), § 1585 BGB Rn 15.

[121] Dafür Schubert, FamRZ 2001, 733 (739).

[122] Walter in: Mansel/Rosenthal/Tölke, 74 (83). – In der Soziologie stellt man zT Wohlfahrtsgenerationen in Bezug auf die Leistungsgewährung im Rahmen des öffentlichen Versorgungssystems den Familiengenerationen im Verwandtschaftssystem gegenüber, Nachw bei Walter in: Mansel/Rosenthal/Tölke, 74. – Vgl auch Ruland, 235 ff, 388 f; Martiny, I 98 ff.

haltspflichtigen zufließen und damit seine Leistungsfähigkeit stärken. Im Rahmen des Familienlastenausgleichs stellt sich dann das Problem, wie die Vorteile im Rahmen des Unterhaltsrechts weiterzugeben und unter mehreren Verpflichteten zu verteilen sind. Für das *Kindergeld*[123] geht das geltende Recht weiterhin vom Grundsatz der hälftigen Anrechnung zugunsten des Barunterhaltspflichtigen aus. Die Anrechnung unterbleibt nunmehr jedoch schon, soweit der Verpflichtete lediglich Unterhalt bis zu einer Höhe von 135% des Regelbetrages nach der Regelbetrag-VO leisten kann (§ 1612b V BGB).[124] Auf diese Weise soll sichergestellt werden, dass zunächst einmal das Existenzminimum des Kindes gewährleistet ist.[125]

Das *Erziehungsgeld* ist grundsätzlich „unterhaltsneutral"; sein Erhalt lässt als nicht anrechenbares Einkommen die Bedürftigkeit nicht entfallen.[126] Aber auch für die Beurteilung der Leistungsfähigkeit bleibt es außer Betracht,[127] soweit es nicht um die gesteigerte Unterhaltspflicht des § 1603 II BGB geht (§ 9 S 2 BErzGG); insofern ist es einzusetzen.[128] Die Familienkomponente von Arbeitslosengeld (§§ 117ff SGB III) und -hilfe (§ 191 SGB III) ist dazu gedacht, dem Leistungsempfänger die Erfüllung seiner Verpflichtungen zu ermöglichen.[129]

cc) Auch der Bedarf des Unterhaltsberechtigten kann durch ihm zufließende staatliche Sozialleistungen gedeckt werden. Handelt es

---

[123] Nach dem Bundeskindergeldgesetz (BKGG) idF vom 4. 1. 2000, BGBl 2000 I 5. – Dazu Eichenhofer unter IV 1 b, bb in diesem Band.

[124] Die Verfassungsmäßigkeit bejahen OLG Düsseldorf 28. 5. 2001, FamRZ 2001, 1096; Gutjahr, FPR 2002, 45ff. – Anders AG Kamenz 30. 1. 2001, FamRZ 2001, 1090. Eine Verfassungsbeschwerde war unzulässig (BVerfG 27. 3. 2001, FamRZ 2001, 756). – Zu den zahlreichen Zweifelsfragen näher Bißmaier, FPR 2001, 181ff; Duderstadt, Zwischenruf zur Kindergeldanrechnung, FamRZ 2001, 593ff; Gerhardt, FamRZ 2001, 73f; Heger, FamRZ 2001, 1409ff; Miesen, Kindesunterhalt und Kindergeldanrechnung, FF 2000, 209ff; Scholz, FamRZ 2000, 1541ff; Soyka, Kindergeldverrechnung nach der Neufassung des § 1612b V BGB, FamRZ 2001, 740ff; Vossenkämper, Kindergeldabzug beim Kindesunterhalt ab 1. Januar 2001 im alten Bundesgebiet und im Beitrittsgebiet, FamRZ 2000, 1547ff; Wohlfahrt, Änderungen bei der Kindesunterhaltsberechnung zum 1. 1. 2001 durch § 1612b Abs 5 BGB, FF 2001, 2ff; Wohlgemuth, Auswirkungen des § 1612b V BGB auf Volljährigen- und Ehegatten-Unterhalt, FamRZ 2001, 742ff; dies, Mindestunterhalt und Dynamisierung des Kindergeldanteils nach In-Kraft-Treten von § 1612b V BGB, FuR 2001, 390ff.

[125] Im Anschluss an BVerfG 10. 11. 1998, BVerfGE 99, 216 (233ff) (Einkommensteuer). Dazu Birk/Wernsmannn, Der Schutz von Ehe und Familie im Einkommensteuerrecht, JZ 2001, 218ff.

[126] BVerfG 21. 6. 2000, FamRZ 2000, 1149 = NJW-RR 2000, 1529 (Nichtannahmebeschluss). – Zum Erziehungsgeld s Eichenhofer, unter IV 1 b, cc in diesem Band.

[127] Siehe § 9 S 1 Gesetz zum Erziehungsgeld und zur Elternzeit (Bundeserziehungsgeldgesetz – BErzGG) idF vom 7. 12. 2001, BGBl 2001 I 3358.

[128] Nachw bei Martiny, I 515; Palandt(-Diederichsen), Einf vor § 1601 BGB Rn 51.

[129] Reinicke FPR 2000, 25 (32); Göppinger/Wax(-Strohal), Rn 589ff.

sich hierbei um primäre, nicht subsidiäre Leistungen wie etwa Waisenrenten oder Sozialversicherungsleistungen, so entfällt insoweit die Bedürftigkeit; die sozialrechtliche Bedarfsdeckung wirkt als Unterhaltsersatz.[130] Eine (zumindest teilweise) Entlastung bewirken auch Pflegehilfe und Pflegegeld im Rahmen der durch ein Umlagesystem finanzierten Pflegeversicherung (vgl §§ 1 ff SGB XI). Da hiervon Versicherte mit Kindern ebenso wie Kinderlose profitieren, hat das BVerfG allerdings verlangt, dass die Kindererziehungskomponente bereits bei der Beitragsbemessung berücksichtigt werden muss.[131] Die Zweckmäßigkeit und Richtigkeit dieser Prämisse soll hier nicht thematisiert werden,[132] da sie nichts an der unterhaltsersetzenden Funktion dieser Sozialleistung ändert.

dd) Staatliche Sozialleistungen setzen häufig die Bedürftigkeit des Berechtigten voraus und greifen gerade bei einer Störung der privatrechtlichen Unterhaltsbeziehung – dh bei Ausbleiben oder zu geringer Höhe des Unterhalts – *subsidiär* ein. Solche Sozialleistungen beseitigen nach hM nicht die Bedürftigkeit und lassen den privatrechtlichen Anspruch bestehen.[133] Ein Ersatz der privatrechtlichen Unterhaltsverpflichtung ist regelmäßig nicht beabsichtigt. Der Vorrang des privatrechtlichen Unterhalts – und damit der familiären Solidarität – kommt im Subsidiaritätsgrundsatz des geltenden Rechts zum Ausdruck (vgl § 2 BSHG).[134] Dies gilt auch für den Unterhaltsvorschuss, welcher Kindern alleinlebender Eltern bis zum 12. Lebensjahr für längstens 72 Monate gewährt wird (§§ 1 I, 3 UVG), soweit es um nicht erfüllte Ansprüche gegen den Barunterhaltspflichtigen geht.[135] Hier entfällt die Bedürftigkeit des Kindes nicht.[136] Andere subsidiäre Leistungen sind die staatliche Ausbildungsförderung[137] und vor allem Sozialhilfeleistungen zum Lebensun-

---

[130] Kalthoener/Büttner/Niepmann, Rn 531 ff; Palandt(-Diederichsen), § 1602 BGB Rn 19.

[131] BVerfG 3. 4. 2001, FamRZ 2001, 605 = NJW 2001, 1712. – Eine Unzulässigkeit des Unterhaltsrückgriffs lässt sich der verfassungsgerichtlichen Rechtsprechung nicht entnehmen, s Plagemann, Wirtschaftsfaktor „Familie“, ZIP 2001, 1041 (1044 f).

[132] Dazu Eichenhofer, unter IV 2 a, aa, in diesem Band.

[133] BGH 13. 12. 1978, FamRZ 1979, 211 (213) = NJW 1979, 815; Martiny, II 1077 f.

[134] Siehe BGH 17. 3. 1999, FamRZ 1999, 843 (845 f) = NJW 1999, 2365; Martiny, II 1152 ff.

[135] Gesetz zur Sicherung des Unterhalts von Kindern alleinstehender Mütter und Väter durch Unterhaltsvorschüsse oder -ausfalleistungen (Unterhaltsvorschussgesetz) idF vom 2. 1. 2002, BGBl 2002 I 2. – Dazu Eichenhofer unter IV 1 c, cc in diesem Band.

[136] Kalthoener/Büttner/Niepmann, Rn 561; Palandt(-Diederichsen), § 1602 BGB Rn 19.

[137] Bundesausbildungsförderungsgesetz (BAföG) idF vom 6. 6. 1983 (BGBl 1983 I 645), zuletzt geändert durch das Reformgesetz v 19. 3. 2001 (BGBl 2001 I 390).

terhalt.[138] Das Mittel zur Wiederherstellung von Subsidiarität ist der Rückgriff gegen den Verpflichteten unter Zuhilfenahme der unterhaltsrechtlichen Regeln. Freilich ist ein Rückgriff, welcher lediglich die ursprünglichen Verhältnisse wiederherstellt, nur von begrenztem sozialpolitischem Wert.[139] Ferner sieht sich der Verpflichtete trotz aller Appelle an die familiäre Solidarität im Rückgriffsstadium zunächst einmal dem Zahlungsverlangen einer Behörde ausgesetzt. Daher wird immer wieder vorgebracht, dass der Regress Familienbeziehungen nicht wieder herstelle, sondern belaste oder gar zerstöre.[140]

b) Unterhaltsrückgriff und -durchsetzung

aa) Werden zivilrechtliche Unterhaltspflichten beseitigt, wie das der 59. DJT in verschiedenen Zusammenhängen verlangt hat,[141] so bedeutet das zunächst einmal eine Verweisung des Bedürftigen auf die eigene Verantwortung. Soweit er aber seine Bedürftigkeit nicht selbst beheben kann, ist er auf die Inanspruchnahme von Sozialleistungen angewiesen. Diese sind dann (soweit erhältlich) mangels zivilrechtlicher Verpflichtung anderer nicht mehr subsidiär und – je nach öffentlichrechtlicher Ausgestaltung – auch rückgriffsfrei. Tatsächlich hat aber der deutsche Gesetzgeber weitgehend nur den Rückgriff gegen die nach Zivilrecht Unterhaltspflichtigen eingeschränkt.[142] Zwar ist es zu einer Reihe sozialrechtlicher *Rückgriffsbeschränkungen* bei Behinderung, Schwangerschaft und Alter gekommen (vgl insbes § 91 BSHG). Die weitergehende Anspruchsinfrastruktur des Zivilrechts blieb aber bestehen. Im Übrigen hat man die Geltendmachung rückständigen Unterhalts noch zu erleichtern versucht;[143] jedenfalls für den Elternunterhalt ist eine Intensivierung des Rückgriffs festzustellen.[144]

---

[138] Bundessozialhilfegesetz (BSHG) idF vom 23. 3. 1994 (BGBl 1994 I 647) mit Änderungen.

[139] Vgl von Maydell, Verh 59. DJT II M 220f.

[140] Näher Brudermüller, Festschr Henrich 31 (34ff); Martiny, II 1231ff. – Dies klingt auch in der harmonisierenden Einschätzung von Hoch und Hoch/Lüscher, (s N 149) an. Vgl auch Verh 59. DJT II M 178.

[141] Siehe Beschlüsse Verh 59. DJT II M 241ff, FamRZ 1992, 1275.

[142] Siehe insbesondere die Regressbeschränkung gegen entferntere Verwandte in § 91 I 3 BSHG.

[143] Vgl die Neufassung von § 1613 BGB und § 7 UVG durch das KindUG sowie den Wegfall der Anspruchsüberleitung in § 91 BSHG.

[144] Siehe Hoch, FPR 1999, 20ff; ders, Die Rechtsprechungspraxis im Elternunterhalt – Normerosion oder Normstabilisierung des Verwandtenunterhalts?, in: Hof/Schulte (Hrsg), Wirkungsforschung zum Recht (2001) 61ff; Brudermüller, Festschr Henrich 31 (33ff).

bb) Die Durchsetzung der Unterhaltspflicht erfolgt regelmäßig durch Legalzession.[145] Dies gilt für den Unterhaltsvorschuss (§ 7 UVG), die Sozialhilfe (§ 91 BSHG) und zT auch für die Ausbildungsförderung (§ 37 BAföG). Der Rückgriff wird zum einen durch den Umfang der vom Träger gewährten Leistung, zum anderen durch die Höhe des übergegangenen Anspruchs begrenzt.[146] Zwar wurde mehrfach argumentiert, die Regressbeschränkung lasse die unterhaltsrechtliche Bedürftigkeit entfallen.[147] Damit wäre die Subsidiarität faktisch beseitigt. Nach hM steht aber die Regressbeschränkung der Geltendmachung eines zivilrechtlichen Unterhaltsanspruchs nicht entgegen.[148] Der Unterhaltsberechtigte kann daher entscheiden, dass er weiterhin seinen zivilrechtlichen Anspruch verfolgen und nicht die Sozialleistung in Anspruch nehmen will. Für diese Haltung spricht zum einen die Subsidiarität des Sozialrechts, zum anderen, dass vom Sozialrecht nicht abgedeckte Schutzlücken auftreten könnten.

cc) Bei einer vorgeschlagenen Reduktion des familiären Unterhalts wird des Öfteren ausdrücklich oder stillschweigend vorausgesetzt, dass der jeweilige Bedarf durch Sozialleistungen aufgefangen wird.[149] Zwar ist es übertrieben, wenn einige Instanzgerichte gegenüber einer Einschränkung des Elternunterhalts mit einer engen und lebenslangen Verbundenheit, einer unbeschränkten Schicksalsgemeinschaft der Beteiligten argumentieren.[150] Zu bedenken ist aber, dass Ansprüche auf Sozialleistungen keinen unveränderbaren Besitzstand begründen, dass sie möglicherweise auch Streichungen und Kürzun-

---

[145] Vgl Brudermüller, § 91 BSHG im Schnittpunkt von Unterhaltsrecht und Sozialhilferecht, FamRZ 1995, 1033ff; Münder, NJW 2001, 2201ff; Conradis, Die Systematik der subsidiären Sozialleistungen und die Ausgestaltung des Unterhaltsregresses (1996); Schellhorn, Das Verhältnis von Sozialhilferecht und Unterhaltsrecht am Beispiel der Heranziehung Unterhaltsverpflichteter zu Sozialhilfeaufwendungen (1994); Martiny, I 94ff, II 1076ff.

[146] Zu Zuwendungsgrenze, Forderungsidentität und persönlicher Haftungsgrenze siehe Martiny, II 1084ff, 1162.

[147] Brühl, Zur „Ausstrahlung" des Rechts der öffentlichen Fürsorge auf die bürgerlich-rechtliche Unterhaltspflicht, FamRZ 1982, 13f; Schellhorn, Das Verhältnis von Sozialhilferecht und Unterhaltsrecht, FuR 1990, 20 (25). – Anders etwa Kalthoener/Büttner/Niepmann, Rn 564.

[148] Vgl Kunz, Besteht noch eine Unterhaltspflicht zwischen Verwandten zweiten oder entfernteren Grades?, FamRZ 1977, 291ff; Martiny, II 1177f; MünchKomm (-Luthin), § 1602 BGB Rn 32 mwN. – Krit Schwenzer, Verwandtenunterhalt und soziodemographische Entwicklung, FamRZ 1989, 685 (688); dies Verh 59. DJT I A 43.

[149] Vgl nur Schwenzer, Verh 59. DJT I A 41ff. – Krit etwa Hoch FPR 1999, 20 (22); ders in: Hof/Schulte 61 (63) für den Elternunterhalt. Ebenso Hoch/Lüscher, Ergebnisse und Empfehlungen, in: Hoch/Lüscher (Hrsg), Familie im Recht (2002, im Druck).

[150] Siehe unten B III 2c sowie Ziegler, FPR 1999, 28 (33ff).

gen ausgesetzt sind. Die sozialrechtliche Absicherung als Argument für eine Abschwächung oder Beschneidung privatrechtlicher Ansprüche bedarf stets einer genauen Prüfung.

dd) Die Sicherung des Lebensbedarfs von Kindern erfolgt nach wie vor hauptsächlich durch elterliche Leistungen, also im Rahmen einer privatrechtlichen Unterhaltsbeziehung. Gleichwohl sind die Ausgaben für den Unterhaltsvorschuss weiter angestiegen. Dies gibt Anlass zur Sorge; die Rechnungshöfe drängen auf einen *wirksameren Rückgriff.*[151] Problematisch für die Unterhaltsdurchsetzung sind nicht nur schlechte ökonomische Verhältnisse, sondern auch die neuen Lebensformen und die häufigen Veränderungen in den Verhältnissen der Beteiligten (oben A II 2, 3). Insoweit geht es auch um praktische Fragen. Ein effektiver Regress setzt Kenntnisse, Schulungen, spezialisiertes Personal, den vermehrten Einsatz von Datenverarbeitung, eine konsequente Überwachung von Zahlungsvorgängen, kurz eine leistungsfähige und motivierte Verwaltung voraus.

Im Unterschied zu Vorauszahlung und Rückgriff, die viele Probleme oft nur in die Zukunft verschieben, könnte künftig mehr nach für die Beteiligten verträglichen Lösungen gesucht werden. Dafür müsste von Unterhaltssicherung und -beratung mehr Gebrauch gemacht werden. Die Beistandschaft des Jugendamtes bei der Feststellung der Vaterschaft und Geltendmachung von Unterhaltsansprüchen (§ 1712 I BGB, § 52a SGB VIII) ist ein Weg, um elementaren Anliegen bei der Sicherung des Kindeswohls zu entsprechen. Wie es scheint, wird das Arrangement von Vaterschaftsanerkenntnis, Sorgeerklärung (§§ 1626a ff BGB) und Unterhaltsregelung (§ 59 SGB VIII) von den nichtehelichen Vätern vielfach angenommen. Beim Elternunterhalt bedarf es jedenfalls einer besseren Information der Unterhaltspflichtigen sowie einer Offenlegung der Berechnungsweise der Behörde.[152]

6. *Ausländisches Verwandtenunterhaltsrecht*

Die nationalen Unterhaltsrechte und Sozialrechtsordnungen weisen beträchtliche Unterschiede auf. Nach Common Law sind die Unterhaltspflichten grundsätzlich auf die *Kernfamilie,* dh auf das Verhältnis der Ehegatten untereinander sowie der Eltern gegenüber

---

[151] Vgl nur Gröpl, Aktuelle Entwicklungen im öffentlichen Unterhaltsleistungsrecht, NJW 1998, 2390 (2394 f); Martiny, II 1274.

[152] Näher Hoch/Lüscher, Ergebnisse und Empfehlungen, in: Hoch/Lüscher (oben N 149).

ihren minderjährigen Kindern beschränkt. Dies schließt selbstverständlich darüber hinausgehende moralische Verpflichtungen nicht aus.[153] Soweit es um den Rückgriff durch Sozialleistungsträger gegen „liable relatives" geht, erfolgt dieser in der Tradition des englischen Poor Law über öffentlich-rechtlich geprägte selbständige Ansprüche des Trägers.[154] Ebenfalls restriktiv sind die nordischen Rechte, welche freilich mehr Sozialleistungen zur Verfügung stellen.[155] Dagegen kennt das römisch-rechtlich beeinflusste Civil Law einen weitreichenden Verwandtenunterhalt in auf- und absteigender Linie. Diese privatrechtliche Unterhaltsordnung wird auch für den mehr oder weniger eingeschränkten Rückgriff von Sozialleistungsträgern – also als eine Art „Refinanzierungsquelle öffentlicher Leistungsträger"[156] – genutzt.[157] Die Unterschiede der Systeme und Berechnungsweisen machen Vergleiche schwierig.

Jedenfalls im Bereich des Kindesunterhalts gibt es keinen international einheitlichen Trend zu mehr Sozialleistungen und zu weniger Unterhalt. So hat der britische Gesetzgeber den Gerichten die Festsetzung und Durchsetzung des Kindesunterhalts fast vollständig entzogen und ihn einer eigenen Behörde, der Child Support Agency, übertragen, welche mehr und effektiver Unterhalt festsetzen und beitreiben soll.[158] In den USA wird angesichts der Einschränkung der Sozialleistungen[159] bereits beklagt, dass eine Rückkehr vom Wohlfahrtsrecht zur bloßen Armenfürsorge früherer Zeiten stattfinde.[160] Jedenfalls scheint als Gegenreaktion auf ursprünglich breit

---

[153] Vgl nur Finch/Mason, Obligations of kinship in contemporary Britain: is there normative agreement?, Brit J Soc 42 (1991) 345 ff; Eekelaar, Family Solidarity in English Law, in: Schwab/Henrich, 63 ff.

[154] Näher Martiny, I 105 ff, II 1133 f. – Vgl auch Battes, FuR 1993, 253.

[155] Vgl Landfermann, RabelsZ 35 (1971) 505 (510 ff); Martiny, Der Unterhalt in Ein-Elternteil-Familien aus rechtsvergleichender Sicht, in: Dopffel/Buchhofer (Hrsg), Unterhaltsrecht in Europa (1983) 602 ff; Gralla/Leonhardt (Hrsg), Das Unterhaltsrecht in Europa (1989).

[156] Willutzki, Verh 59. DJT II M 41.

[157] Dazu näher Landfermann RabelsZ 35 (1971) 505 (507 ff); Martiny, II 1072 f, 1131 f.

[158] Child Support Act (CSA) 1991 (c 48). Dazu Martiny, I 165 f. Größere Änderungen zuletzt durch Child Support, Pensions and Social Security Act 2000 (c 19). – Vgl Oldham, Financial Obligations within the Family – Aspects of Intergenerational Maintenance and Succession in England and France, Cambridge L J 60 (2001) 128 (137 f).

[159] Insbesondere Personal Responsibility and Work Opportunity Reconciliation Act (PRWORA), Pub L Nr 104–193, 110 Stat 2105 (1996). – Vgl Backhaus-Maul (Hrsg), Von der Sozialhilfe in die Erwerbsarbeit. Die „Welfare Reform" in den USA als Vorbild (1999); ders, Ende eines Rechtsanspruchs – Die Welfare Reform in den USA, NDV 1999, 409 ff. W Nachw bei Martiny, I 57, II 1210 f.

[160] Morgan, Family Law at 2000: Private und Public Support of the Family – From Welfare State to Poor Law, Fam. L. Q. 33 (1999) 705 ff.

angelegte Sozialprogramme der (angeblichen) „affluent society" (Überflussgesellschaft) nicht nur der Gedanke der Eigenverantwortung, sondern auch der familiären Verantwortlichkeit mit einer Verschärfung der Durchsetzung von Kindesunterhalt wieder mehr Anklang zu finden. Gleichzeitig findet aber auf Teilgebieten auch ein Ausbau der sozialen Sicherheit statt und es gibt eine Reihe von Regressbeschränkungen, welche noch im Zusammenhang mit den einzelnen Ansprüchen zu erörtern sind.

III. Einzelne Unterhaltsansprüche

1. Kindesunterhalt

a) Geltendes Recht

aa) Das Bürgerliche Gesetzbuch gewährt minderjährigen Kindern einen gesteigerten Unterhaltsanspruch gegen ihre Eltern. Wenngleich dieser in der „verschrobenen Ordnung" des BGB, wie *von Gierke* überspitzt formulierte,[161] nur als ein besonderer Fall des Verwandtenunterhalts erscheint (§§ 1601 ff BGB), so bildet er doch auch nach geltendem Recht den wichtigsten Anspruch, welcher zweifellos Vorrang hat. Der Kindesunterhalt setzt – anders als der Geschiedenenunterhalt – keine besondere Bedürftigkeitssituation voraus und ist besonders umfangreich. Den von den Eltern erwarteten besonderen Anstrengungen (§ 1603 II BGB) trägt die Rechtsprechung Rechnung, indem sie dem Unterhaltspflichtigen nur einen beschränkten (notwendigen) Selbstbehalt (730 Euro bei nicht erwerbstätigen, 840 Euro bei erwerbstätigen Unterhaltspflichtigen) zuerkennt.[162] Hierbei werden Minderjährige bevorzugt, denen seit 1998 volljährig gewordene, aber noch bei ihren Eltern lebende Schüler unter 21 Jahren gleichgestellt sind (§ 1603 II 2 BGB). Zwar ist eine ständige Anpassung der Höhe, gegebenenfalls auch eine Heraufsetzung, notwendig und eine weitere Verbesserung der Durchsetzung erstrebenswert. Im Übrigen ist der Kindesunterhalt heute aber so umfassend ausgestaltet, dass eine inhaltliche Ausdehnung kaum mehr mög-

---

[161] Gierke, Der Entwurf eines bürgerliches Gesetzbuches und das deutsche Recht (1889) 459. – Vgl dazu Martiny, I 32.

[162] Düsseldorfer Tabelle (Stand 1. 1. 2002) A 5.

lich erscheint. Daher ist eher eine Stärkung der Kernfamilie und eine Entlastung der Unterhaltspflichtigen durch den Sozialstaat gefordert.[163]

bb) Nach § 1609 II 1 BGB steht der Ehegatte den Kindern iS des § 1603 II BGB gleich; er geht anderen Kindern und den übrigen Verwandten vor. Dieser *Gleichrang* wird von der Rechtsprechung insoweit nicht beachtet, als der Kindesunterhalt bei der Berechnung des Ehegattenunterhalts grundsätzlich als vorweg zu berücksichtigender Abzugsposten behandelt wird.[164] Angesichts der größeren Schutzwürdigkeit des Kindes wird zunehmend die Frage gestellt, ob die gesetzliche Rangregel in der Weise geändert werden sollte, dass nunmehr der Kindesunterhalt Vorrang erhält.[165] Hinzu kommt der innere Widerspruch der Rangregeln der §§ 1582, 1609 BGB im Scheidungsfall, welcher die Rechtsprechung bereits beschäftigt hat (vgl auch III 4).[166] Eine Neuregelung wird freilich den Rang des ehelichen und nachehelichen Unterhalts insgesamt überprüfen müssen; diese Problematik überschreitet daher den Rahmen einer auf den Verwandtenunterhalt beschränkten Stellungnahme.

cc) Nach geltendem Recht steht auch Volljährigen Unterhalt zu. Ihnen gegenüber steigt jedoch der angemessene Selbstbehalt des Unterhaltspflichtigen auf monatlich mindestens 1000 Euro.[167] Auch nach dem Recht der DDR konnten Volljährige von ihren Eltern und Großeltern Unterhalt verlangen (§ 81 FamGB). Der Kindesanspruch umfasst nicht nur den Lebensunterhalt, sondern auch die Kosten einer angemessenen Vorbildung zu einem Beruf (§ 1610 II BGB). Da keine Altersgrenze besteht, kann auch ein Volljähriger Unterhalt für seine *Ausbildung* verlangen.[168] Die elterliche Verpflichtung zur Finanzierung der Ausbildung bedarf der Begrenzung, da die Verschulung der Jugend sowie mehr und intensivere Ausbildungen auch weiterhin die finanzielle Selbständigkeit hinausschieben werden (vgl oben A II 4). Im Jahre 2000 gab es in Deutschland etwa 1,8 Mio Studierende.[169] Der Anspruch erstreckt sich grundsätzlich nur auf einen Regelabschluss. Die Finanzierung einer Zweitausbildung kann nach

---

[163] Vgl Willutzki, Verh 59. DJT II M 36 sowie Eichenhofer unter IV 1, 3 in diesem Band.

[164] Siehe Kalthoener/Büttner/Niepmann, Rn 1011; Martiny, I 481 ff.

[165] Vgl nur Heger, FamRZ 2001, 1409 (1414); Bäumel, 14. Deutscher Familiengerichtstag 2001, FamRZ 2001, 1436 (1437).

[166] Näher zu den sog relativen Rangverhältnissen BGH 13. 4. 1988, BGHZ 104, 158 = FamRZ 1988, 705 = NJW 1988, 1722. – W Nachw bei Martiny, I 532 ff; Palandt (-Diederichsen), § 1582 BGB Rn 9, § 1609 BGB Rn 3.

[167] Düsseldorfer Tabelle A 5.

[168] Schwab in: Schwab/Henrich, 39 (44 ff).

[169] WS 2000/1; Statistisches Jahrbuch für die Bundesrepublik Deutschland 2001 S 390.

der Rechtsprechung nur in Ausnahmefällen – insbesondere bei einem engen sachlichen und zeitlichen Zusammenhang der Ausbildungen[170] sowie einer ursprünglichen Fehleinschätzung der Begabung[171] – verlangt werden.

Der Volljährigenunterhalt deckt an sich auch das Risiko der *Erwerbslosigkeit* eines Kindes ab. Tatsächlich werden erwerbslose Jugendliche häufig von ihren Eltern unterhalten. Unterhaltsklagen können letztere allerdings vielfach mit der den Unterhaltsberechtigten treffenden Erwerbsobliegenheit begegnen.[172] Ein gesetzgeberisches Einschreiten, um ein Überbürden des Arbeitsmarktrisikos auf die Eltern zu verhindern, scheint daher nicht notwendig zu sein.[173]

b) Ausländische Rechtsordnungen

Bezüglich der umfassenden elterlichen Verpflichtung zum Unterhalt *minderjähriger Kinder* besteht im Ausgangspunkt Einigkeit. Dies gilt nicht nur für die europäischen römisch-rechtlich geprägten Rechtsordnungen.[174] Auch im englischen Recht wird der Kindesunterhalt mehr und mehr kodifiziert.[175] Die einzelstaatlichen Rechte der USA kennen regelmäßig ebenfalls eine gesetzliche elterliche Unterhaltspflicht.[176] Soweit es zu Reformen kommt, soll die Position der Kinder noch gestärkt werden.

Unterschiedlich ist freilich die Behandlung *volljähriger Kinder.* Nach dem kontinentaleuropäischen Ansatz besteht regelmäßig eine verstärkte Unterhaltspflicht so lange bis dem Kind zugemutet werden kann, seinen Unterhalt selbst zu bestreiten; es kann bis zu seiner Selbsterhaltungsfähigkeit noch Ansprüche geltend machen. Das ist etwa in Österreich und der Schweiz der Fall.[177] Auch in Polen und

---

[170] St Rspr BGH: 7. 6. 1989, BGHZ 107, 376 (381f) = FamRZ 1989, 853 = NJW 1989, 2253; 30. 11. 1994, FamRZ 1995, 416 (417) = NJW 1995, 718. – W Nachw Graba, Die Entwicklung des Unterhaltsrechts nach der Rechtsprechung des Bundesgerichtshofs im Jahr 2000, FamRZ 2001, 585 (588f).

[171] BGH: 14. 7. 1999, FamRZ 2000, 420 = NJW-RR 2000, 593. Vgl Palandt(-Diederichsen), § 1610 BGB Rn 33.

[172] Vgl BGH 6. 12. 1984, FamRZ 1985, 273 (274); OLG Hamm 9. 8. 1989, FamRZ 1990, 904; Schwab in: Schwab/Henrich, 39 (48ff); Pauling FPR 2000, 11 (15f).

[173] Anders Schwenzer, Verh 59. DJT I A 46f.

[174] Nachw bei Battes, FuR 1993, 253ff; Martiny, I 53ff.

[175] Siehe insbes s 1 CSA 1991; Children Act 1989 (c 41) Sched 1. – Dazu Lowe/Douglas, 746ff; Martiny, I 55ff.

[176] Überblick etwa bei Brashier, Protecting the Child From Disinheritance: Must Louisiana Stand alone?, La L Rev 57 (1996) 1 (6 N 23). – Vgl auch Martiny, I 57f.

[177] Zu § 140 I, III ABGB näher Ferrari, Unterhaltspflicht zwischen erwachsenen Personen im österreichischen Recht, in: Schwab/Henrich, 149ff; Martiny, II 1288ff.

der Tschechischen Republik gilt dieser Grundsatz.[178] Mit Eintritt der Volljährigkeit kommt grundsätzlich nur noch die von erheblich strengeren Voraussetzungen abhängige allgemeine Unterhaltspflicht in Frage.[179] Die elterliche Verpflichtung umfasst regelmäßig auch eine angemessene Ausbildung des Volljährigen. Das gilt etwa für das österreichische und das schweizerische Recht.[180] In Frankreich besteht zwar ab Volljährigkeit grundsätzlich nur noch die allgemeine Verwandtenunterhaltspflicht (obligation alimentaire), doch hat die Rechtsprechung die elterliche Unterhaltspflicht (obligation d'entretien) auch auf den Zeitraum des Hochschulstudiums ausgedehnt.[181] Ähnlich ist es im italienischen Recht.[182] Allerdings bestehen im Einzelnen bezüglich der Obliegenheit des Berechtigten, sich selbst zu unterhalten, und des Umfangs der Verpflichtung beträchtliche Unterschiede.

Andere Rechtsordnungen kennen dagegen Altersgrenzen für den Kindesunterhalt; so etwa Schweden, wo bis zum 18. Lebensjahr, bei andauerndem Schulbesuch bis zum 21. Lebensjahr Unterhalt zu leisten ist.[183] Für das Universitätsstudium ist hingegen kein Unterhalt zu zahlen; der Studierende ist auf Stipendien und eigene Anstrengungen angewiesen. Altersgrenzen kennt auch das englische Recht; die behördliche Unterhaltsfestsetzung kann für Kinder bis zu 16 Jahren und für solche in Ausbildung bis zu 19 Jahren erfolgen. Zugunsten studierender Kinder geschiedener Eltern kann auch bei Volljährigkeit gerichtlich Unterhalt angeordnet werden.[184] In den USA entfällt zwar die elterliche Unterhaltspflicht im Grundsatz mit Volljährigkeit oder „emancipation".[185] Doch besteht eine zunehmende Tendenz, dem barunterhaltspflichtigen Elternteil auch für eine weiterführende Ausbildung über das Volljährigkeitsalter hinaus

---

[178] Siehe Art 133 § 1 poln FamVormGB. – Zu § 85 I tschech FamGB s Hrušáková, Unterhaltspflichten im tschechischen Familienrecht, in: Schwab/Henrich, 233 (237f).

[179] Im niederländischen Recht werden jedoch die sog jungvolljährigen Kinder bis zu 21 Jahren günstiger gestellt. Zu Art 1: 392, 395a NBW näher Breemhaar, Familiäre Solidarität in den Niederlanden, in: Schwab/Henrich, 127 (134ff).

[180] Zu Österreich Ferrari in: Schwab/Henrich, 149ff. – Zu Art 277 II ZGB siehe Battes FuR 1993, 253 (256); Martiny, II 1290.

[181] Näher zu Art 203, 205 C civ Ferrand, Familiäre Solidarität, in: Schwab/Henrich, 83 (87ff); Martiny, I 225, II 1291.

[182] Zu Art 147f, 433 Nr 3cc vgl Gabrielli, Die Unterhaltspflicht im italienischen Recht, in: Schwab/Henrich, 105 (113).

[183] Siehe zu Kap 7 § 1 Elterngesetz Agell, Die Begründung und die Grenzen der Unterhaltspflicht unter erwachsenen Verwandten in Schweden, in: Schwab/Henrich, 163f.

[184] Zu Children Act 1989 Sched 1 para 2; s 55 (1) CSA 1991 Eekelaar in: Schwab/Henrich, 63 (70ff).

[185] Battes, FuR 1993, 253 (256f); Krause, Family Law in a Nutshell (3. Aufl St. Paul, Minn 1995) 256f.

jedenfalls in Scheidungs- und Vaterschaftsfällen Kostenbeiträge aufzuerlegen.[186]

Die Unterhaltspflicht gegenüber *behinderten Volljährigen* folgt für die von einer Selbsterhaltungsfähigkeit ausgehenden Rechtsordnungen bereits aus der mangelnden Fähigkeit, wirtschaftlich auf eigenen Füßen zu stehen. Soweit Altersgrenzen gesetzt werden, besteht die Tendenz, insoweit Ausnahmen zuzulassen.[187]

c) Mögliche Reformen

aa) Eingrenzung des Volljährigenunterhalts

Mehrfach wurde gefordert, volljährigen Auszubildenden die Vorteile aus dem Familienlastenausgleich (Kindergeld, Steuervorteile) zuzuweisen und im Gegenzug dazu die Eltern von ihrer Unterhaltspflicht freizustellen. Erst kürzlich ist das Projekt, volljährigen Studierenden generell ein sog staatliches Ausbildungsgeld zu gewähren und dafür im Gegenzug die elterliche Unterhaltsverpflichtung zu streichen, gescheitert.[188] Die Ausdehnung der staatlichen Leistungen sollte über die spätere Heranziehung aller Absolventen finanziert werden. Problematisch und verfassungsrechtlich bedenklich an einem solchen Modell ist ua die zwangsweise Einbindung auch derjenigen in ein derartiges Finanzierungssystem, welche ihren Unterhalt durch die Geltendmachung von privatrechtlichen Unterhaltsansprüchen decken könnten. Einstweilen ist daher von keiner vollen Finanzierung durch die öffentliche Hand, sondern vom Weiterbestehen einer subsidiären, familienabhängigen Förderung nach dem Bundesausbildungsförderungsgesetz und einer vorrangigen elterlichen Unterhaltspflicht auszugehen.

Verschiedentlich ist verlangt worden, die Unterhaltspflicht der Eltern auf eine solche gegenüber minderjährigen Kindern zu begrenzen.[189] Lediglich Ausbildungsunterhalt soll – in Kongruenz mit

---

[186] Nachw bei von Marschall, Rechtsvergleichende Überlegungen zu Unterhaltsansprüchen für Ausbildungskosten, in: Bosch (Hrsg), Neuere Entwicklungen im Familienrecht (1990) 63ff; Morgan, Fam L Q 33 (1999) 705 (713); Wardle/Nolan in: Pintens (Hrsg), III USA Rn 585ff. – Vgl auch Martiny, II 1293f.

[187] Nachw bei Battes, FuR 1993, 253 (257f).

[188] Siehe § 3 Entwurf eines Gesetzes zur Errichtung eines Bundesausbildungsfonds (BAFFG) (BT-Drucks 13/10883). – Dazu Rechtsgutachten des Verf, „Unterhaltsrechtliche Würdigung von Fondsmodellen für ein unterhaltssicherndes Ausbildungsgeld“ für das Bundesministerium für Bildung und Forschung v 27. 1. 2000 (TIB Hannover M 154000). Siehe auch Eichenhofer unter IV 2b in diesem Band.

[189] Schwenzer, Verh 59. DJT I A 45; Diederichsen Verh 59. DJT II M 72, 90.

sozialrechtlichen Vorschriften – bis zur Vollendung des 27. Lebensjahrs zu gewähren sein.[190] Dies würde zum einen den wichtigsten Ausbildungsbedarf abdecken, zum anderen aber auch überlangen Ausbildungszeiten entgegenwirken. Der 59. DJT sprach sich dafür aus, zwar auch Volljährigen Anspruch auf Ausbildungsunterhalt zuzugestehen, im Übrigen solle jedoch nur in außergewöhnlichen Härtefällen Billigkeitsunterhalt gewährt werden.[191] Eine starre Altersgrenze weckt Bedenken, da die Ausbildungssituation keineswegs einheitlich ist bzw Ausbildungsplätze nicht immer zugänglich sind. Auch Krankheit und andere besondere Umstände können zu Verzögerungen führen. Daher wurde vorgeschlagen, lediglich das geltende Recht restriktiver zu handhaben[192] oder aber dem Ausbildungsberechtigten die Beweislast dafür aufzuerlegen, dass er die Ausbildung nach besten Kräften wahrgenommen hat und auf eine Altersgrenze zu verzichten.[193] Trotz dieser Bedenken dürfte aber eine durch eine Härteklausel aufgelockerte gesetzliche Altersgrenze wegen ihrer Signalwirkung für alle Beteiligten vorzuziehen sein.

bb) Unterhalt bei Krankheit und Behinderung

Krankheit und Behinderung volljähriger Kinder sind einerseits typische Fälle, in denen sich die Bedürftigen nicht selbst unterhalten können und weiterhin Hilfe benötigen.[194] Gleichzeitig wird hier sozialstaatliche Unterstützung erwartet und auch gewährt. Der Unterhaltsanspruch von Kindern gegen ihre Eltern geht nach Vollendung des 18. Lebensjahres, wenn sie Eingliederungshilfe oder Hilfe in vollstationären Einrichtungen erhalten, nur in Höhe von monatlich 25 Euro auf den Träger über.[195] Auf Antrag kann der Übergang für noch nicht 27jährige Kinder ganz entfallen.[196] Für über 18jährige Kinder kann der Übergang ebenfalls ausge-

---

[190] Schwenzer, Verh 59. DJT I A 45f; Diederichsen Verh 59. DJT II M 72, 90; Willutzki, Verh 59. DJT II M 37, 58; ders epd-Dokumentation 38–39 (1998) II 3 (4) (mit gleichem Rang wie Minderjährige). – Anders Richter, FamRZ 1996, 1245 (1248); von Münch, 10. DFGT 55 f.

[191] Verh 59. DJT II M 259f. Vgl auch Brudermüller, FamRZ 1996, 129 (134).

[192] Schwab in: Schwab/Henrich, 39 (47). – Vgl auch ders 9. DFGT 47 (63f).

[193] Schlüter/Kemper, FuR 1993, 245 (250f).

[194] Für einen Wegfall der Unterhaltspflicht Schwenzer, Verh 59. DJT I A 46; Willutzki, Verh 59. DJT II M 38; ders, epd-Dokumentation 38–39 (1998) 3 (5).

[195] So § 91 II 3 BSHG idF von Art 15 Nr 17 des Ges vom 19. 6. 2001, BGBl 2001 I 1046. – Eine bedauerliche Lücke besteht freilich bei anderer Hilfe; vgl OLG Koblenz, 27. 11. 2000, FamRZ 2001, 1237; Niemann, Verh 59. DJT II M 175f; Heinz-Grimm, Verh 59. DJT II M 211f.

[196] Siehe Zeitler, NDV 2001, 318 (320f.) zu § 91 II 4 BSHG.

schlossen sein.[197] Ferner wird für erwerbsunfähige Volljährige künftig die regresslose, bedarfsorientierte Grundsicherung eingreifen.[198] Damit scheint sichergestellt, dass die Eltern nicht mit einer lebenslangen Unterhaltslast überfordert werden. Daher ist es vertretbar, auch hier an der zivilrechtlichen Verpflichtung festzuhalten.

cc) Unterhaltsberechtigung von Stiefkindern

(1) Stiefkinder und -eltern sind zwar miteinander verschwägert (§ 1590 BGB), auch kann das Verbleiben beim Stiefelternteil nunmehr geschützt werden (§ 1682 BGB). Da Verwandtschaft erforderlich ist (§ 1601 BGB), begründet das allein jedoch nach ständiger Rechtsprechung[199] und Schrifttum[200] noch keine gegenseitigen Unterhaltsansprüche. Das DDR-FamGB gewährte dem Stiefkind gleichfalls keinen Unterhaltsanspruch.[201] Sozial- und steuerrechtlich steht das Stiefkind dem leiblichen Kind verschiedentlich gleich[202] oder es genießt sogar Vorrang wie beim Kindergeld.[203]

Wird das voreheliche Kind eines Ehegatten in den gemeinsamen Haushalt aufgenommen, so ist freilich eine *vertragliche – auch stillschweigende – Verpflichtung* gegenüber dem anderen möglich.[204] Das gilt vor allem dann, wenn der leibliche Elternteil vor der Eheschließung selbst für das Kind gesorgt hat, sich nunmehr der Haushaltsführung widmet und der andere leibliche Elternteil nichts zum Unterhalt beisteuert.[205] Die Dauer und die Auflösbarkeit einer

---

[197] Vgl § 91 II 5 BSHG.

[198] Siehe § 1 Nr 2 GSiG (unten N 243).

[199] Etwa BGH: 24. 6. 1969, FamRZ 1969, 599 (600) = NJW 1969, 2007; 17. 9. 1980, FamRZ 1980, 1109 (1111f) = NJW 1981, 168; OLG Köln 7. 3. 1994, FamRZ 1994, 1272.

[200] Frank, Grenzen der Adoption (1978) 29f; Carré-Jersch, Das Stiefkindverhältnis im Sorge- und Unterhaltsrecht (1995) 123; Börner, Familienunterhalt im BGB (1994) 55ff; Martiny, I 200f; MünchKomm(-Wacke), § 1360a BGB Rn 10; Palandt(-Diederichsen), § 1360a BGB Rn 2.

[201] Nachw bei Kremer, 108f.

[202] So zB für die Sonderrechtsnachfolge (§ 56 II Nr 1 SGB I), Verletzung der Unterhaltspflicht (§ 48 II SGB I), Krankenversicherung (§ 10 IV 1 SGB V), Unfallversicherung (§ 67 II Nr 1 SGB VII) und Rentenversicherung (§ 48 III Nr 1 SGB VI). – Vgl auch § 3 I Nr 3 USG sowie Eichenhofer in diesem Band III 2.

[203] Siehe für in den Haushalt aufgenommene Stiefkinder, § 1 III Nr 2 BErzGG sowie § 2 I Nr 1 BKGG.

[204] Vgl BGH 24. 6. 1969 (oben N 199); LG Berlin 10. 5. 1955, FamRZ 1955, 267 Anm Boehmer; Kremer 44ff.

[205] Vgl von der Weiden, Vertragliche Regelungen stiefelterlicher Unterhalts- und Betreuungspflichten, FuR 1991, 132 (133); Palandt(-Diederichsen), § 1360a BGB Rn 2.

solchen Abrede sind zweifelhaft.[206] Einige lassen sie schon mit der Aufgabe des gemeinsamen Haushalts,[207] andere erst mit der Scheidung entfallen.[208]

Bei Fehlen einer solchen Vereinbarung hat der Stiefelternteil sozialhilferechtlich wenigstens in Höhe der materiellen Vorteile, welche ihm sozial- und steuerrechtlich aus der Aufnahme des Kindes erwachsen (Kindergeld und Kinderzuschläge), den Unterhalt sicherzustellen.[209] Insoweit kann keine Sozialhilfe in Anspruch genommen werden.[210] Das in einer Stieffamilie lebende Kind hat auch keinen Anspruch auf Unterhaltsvorschuss.[211]

(2) Im Ausland besteht keine einheitliche Haltung. Vielfach verändert die neue Eheschließung die Beziehung zu den leiblichen Kindern nicht und begründet grundsätzlich keine Verpflichtung des Stiefelternteils (sog Statusmodell).[212] Dieser Lösung folgen insbesondere das österreichische,[213] französische,[214] belgische,[215] italienische[216] und spanische Recht.[217] In anderen Rechtsordnungen führt die Stiefkindschaft – ähnlich wie eine schwache Adoption – zu einem unvollständigen Eltern-Kind-Verhältnis und einer *gesetzlichen Unterhaltspflicht.* Nach polnischem Recht kann das Kind Unterhalt vom Stiefelternteil verlangen, „wenn dies den Grundsätzen des gesellschaftlichen Zusammenlebens entspricht".[218] Eine Verpflichtung

---

206 „Triftige Gründe" nennen Conradi, FamRZ 1980, 103 (106); Palandt(-Diederichsen), § 1360a BGB Rn 2.

207 OLG Nürnberg 25. 2. 1965, FamRZ 1965, 217; von der Weiden, FuR 1991, 132 (137).

208 Offen gelassen OLG Hamm 29. 4. 1987, FamRZ 1987, 1189 = NJW 1988, 830.

209 BVerwG 15. 4. 1964, BVerwGE 18, 213 (215f) = NDV 1965, 19 (zu § 5 RGr); Fichtner(-Wenzel), Bundessozialhilfegesetz (1999) § 16 BSHG Rn 16 mwN.

210 Palandt(-Diederichsen), § 1360a BGB Rn 2.

211 Zu § 1 I Nr 2 UVG siehe Martiny, II 1242. – Diese Regelung hält für verfassungsmäßig BVerwG 7. 12. 2000, FamRZ 2001, 1452 = NJW 2001, 3205. Anders VG Göttingen 29. 9. 1999, FamRZ 2001, 56. Dazu Niemeyer, FuR 2001, 205f.

212 Näher Martiny, I 259ff; ders, Unterhaltsrecht in sozialen Familien in der Europäischen Union, Kind-Prax 2000, 146ff. – Vgl auch Battes FuR 1993, 253 (255).

213 Siehe Ferrari in: Schwab/Henrich, 149 (154).

214 Zu Art 203 C civ siehe Ferrand in: Schwab/Henrich, 83 (92); Oldham, Cambridge L J 60 (2001) 128 (141f).

215 Vgl Sosson, L'obligation alimentaire, miroir des conceptions de la famille?, Liber Amicorum Meulders-Klein (Brüssel 1998) 575 (589f); Pintens, Familiäre Solidarität – Die Begründung und die Grenzen der Unterhaltspflicht unter Verwandten im belgischen Recht, in: Schwab/Henrich, 29 (32).

216 Zu Art 433 c c siehe Gabrielli in: Schwab/Henrich, 105 (113).

217 Vgl Art 143 C c.

218 So Art 144 § 1 FamVormGB. Ein Stiefelternteil, der zu Unterhalt und Erziehung beigetragen hat, kann seinerseits Unterhalt vom Kind verlangen (Art 144 § 2 FamVormGB).

gegenüber dem Stiefkind kennen seit 1958 auch die Niederlande,[219] ferner Schweden[220] und manche US-Einzelstaaten.[221] Im englischen Recht wird das tatsächlich versorgte Stiefkind zwar traditionell als „child of the family“ angesehen, doch wird die stiefelterliche Verpflichtung bei der behördlichen Unterhaltsdurchsetzung nicht berücksichtigt.[222] Der Kindesanspruch gegen den Stiefelternteil ist vielfach gegenüber der Verpflichtung des anderen leiblichen Elternteils subsidiär. Ferner wird er regelmäßig nur während des Bestehens der stiefelterlichen Ehe gewährt.[223]

Kompliziert wird das Bild durch die Annahme einer mittelbaren Unterhaltspflicht des Stiefelternteils, indem dieser den leiblichen Elternteil zu unterstützen hat. Auch ohne eine direkte Verpflichtung lassen sich damit ganz ähnliche Ergebnisse erzielen.[224] So hat nach schweizerischem Recht jeder Ehegatte dem anderen in der Erfüllung der Unterhaltspflicht gegenüber vorehelichen Kindern in angemessener Weise beizustehen (Art 278 II ZGB).

(3) Die Schaffung einer gesetzlichen, subsidiären Unterhaltspflicht des Stiefelternteils gegenüber in den Haushalt aufgenommenen minderjährigen Kindern wurde zwar mehrfach vorgeschlagen,[225] ist aber vom 59. DJT abgelehnt worden.[226] Lediglich eine Erweiterung des (von der jetzigen Reform unberührten) § 844 II BGB, welche Stiefkindern bei tatsächlicher Unterhaltsgewährung Ersatzansprüche gegen den Schädiger einräumen sollte, fand genügend Befürworter. Ein neuer Vorschlag will ein faktisches Stiefeltern-Kind-Verhältnis und einen besonderen, durch Gerichtsentscheidung erworbenen Stiefelternstatus unterscheiden.[227] Im Rahmen des faktischen Verhältnisses soll lediglich dem leiblichen Elternteil ein mittelbarer, subsidiärer Anspruch auf den Unterhalt seines Kindes in der Stieffamilie einge-

---

[219] Zu Art 1:392 I lit c, 395, 404 II NBW s Landfermann RabelsZ 35 (1971) 505 (517 ff); Breemhaar in: Schwab/Henrich 127 (138 f).

[220] Näher zu Föräldrabalken Kap 7 § 5 Agell in: Schwab/Henrich, 163 (166 f).

[221] Nachw bei Kremer, 101 ff; Martiny, I 247 f.

[222] Siehe s 54 CSA 1991. Vgl dazu Eekelaar in: Schwab/Henrich, 63 (77, 81). Unvollständig insoweit Kremer, 92 ff.

[223] Dazu näher Sosson, Der rechtliche Status der Fortsetzungsfamilien in Europa, in: Meulders-Klein (Hrsg), Fortsetzungsfamilien (1998) 357 ff; Martiny, I 262 f; ders Kind-Prax 2000, 146 ff.

[224] Näher Martiny, I 649 ff; ders Kind-Prax 2000, 175 ff.

[225] Siehe Schwenzer, Verh 59. DJT I A 47 f; Kremer 111 ff.

[226] Verh 59. DJT II M 259. – Ebenso Diederichsen, Verh 59. DJT II M 73, 90; Willutzki, Verh 59. DJT II M 43; Battes, FuR 1993, 253 (260) f).

[227] Näher zu diesem Vorschlag der Bundesarbeitsgemeinschaft „Selbsthilfegruppen Stieffamilien“ von Puttkamer/Radziwill, Das Stiefeltern-Kind-Verhältnis – Überlegungen zu einer rechtlichen Neuregelung, Kind-Prax 2000, 19 ff. – Zum Gedanken eines „kleinen Miterziehungsrechts“ Peschel/Gutzeit, FF 2001, 109 (111).

räumt werden.[228] Die förmliche Stiefkindschaft soll dem Stiefkind hingegen einen unmittelbaren, allerdings ebenfalls nur subsidiären Unterhaltsanspruch gegen den Stiefelternteil gewähren.

Gegen die Unterhaltsverpflichtung des Stiefelternteils spricht das nicht von der Hand zu weisende Argument, sie könnte von einer Eheschließung oder der Akzeptanz des Stiefkindes abschrecken und damit die Lage des leiblichen Elternteils bzw des Kindes verschlechtern. Hinzu kommt, dass ein Stiefelternteil bei Einführung einer eigenen Verpflichtung diese seinen häufig vorhandenen eigenen leiblichen Kindern leistungsfähigkeitsmindernd entgegenhalten könnte; daher verliert man auch etwas beim Stiefkindunterhalt. Ferner soll die Verpflichtung gegenüber derjenigen des leiblichen Elternteils nur subsidiär sein und zudem mit Scheidung der neuen Ehe enden. Dass der leibliche Barunterhaltspflichtige nach Ehescheidung wieder uneingeschränkt verantwortlich sein soll, zeigt den Wertungskonflikt zwischen der biologischen und der bloß faktischen Elternschaft (vgl oben A II 3). Daher verspricht eine direkte Unterhaltspflicht mehr, als sie im Krisenfall tatsächlich wert ist.[229] Vorzuziehen ist daher eine lediglich mittelbare Unterhaltsverpflichtung des Stiefelternteils, der seinen Ehegatten bei der Erfüllung von dessen Unterhaltspflicht zu unterstützen hat. Dies kann wie im schweizerischen Recht gesetzlich verankert werden, lässt sich aber auch durch eine entsprechende Auslegung der bereits bestehenden Vorschriften erreichen.

dd) Unterhaltsbestimmungsrecht gegenüber Volljährigen

Eltern, welche einem volljährigen, unverheirateten Kind unterhaltspflichtig sind, können bestimmen, in welcher Art und für welche Zeit im Voraus der Unterhalt gewährt werden soll (§ 1612 II 1 BGB). Dabei geht es vor allem um das Angebot von Naturalunterhalt in der elterlichen Wohnung. Die Abschaffung dieses Unterhaltsbestimmungsrechts ist mehrfach verlangt[230] und auch vom 59. DJT so beschlossen worden.[231] Das KindUG ist dem freilich

[228] Ähnlich für eine Erweiterung des Familienunterhalts von der Weiden, Das Stiefkind im Unterhaltsrecht und im Recht der elterlichen Sorge (1991); ders, Vorschläge zur Neuregelung der Rechtsstellung des Stiefkindes im Familienrecht, FuR 1991, 249 (252ff).

[229] Vgl etwa Brückner, Verh 59. DJT II M 195 f; Münder, Verh 59. DJT II M 205.

[230] Schwenzer, Verh 59. DJT I A 48ff; dies Verh 59. DJT II M 189f; Diederichsen, Verh 59. DJT II M 72, 91; Willutzki, Verh 59. DJT II M 37f, 58; ders epd-Dokumentation 38–39 (1998) II 3 (4); Zenz, Verh 59. DJT II M 191f. – Anders dagegen etwa Schütz, Elterliches Einwirken auf volljährige Kinder durch Bestimmung von Naturalunterhalt, NJW 1992, 1086f; Holzhauer, Verh 59. DJT II M 187f; G. Fischer, Verh 59. DJT II M 216f; Battes, FuR 1993, 253 (261).

[231] Verh 59. DJT II M 260.

nicht gefolgt, sondern hat lediglich abmildernd hinzugefügt, dass auf die Kindesbelange die gebotene Rücksicht zu nehmen ist. Während früher durchaus beabsichtigt war, auf den Lebenswandel und die Handlungsweise auch eines Volljährigen Einfluss zu nehmen,[232] geht es nach heutiger Auffassung lediglich um die Rücksichtnahme auf die wirtschaftlichen Belange der Eltern, die auch verlangt werden dürfe.[233] Die Rechtsprechung zur familiengerichtlichen Abänderung[234] der elterlichen Unterhaltsbestimmung zeigt jedoch, dass sie Nachscheidungs- und Eltern-Kind-Konflikte häufig noch anheizt.[235] Daher sollte das konfliktträchtige und international ungewöhnliche Unterhaltsbestimmungsrecht als Relikt des früheren elterlichen Gewaltverhältnisses ganz gestrichen werden. Damit würde die Grundregel des Barunterhalts zur Anwendung kommen. Die allgemeinen, in § 1612 I BGB zum Ausdruck gekommenen Grundsätze des Unterhaltsrechts reichen für die Obliegenheit des Unterhaltsberechtigten zu einer möglichst wirtschaftlichen Art des Unterhaltsbezugs und die Abwehr von Missbräuchen aus.

2. *Elternunterhalt*

a) Geltendes Recht

Nach geltendem Recht sind Kinder ihren Eltern gegenüber unterhaltspflichtig (§ 1601 BGB). Auch nach dem Recht der DDR hatten Volljährige ihren unterhaltsbedürftigen Eltern Unterhalt zu gewähren (§ 81 I FamGB). Der Unterhaltsbedarf richtet sich nach der Lebensstellung und umfasst grundsätzlich den gesamten Lebensbedarf. Zwar sind solche Ansprüche gegenüber denen von eigenen Kindern des Verpflichteten nachrangig (§ 1609 I BGB)[236] und werden auch nur selten direkt erhoben. Vor allem bei nicht abgedeckten Pflegekosten und der Inanspruchnahme von Sozialhilfe (Hilfe zur Pflege, § 68 I 1 BSHG) kommt es aber oft zum Sozialhilferegress. Wegen der kaum kalkulierbaren und hohen Pflegekosten hat sich der

---

[232] Mot IV 704.

[233] Näher Schlüter/Kemper, FuR 1993, 245 (251); Kalthoener/Büttner/Niepmann, Rn 199ff.

[234] Zuständig für dieses gesonderte Verfahren ist der Rechtspfleger, § 3 Nr 2a RPflG.

[235] Vgl nur OLG Celle 25.7. 2000, FamRZ 2001, 116 (tägliche dreistündige Reisezeit zum Studienort). – W Nachw bei Palandt(-Diederichsen), § 1612 BGB Rn 18ff.

[236] Näher Günther, Probleme des Elternunterhalts, FF 1999, 172 (177f); Martiny, I 569.

Konflikt zwischen einem Rückgriffsverlangen und der fehlenden oder doch zu geringen Leistungsfähigkeit der Kinder in den letzten Jahren zu einer häufig diskutierten Problematik entwickelt (vgl oben A II 5).[237] Solche Ansprüche lassen sich nicht damit abwehren, beim Pflegebedarf alter Menschen handle es sich um Sonderbedarf (§ 1613 II BGB).[238] Auch wenn er hoch ist, so ist er doch mit großer Wahrscheinlichkeit vorauszusehen und nicht überraschend.[239]

Für die Unterhaltshöhe bestehen keine Tabellenwerte. Im Anschluss an eine Entscheidung des Bundesgerichtshofs, in der dieser die Heranziehung von drei erwachsenen Söhnen eines Rentners wegen deren Leistungsunfähigkeit verneint hatte,[240] räumt die Rechtsprechung inzwischen aber einen verhältnismäßig großzügigen „angemessenen" Selbstbehalt ein, der noch über dem „großen" Selbstbehalt gegenüber volljährigen Kindern liegt.[241] Nach der Düsseldorfer Tabelle beträgt er zur Zeit „mindestens" 1250 Euro. Teilweise wird auch dafür plädiert, dem Unterhaltspflichtigen – ähnlich wie im Sozialhilferecht (§ 88 BSHG) – auch ein Schonvermögen zu belassen.[242]

Das geltende Recht erkennt nunmehr aber jedenfalls sozialrechtlich an, dass in diesen Fällen die Solidargemeinschaft gefordert ist. Die Schaffung einer sozialen Grundsicherung hat auch die Rückgriffsordnung geändert. Ab 1. 1. 2003 werden Unterhaltspflichtige nicht mehr für den Sozialhilfebezug von Personen herangezogen, welche entweder das 65. Lebensjahr vollendet haben oder in vollem Umfang erwerbsgemindert iS des § 43 II SGB VI sind.[243] Unterhaltsansprüche gegen ihre Kinder bleiben unberücksichtigt, sofern deren jährliches Gesamteinkommen iS des § 16 SGB IV unter einem Betrag

---

237 Vgl nur Schlüter/Kemper, FuR 1993, 245 f; Menter, Der Elternunterhalt, FamRZ 1997, 919 ff; Martiny, FPR 1999, 7 ff; Bergmann, Die zersplitterte Rechtsprechungspraxis beim Elternunterhalt als Indiz für rechtliche Reformbedürftigkeit, FPR 1999, 17 ff; Brudermüller, Festschr Henrich 31 (42 ff); Büttner, Belastungsgrenzen beim Elternunterhalt, Festschr Henrich 51 ff; Diederichsen, FF 2001 SH 7 ff; Hänlein, Die Heranziehung Unterhaltspflichtiger bei langwährender Pflegebedürftigkeit Volljähriger nach BSHG und BGB (Bielefeld 1992); Graba, Unterhalt im Alter (2001).

238 So aber AG Hagen 14. 12. 1987, FamRZ 1988, 755 (756).

239 Schwenzer, FamRZ 1989, 685; Menter, FamRZ 1997, 919 (922); Reinecke, Rechtsprechungstendenzen zum Thema Elternunterhalt, FPR 1999, 3; Diederichsen, FF 2001 SH 7 (13).

240 BGH 26. 2. 1992, FamRZ 1992, 795 = NJW 1992, 1393.

241 BGH 26. 2. 1992 (vorige N); Günther, FF 1999, 172 (173 f); Büttner, Festschr Henrich 51 (52 ff); Kalthoener/Büttner/Niepmann Rn 188 a.

242 AG Wetter 29. 10. 1990, FamRZ 1991, 852; Büttner, Festschr Henrich 51 (56 ff); Palandt(-Diederichsen), § 1603 BGB Rn 3.

243 Siehe § 1 Nr 1, 2 Gesetz über eine bedarfsorientierte Grundsicherung im Alter und bei Erwerbsminderung (GSiG) vom 26. 6. 2001 (BGBl 2001 I 1310. – Auszug FamRZ 2001, 961). – Vgl Eichenhofer unter IV 2 c, aa in diesem Band.

von 100000 Euro liegt;[244] dass ihr Einkommen niedriger ist, wird vermutet.[245]

b) Ausländische Rechtsordnungen

Bedürftigkeitsabhängige Unterhaltsansprüche der Eltern gegen ihre Kinder sind den römisch-rechtlich geprägten Rechtsordnungen Kontinentaleuropas regelmäßig bekannt. Eine entsprechende Unterhaltsverpflichtung findet sich etwa in Österreich,[246] der Schweiz,[247] Frankreich,[248] Italien[249] und den Niederlanden.[250] Auch Polen und die Tschechische Republik kennen Ansprüche der Eltern.[251] Hier kreist die Reformdebatte häufig um eine Begrenzung des Elternunterhalts. Diese wird entweder durch eine Erhöhung der Anforderungen, durch eine eigenständige sozialrechtliche Grundsicherung oder aber durch eine bloße Einschränkung des Regresses erreicht.[252] Dagegen sehen die nordischen Rechtsordnungen keine solche Unterhaltsverpflichtung vor.[253]

Insbesondere das Common Law gewährt Eltern keinen Anspruch. Dementsprechend sind den angelsächsischen Rechtsordnungen Unterhaltsverpflichtungen der Kinder nicht bekannt, allerdings lassen sie teilweise eine sozialrechtliche Heranziehung leistungsfähiger Kinder bei Bedürftigkeit der Eltern und Empfang von subsidiären Sozialleistungen zu (filial responsibility). Dies gilt für eine Reihe von Einzelstaaten der USA[254] und kanadische Provinzen,[255] jedoch nicht für England. Dort gibt es nach heutigem Recht keinen Rückgriff.[256]

---

[244] So § 2 I 3 GSiG.

[245] Siehe § 2 II 1 GSiG.

[246] Zu § 143 ABGB Ferrari in: Schwab/Henrich, 149 (153); Martiny, I 214.

[247] Siehe zu Art 328 ZGB Hegnauer in: Schwab/Henrich, 185 (187); Martiny, I 220.

[248] Vgl zu Art 205 C civ Ferrand in: Schwab/Henrich, 83 (90f); Martiny, I 227.

[249] Zu Art 315, 433 Nr 2 c c siehe Gabrielli in: Schwab/Henrich 105 (112).

[250] Zu Art 1: 392 I NBW und der weitgehenden Regresslosigkeit Breemhaar in: Schwab/Henrich, 127 (139f).

[251] Siehe Art 128 poln FamVormGB sowie Hrušáková in: Schwab/Henrich, 233 (239) zu § 87 I tschech FamGB.

[252] Näher Martiny, FPR 1999, 7ff.

[253] Zu Schweden Agell in: Schwab/Henrich, 163ff. – Vgl auch Martiny, FPR 1999, 7 (8).

[254] Siehe Britton, America's Best Kept Secret – An Adult Child's Duty to Support Aged Parents, Cal WL Rev 26 (1989–90) 351ff; Martiny, I 252.

[255] Zu s 32 Family Law Act, RSO 1990 (c F 3) siehe Bracci, Ties that bind – Ontario's Filial Responsibility Law, Can J Fam L 17 (2000) 455ff.

[256] Dazu Eekelaar in: Schwab/Henrich, 63 (77f); Oldham Cambridge, L J 60 (2001) 128 (135, 139); Martiny, I 238f.

c) Mögliche Reformen

aa) Zwar ist durch die Pflegeversicherung und Einschränkungen durch die Rechtsprechung bereits eine gewisse Entschärfung des Problems eingetreten. Gleichwohl ist bedenklich, wenn die Unterhaltsbelastung volljähriger Kinder diese am Aufbau ihrer eigenen Altersversorgung und letztlich auch der weiteren Unterstützung ihrer eigenen Kinder hindern kann. Die bei den Eltern offenbar gewordene Schutzlücke kann zur Perpetuierung von Armut über die Generationengrenzen führen.[257] Dementsprechend ist der generelle *Wegfall des Elternunterhalts* verlangt worden.[258] Zur Begründung wird vor allem die soziale Absicherung der älteren Generation sowie die Überforderung der Kindergeneration angeführt, die mit ihren Sozialversicherungsbeiträgen über das Umlageverfahren bereits die Altersversorgung sowie den Ausbildungsunterhalt ihrer eigenen Kinder finanziert. Eine vollständige Beseitigung des zivilrechtlichen Anspruchs würde freilich auch dann zum Tragen kommen, wenn keine sozialrechtliche Bedürftigkeit vorliegt. Ferner wären dann gleichwohl erbrachte Leistungen, auch die häusliche Pflege, nicht mehr als Unterhalt, sondern lediglich als freiwillige Zuwendung anzusehen. Der rechtsvergleichende Befund lässt zwar die Befürchtung, ein Wegfall des Anspruchs werde zur Auflösung der Familie beitragen,[259] als übertrieben erscheinen. Gleichwohl wäre er ein tiefgreifender Einschnitt in das System des deutschen Familienrechts mit erheblichen finanziellen Folgen für die öffentlichen Sozialausgaben.

bb) Eine Eingrenzung des elterlichen Anspruchs könnte auch durch eine *Verschärfung der Anspruchsvoraussetzungen* erreicht werden. So beschloss der 59. DJT eine Beschränkung auf Billigkeitsunterhalt in außergewöhnlichen Härtefällen.[260] Dieser Vorschlag dürfte sich wohl durch die sozialrechtliche Entwicklung überlebt haben, da künftig regelmäßig die Grundsicherung eingreifen dürfte. Allerdings wirft der Elternunterhalt eine ganze Palette unterhalts-

---

[257] Vgl Landfermann, RabelsZ 35 (1971) 505 (518); Brudermüller, FamRZ 1996, 106 (131); Martiny, II 1229f.

[258] Schwenzer, 43f; dies Verh 59. DJT I A 43f; dies 10. DFGT 65ff; dies FamRZ 1989, 685 (690); Diederichsen, Verh 59. DJT II M 72, 90; Willutzki, Verh 59. DJT II M 39f; ders epd-Dokumentation 38–39 (1998) II 3 (5); Schellhorn, FuR 1990, 20 (28); Kohleiss, Sozialrecht und Unterhaltsrecht, FamRZ 1991, 8 (13); Bergmann, FPR 1999, 17 (20). – Anders Battes, FuR 1993, 253 (260f); von Münch, 10. DFGT 55ff = FuR 1993, 335f; Richter, FamRZ 1996, 1245 (1248ff); Menter, FamRZ 1997, 919 (922); Schwab, FamRZ 1997, 521 (527); Brudermüller, Festschr Henrich 31 (42ff).

[259] So aber Kemper/Schlüter, FuR 1993, 245 (251).

[260] Verh 59. DJT II M 259.

rechtlicher Berechnungsprobleme auf. Insbesondere bestehen unterschiedliche Auffassungen darüber, in welchem Umfang die Kinder zur Vermögensverwertung gezwungen sind, sie ein Schonvermögen sowie Aufwendungen für die eigene Altersversorgung geltend machen können.[261] Eine Einschränkung versucht auch der Vorschlag, die Leistung von Elternunterhalt auf sieben Jahre zu begrenzen.[262] Wenn man anstrebt, dass das Lebensniveau des nicht gesteigert Unterhaltspflichtigen möglichst unangetastet bleiben soll,[263] ist auch daran zu denken, den bislang zugestandenen Selbstbehalt der Kinder noch auszubauen.[264] Eine weitere Erhöhung des Betrages würde sie entlasten und die Relevanz von Unterhaltsansprüchen weiter einschränken.

cc) Wie bereits ausgeführt, ist der Rückgriff wegen der Sozialhilfeleistung an Ältere jüngst wieder eingeschränkt worden (oben 2a). Daher liegt es auf der Linie der bisherigen Gesetzgebung, die Unterhaltsverpflichtung als solche nicht anzutasten, sondern auf weitere Rückgriffsbeschränkungen zu setzen.[265] Insgesamt bleibt damit der privatrechtliche Elternunterhalt weiterhin ein Element eines Mischsystems aus Eigenvorsorge, Sozialversicherung sowie sozialer Grundsicherung.

3. Unterhalt zwischen Verwandten zweiten und entfernteren Grades

a) Geltendes Recht

Die Verpflichtung zu Verwandtenunterhalt hängt nicht vom Verwandtschaftsgrad ab (§ 1601 BGB). Damit besteht auch dann eine wechselseitige Unterhaltspflicht zwischen Bedürftigen und Verpflichteten, wenn mehr als eine Generation zwischen ihnen liegt, wie

---

[261] Restriktiv etwa AG Rheinbach 29. 10. 1991, FamRZ 1992, 1336 abl Anm Heinle. Überblick bei Günther, FF 1999, 172 ff; Reinecke, FPR 1999, 3 ff. – Ergebnisse einer Aktenanalyse bei Hoch, FPR 1999, 20 ff; ders in: Hof/Schulte 61 ff; Ziegler, FPR 1999, 28 ff. Danach forderten die Sozialämter im Zeitraum von 1993–1997 in 93 untersuchten nichtstreitigen Fällen der Hilfe zur Pflege (§ 68 BSHG) monatlich durchschnittlich 525 DM. In 87 streitigen Fällen waren es im Durchschnitt 922 DM; gerichtlich zugesprochen wurden 794 DM monatlich. Vgl auch Walter in: Mansel/Rosenthal/Tölke 74 (79 ff).

[262] Diesen Vorschlag erwähnt Brudermüller, FamRZ 1996, 129 (130).

[263] Schwab, FamRZ 1997, 526 f; ders in: Schwab/Henrich, 39 (52 ff). – Krit dazu Büttner, Festschr Henrich 51 (55).

[264] So Mutschler, Verh 59. DJT II M 174 f; Schlüter/Kemper, FuR 1993, 245 (252); von Münch, 10. DFGT 55 (57) = FuR 1993, 335 f; Hoch, FPR 1999, 20 (27); Brudermüller, Festschr Henrich 31 (44 f); Büttner, Festschr Henrich 51 (52 ff).

[265] So Schlüter/Kemper, FuR 1993, 245 (251). – Für eine Beseitigung der Subsidiarität Ruland, 393.

zwischen Großeltern und Enkeln.[266] Das war auch nach § 81 I, II DDR-FamGB der Fall. Das BGB bezieht auch Urgroßeltern und Urenkel mit ein, obwohl dies kaum praktisch werden dürfte. Tatsächlich erreicht es über die Subsidiarität einzelner Verpflichtungen und den Berechtigtenrang eine Beschränkung (vgl oben B II 1). Im Ergebnis rangieren daher die Unterhaltspflichten gegenüber Verwandten zweiten Grades erst nach den Kindern an zweiter Stelle. Ferner laufen sie wegen fehlender Bedürftigkeit des Berechtigten bzw unzureichender Leistungsfähigkeit des Verpflichteten meist leer. Außerdem steht den Großeltern gegenüber den Ansprüchen ihrer Enkel ein verhältnismäßig großzügiger Selbstbehalt zu.[267] Eine praktisch wichtige Beschränkung ist schließlich der Regressausschluss im Sozialhilferecht (unten 3 c). Gleichwohl stellt sich die Frage nach der vollständigen Beseitigung solcher Unterhaltspflichten.

b) Ausländische Rechtsordnungen

Die römisch-rechtlich geprägten Rechtsordnungen kennen regelmäßig eine gegenseitige Unterhaltsverpflichtung auch über einen Verwandtschaftsgrad hinaus, wenngleich diese Verpflichtung erheblich hinter der elterlichen Unterhaltspflicht zurückbleibt und wegen der Subsidiaritäts- und Rangregeln meist nicht zum Zuge kommt. Im Übrigen bestehen sozialrechtliche Rückgriffsbeschränkungen oder -ausschlüsse. Eine grundsätzliche Unterhaltsverpflichtung auch zwischen Enkeln und Großeltern statuieren etwa Österreich,[268] die Schweiz,[269] Frankreich und Belgien,[270] Italien[271] sowie Spanien.[272] Sie ist auch im Unterhaltsrecht Polens und der Tschechischen Republik vorgesehen.[273] Den nordischen Rechten sind solche Unterhaltspflichten dagegen fremd;[274] in den Niederlanden wurden sie 1987 abgeschafft.[275] Vor allem die Common Law-Länder kennen grundsätz-

---

[266] Palandt(-Diederichsen), § 1601 BGB Rn 2. – Vgl auch für ein Beibehalten der großelterlichen Erbberechtigung (§ 1926 BGB) Strätz, DNotZ 2001, 452 (453).

[267] OLG Oldenburg 14. 12. 1999, FamRZ 2000, 688 (LS) = NJW 2000, 2516. – Vgl auch Schwab, 9. DFGT 47 (64).

[268] Zu §§ 141, 143 ABGB s Ferrari in: Schwab/Henrich, 149 (152 f); Martiny, I 213 f.

[269] Art 328 I ZGB. – Dazu Hegnauer in: Schwab/Henrich, 185 (187 ff); Martiny, I 220.

[270] Jeweils Art 205, 207 C civ – Näher Ferrand in: Schwab/Henrich, 83 (90 f); Martiny, I 226 f.

[271] Zu Art 433 Nr 3 c c s Gabrielli in: Schwab/Henrich, 105 (112 f).

[272] Siehe Art 143 I Nr 2 C c.

[273] Vgl Art 128 poln FamVormGB. – Zu § 88 tschech FamGB s Hrušáková in: Schwab/Henrich 233 (240).

[274] Siehe Agell in: Schwab/Henrich, 163 (165).

[275] Zu Art 1:392 NBW s Breemhaar in: Schwab/Henrich, 127 (128, 141).

lich keine Unterhaltspflicht der Großeltern oder der Enkel. So ist es insbesondere in England[276] und grundsätzlich in den USA. Dort ist freilich im Hinblick auf Teenagerschwangerschaften bei Empfang öffentlicher Unterstützung eine Unterhaltspflicht gegenüber dem Enkel eingeführt worden.[277]

c) Mögliche Reformen

aa) Das weitgespannte Netz von Unterhaltsansprüchen in auf- und absteigender Linie, wie es das BGB geknüpft hat, kommt wegen der geänderten wirtschaftlichen und sozialen Verhältnisse sowie des Ausbaus der Sozialleistungen regelmäßig nicht mehr zum Tragen. Dementsprechend ist der *Wegfall von Unterhaltsansprüchen* unter Verwandten zweiten und entfernteren Grades mehrfach verlangt[278] und auch vom 59. DJT so beschlossen worden.[279] Dies bedeutet keineswegs das Leugnen persönlicher Beziehungen zwischen Großeltern und Enkeln, wie sie jetzt von § 1685 I BGB anerkannt werden und schließt auch die Gewährung freiwilliger Hilfen und Leistungen nicht aus. Die gegen eine Streichung angeführten Beziehungen in der Mehrgenerationenfamilie[280] sollen erhalten bleiben. Soll einem Enkel aber wirklich zivilrechtlich zugemutet werden, für die nicht abgedeckten Pflegekosten seiner (bis zu vier) Großelternteile einzutreten? Sollen die Großeltern auch für ihre Enkel Unterhalt leisten, also gegebenenfalls von ihrer eigenen Altersversorgung die übernächste Generation mitversorgen? Eine Streichung der gegenseitigen Verpflichtungen würde die Durchsetzung solcher Unterhaltsforderungen von vornherein ausschließen.

bb) Eine Alternative zur Anspruchsbeseitigung wäre, die *Voraussetzungen* für den Unterhalt zu verschärfen bzw dem Verpflichteten mehr Einwendungen zu erlauben. Dies wäre freilich eine halbherzige Lösung, welche zudem zu Komplikationen bzw möglicherweise sogar zu Wiederbelebungsversuchen bezüglich solcher Ansprüche führen könnte.

cc) Eine weitere Möglichkeit wäre, es bei den *Rückgriffsbeschränkungen* des geltenden Rechts zu belassen. Das Sozialhilferecht

---

276 Näher Martiny, I 238. – Insofern unrichtig Schwenzer, Verh 59. DJT I A 43.

277 Siehe 42 USCA § 666 (a) (18) (Supp 1999). – Vgl Martiny, I 251.

278 Schwenzer, Verh 59. DJT I A 42f; Willutzki, Verh 59. DJT II M 40, 58; Diederichsen, Verh 59. DJT II M 72, 90. – Anders Battes, FuR 1993, 253 (260f); Schlüter/Kemper, FuR 1993, 245 (251f); von Münch, 10. DFGT 55f; Richter, FamRZ 1996, 1245 (1247f). Gegen die Beseitigung wohl auch Schwab in: Schwab/Henrich, 39 (57f).

279 Verh 59. DJT II M 259.

280 Siehe insbes Richter, FamRZ 1996, 1245 (1247f).

schließt seit 1974 einen Rückgriff unter Verwandten zweiten und entfernteren Grades aus (§ 91 I 3 HS 1 Alt 2 BSHG). Damit kommt eine rückgriffsweise Durchsetzung für eine praktisch wichtige Gruppe von Verwandtenunterhaltsansprüchen nicht mehr in Betracht; insoweit herrscht „ein gewisser Friede in dieser Unterhaltsszene".[281] Entsprechendes gilt für den Unterhaltsvorschuss (§ 7 I UVG). Belässt man es dabei, so kann – wenn man nicht der Auffassung von der Unzulässigkeit eines gleichwohl erhobenen Unterhaltsverlangens folgt – weiterhin in einigen wenigen Fällen unter Privaten Unterhalt verlangt werden. Das wäre vor allem bei Ersatzhaftung (§ 1607 I, II BGB) und besseren wirtschaftlichen Verhältnissen der Fall.

4. Betreuungsunterhalt

a) Geltendes Recht

aa) Während bestehender Ehe wird die Kindesbetreuung vom Familienunterhalt (§ 1360 BGB) bzw vom Trennungsunterhalt (§ 1361 BGB) mit umfasst, nach Ehescheidung kann der betreuende Elternteil gegebenenfalls einen eigenen Unterhaltsanspruch geltend machen (§ 1570 BGB). Auch ein nichtehelicher Elternteil kann – gestützt auf die gemeinsame Elternverantwortung[282] – Ansprüche erheben, allerdings nur unter erschwerten Bedingungen. Ist die nichteheliche Mutter zu einer Erwerbstätigkeit außerstande oder kann von ihr wegen der Pflege oder Erziehung keine Erwerbstätigkeit verlangt werden, so hat sie einen gegen den Vater ihres Kindes gerichteten „mittelfristigen" Anspruch von bis zu drei Jahren, aus Billigkeitsgründen ausnahmsweise auch auf längerfristigen Unterhalt (§ 1615l II BGB). Für diesen im Rahmen der Kindschaftsrechtsreform[283] erweiterten, vom 59. DJT insoweit noch abgelehnten Anspruch[284] gelten die Vorschriften über den Verwandtenunterhalt entsprechend (§ 1615l III 1 BGB). Wegen der Ungleichbehandlung ehelicher und

---

[281] Schwab in: Schwab/Henrich, 39 (55).

[282] Schwab in: Schwab/Henrich, 39 (61).

[283] Der Bundesrat wollte weitergehend §§ 1570, 1577 BGB entsprechend anwenden. Unterhaltsherabsetzung oder -ausschluss sollten zulässig sein, wenn die Leistung von Unterhalt – auch unter Wahrung der Kindesbelange – grob unbillig wäre (BT-Drucks 13/8511 S 79; BR-Drucks 180/96 S 6). Vgl dazu Schumacher/Grün, Das neue Unterhaltsrecht minderjähriger Kinder, FamRZ 1998, 778 (787); Axmann, 204ff; Göppinger/Wax(-Maurer), Rn 1218.

[284] Verh 59. DJT II M 259f. – Für eine bessere soziale Absicherung der Mutter Voegeli, Verh 59. DJT II M 209f.

nichtehelicher Kinder wird die zeitliche Begrenzung des Anspruchs bzw die Schlechterstellung zT für verfassungswidrig gehalten (vgl Art 6 II, V GG).[285] Zwar wird geltend gemacht, der nichtehelichen Mutter könnten größere Anstrengungen zugemutet werden. Aus der Sicht des Kindesbedarfs lassen sich aber keine Gründe für eine Ungleichbehandlung finden. Weder ist der Betreuungsbedarf kleiner, noch ist die Absicherung weniger notwendig. Die fehlende Eheschließung der Eltern rechtfertigt keine mittelbare Diskriminierung des nichtehelichen Kindes.

bb) Auch die Einordnung des Betreuungsunterhalts als *eigener Anspruch des Betreuenden* ist problematisch; der Fremdbedarf des Kindes wird zum Eigenbedarf des Elternteils erklärt. Ausländische Rechtsordnungen zeigen, dass man den Betreuungsanteil auch als Bestandteil des Kindesunterhalts einordnen kann.[286] Allerdings ist man dort mit Unterhaltsansprüchen der nichtehelichen Mutter gegen den Vater ihres Kindes über den mit der Geburt zusammenhängenden Zeitraum hinaus eher zurückhaltend.[287] Auch für das deutsche Recht wurde argumentiert, die Betreuungskosten als Kindesunterhalt anzusehen; nicht mehr der Betreuende, sondern das Kind stünde im Blickfeld.[288] Solange das deutsche Recht aber von einem eigenständigen Betreuungsunterhalt ausgeht, sollte es dies auch konsequent tun. Das geltende Recht hebt den Betreuungsunterhalt zwar heraus und privilegiert ihn als nachehelichen Unterhalt in mehrfacher Weise.[289] Der Unterhaltsanspruch erleidet aber ein unterschiedliches Schicksal, je nachdem, ob das Kind einer geschiedenen Ehe oder einer nichtehelichen Verbindung entstammt. Im ersten Fall bildet er einen Tatbestand des nachehelichen Unterhalts (§ 1570 BGB), im zweiten Fall handelt es sich um einen selbständigen Anspruch (§ 1615l BGB), obwohl es in beiden Fällen um dieselben Kindesbelange geht.

---

[285] So Peschel-Gutzeit/Jenckel, Gleichstellung von ehelichen und nichtehelichen Kindern – Altfälle, FuR 1996, 129 (136); Puls, FamRZ 1998, 866 (867); Müller, Verfassungsmäßigkeit der zeitlichen Begrenzung des Betreuungsunterhalts für unverheiratete Mütter?, DAVorm 2000, 829 (836); Ehinger, Unterhaltsansprüche in der nichtehelichen Lebensgemeinschaft FPR 2001, 25 (26); Axmann, 80ff. – Anders Büttner, FamRZ 2000, 781 (786); Göppinger/Wax(-Maurer), Rn 1218. Bedenken bei Wellenhofer-Klein, FuR 1999, 448 (451).

[286] Vgl Martiny, I 370ff.

[287] Näher Dopffel/Martiny, Rechtsvergleichung, in: Dopffel (Hrsg), Kindschaftsrecht im Wandel (1994) 575 (652ff); Axmann, 116ff.

[288] Schwenzer, Verh 59. DJT I A 52; Axmann, 195ff mwN – Siehe auch Schwab, 9. DFGT 47 (55f); Schlüter/Kemper, FuR 1993, 245 (250); Puls, FamRZ 1998, 866 (869); Martiny, I 370ff. Abl Diederichsen, Verh 59. DJT II M 74f. – Unentschieden Willutzki, Verh 59. DJT II M 42.

[289] Vgl nur §§ 1579 Nr 1, 1582 I, 1586a I BGB.

Mit der Einordnung als nachehelicher Unterhalt gerät der Anspruch zudem in das Räderwerk des geltenden Scheidungsunterhaltsrechts. Der Betreuungsunterhalt ist in der nachehelichen Familie bei einer Anwendung des § 1579 BGB nicht vor einer Kürzung oder gar einem Wegfall sicher, wenngleich sich die Rechtsprechung um eine Isolierung von Kindesbelangen und Ehegattenbezug bemüht.[290] Noch folgenreicher ist die Verstrickung in den Rangkonflikt zwischen dem Unterhaltsanspruch des neuen und des früheren Ehegatten. Hier räumt das geltende Recht dem geschiedenen Ehegatten selbst dann Vorrang ein, wenn in beiden Familien minderjährige Kinder zu betreuen sind (§§ 1582, 1609 II BGB). Trotz der verfassungsgerichtlichen Billigung dieser Lösung[291] bleibt letztlich kaum erklärlich, warum ein zweitehelich geborenes Kind weniger Anspruch auf Betreuung haben soll als ein ersteheliches.[292] Die Regelung des § 1582 BGB wird daher nach wie vor von manchen im Betreuungsfall für verfassungswidrig[293] und zunehmend für reformbedürftig gehalten.[294]

b) Gleichbehandlung der Betreuung

aa) Als Abhilfe der zeitlichen Schlechterstellung des Kindes in § 1615l BGB wird zT eine erweiternde verfassungskonforme Auslegung des Unbilligkeitserfordernisses vorgeschlagen.[295] Da eine solche Auslegung aber nicht ausreichend ist, ist eine Angleichung des Betreuungszeitraums für nichteheliche Eltern geboten. Zudem ist jedenfalls in Bezug auf die Betreuung erst- und zweitehelicher Kinder Gleichrangigkeit von nachehelichem und ehelichem Unterhalt angebracht.[296] Dies lässt sich dann rechtfertigen, wenn man von den Kindesbelangen ausgeht. Als konstruktiver Ausweg bietet sich auch an, den Betreuungsunterhalt weiter vom nachehelichen Unterhalt zu verselbständigen. Dann wäre richtiger Ausgangspunkt, dass erst- und zweiteheliche Kinder eben den gleichen Betreuungsbedarf haben, welcher nicht vom Rangplatz der jeweiligen elterlichen Beziehung abhängen darf. Damit könnte auch eine Ranggleichheit der Betreuung angenommen werden.

---

290 Näher Martiny, I 667f; Göppinger/Wax(-Bäumel), Rn 1148.

291 BVerfG 10. 1. 1984, BVerfGE 66, 84 (93) = FamRZ 1984, 346. – Siehe auch BGH: 13. 4. 1988, BGHZ 104, 158 (166) = FamRZ 1988, 705; 29. 1. 1992, FamRZ 1992, 539 (540).

292 Vgl Martiny, I 525ff, 656f.

293 Diederichsen, Verh 59. DJT II M 180; Axmann, 163ff. – Anders wohl Göppinger/Wax(-Bäumel), Rn 1588f.

294 Vgl Bäumel, FamRZ 2001, 1436 (1437).

295 Wellenhofer-Klein, FuR 1999, 448 (454f).

296 Schlüter/Kemper, FuR 1993, 245 (250). – Vgl auch Martiny, I 525ff, 565f.

bb) Nach geltendem Recht folgt der Betreuungsunterhalt bezüglich nichtehelicher Kinder stets dem des Ehegatten des Verpflichteten im Rang nach (§ 1615l III 3 HS 1 BGB). Zwar lässt sich auch hierfür anführen, dass anderenfalls der Betreuungsunterhalt des nichtehelichen Elternteils und des geschiedenen Ehegatten einander noch mehr gleichgestellt werden müssten – mit einer gewissen Angleichung an die §§ 1571 ff BGB – obwohl es doch gerade an der Ehe fehlt.[297] Gleichwohl bleibt als Kern der gegenwärtigen unterschiedlichen Behandlung die nichteheliche Geburt des Kindes trotz gleichen Bedarfs. Dementsprechend wird teilweise eine Verfassungswidrigkeit dieser Rangregel angenommen.[298] Der 59. DJT hat eine Neuordnung der Rangverhältnisse in Bezug auf die Berechtigten beim Betreuungsunterhalt gefordert.[299] Die Wirkung von Nachrangigkeit ist nämlich im Allgemeinen, dass der Anspruchsberechtigte bei unzureichender Leistungsfähigkeit des Verpflichteten, also im Mangelfall, leer ausgeht.[300] Eine neue Lösung könnte den Anspruch auf den statusunabhängigen Betreuungsbedarf des Kindes zurückführen. Damit wäre dann auch die Betreuung des nichtehelichen Kindes gleichgestellt. Im Ergebnis stünden daher die *Kinder geschiedener, zusammenlebender und nicht verheirateter Eltern gleich.* Dies würde den Kindesinteressen sowie der Lebenswirklichkeit entsprechen (vgl oben A II 2) und zugleich zu einer Vereinfachung der verwickelten Rangfragen führen.

5. *Unterhaltsanspruch des Lebenspartners*

a) Allein aufgrund des Zusammenlebens räumt das geltende deutsche Recht den Partnern einer nichtehelichen Lebensgemeinschaft noch *keinen Unterhaltsanspruch* ein. Das gilt während bestehender Lebenspartnerschaft,[301] aber auch nach ihrer Beendigung.[302] Es fehlt

---

[297] Die Gewährung von Anschlussunterhalt nach §§ 1571 Nr 2, 1572 Nr 2, 1573 III BGB ist freilich nicht zwingend. – Den drohenden Konflikt mit § 1582 BGB nennen Schumacher/Grün, FamRZ 1998, 778 (787).

[298] Puls, FamRZ 1998, 866 (875); Axmann, 177 ff (Art 3 I GG), 179 ff (Art 6 V GG); Göppinger/Wax(-Maurer), Rn 1280. – Vgl bereits Puls, Verh 59. DJT II M 179 f. – Bedenken auch bei Wellenhofer-Klein, FuR 1999, 448 (451); Schwab, Familienrecht (11. Aufl 2001) Rn 775.

[299] Verh 59. DJT II M 260.

[300] Vgl Puls, Verh 59. DJT II M 179; Martiny, I 421 f; Göppinger/Wax(-Kodal), Rn 1577.

[301] Lieb, Verh 57. DJT A 82; Ehinger, FPR 2001, 25; Hausmann/Hohloch(-Holzhauer), Das Recht der nichtehelichen Lebensgemeinschaft – Handbuch (1999) Rn 5/106 ff.

[302] BGH 26. 9. 1979, FamRZ 1980, 40 = NJW 1980, 124; Lieb, Verh 57. DJT A 83; Hausmann/Hohloch(-Holzhauer), Rn 5/146 ff; Schwenzer, 200 ff.

eine besondere Bindung, auf die man einen solchen Anspruch stützen könnte. Auch ausländische Rechtsordnungen wie etwa das französische Recht[303] gewähren regelmäßig keine Ansprüche.[304] Eine Änderung der deutschen Rechtslage wird zwar von manchen gewünscht,[305] ist aber jedenfalls zur Zeit nicht in Sicht. Direkte Kollisionen zwischen Verwandtenunterhalt und nichtehelicher Lebensgemeinschaft treten daher nicht ein. Freilich bestehen vielfache Bezüge bei der Beurteilung des nichtehelichen Zusammenlebens eines der Beteiligten im Rahmen der Bedürftigkeit des Berechtigten bzw der Leistungsfähigkeit des Verpflichteten.[306] Solche mittelbaren Unterhaltsbeziehungen sind hier jedoch nicht näher zu untersuchen.

b) In der gleichgeschlechtlichen registrierten Lebenspartnerschaft bestehen gegenseitige Unterhaltspflichten sowohl während des Bestehens[307] als auch nach Auflösung der Lebensgemeinschaft.[308] Ähnlich ist es in ausländischen Rechtsordnungen.[309] Kollisionen mit dem Verwandtenunterhalt werden über dem ehelichen Unterhalt entsprechende, eigenständige Rangregeln gelöst (§ 1608 S 4 BGB, § 16 III LPartG).[310]

---

303 Ferrand in: Schwab/Henrich, 83 (95 f).

304 Näher Schwenzer, 196 ff.

305 Mit Einschränkungen Lieb, Verh 57. DJT I A 85 ff, 111 f.

306 Näher Martiny, I 653 ff; Palandt(-Diederichsen), § 1602 BGB Rn 18.

307 Siehe §§ 5, 12 LPartG iVm §§ 1360, 1361 BGB.

308 Vgl § 16 LPartG.

309 Siehe dazu etwa die Beiträge in Basedow/Hopt/Kötz/Dopffel (Hrsg), Die Rechtsstellung gleichgeschlechtlicher Lebensgemeinschaften (2000); Ferrand, FamRZ 2000, 517 ff (Frankreich); Grib, Die gleichgeschlechtliche Partnerschaft im nordischen und deutschen Recht (1996); Pintens, FamRZ 2000, 69 ff (Belgien, Niederlande); Ring/Olsen-Ring, ZRP 1999, 459 ff (Dänemark).

310 Vgl Schwab, FamRZ 2001, 385 (393); Büttner, FamRZ 2001, 1105 (1111).

C. Verwandtenerbrecht und Pflichtteilsrecht

I. Verwandtenerbrecht und Pflichtteilsrecht nach geltendem Recht

Das Bürgerliche Gesetzbuch kennt eine Erbfolge kraft Gesetzes (§§ 1922ff) und eine solche durch Verfügung von Todes wegen (§§ 1937ff). Bei der gesetzlichen Erbfolge kann es zu einer Verwandtenerbfolge (§§ 1924ff BGB) sowie zu einer Erbfolge durch den überlebenden Ehegatten (§ 1931 BGB) kommen. Das Pflichtteilsrecht der Verwandten und des Ehegatten kommt nur bei einer Erbfolge durch Verfügung von Todes wegen korrigierend zum Zuge (§§ 2303ff BGB). Diese Vorschriften sind seit Inkrafttreten des BGB im Wesentlichen unverändert geblieben. Das Pflichtteilsrecht des ZGB der DDR (§§ 396–398)[311] ist nur noch für Übergangsfälle von Bedeutung.[312]

Der Deutsche Juristentag hat sich mit dem Pflichtteilsrecht schon mehrfach befasst. Beim Juristentag 1878 ging es um die damit einhergehende und umstrittene Beschränkung der Testierfreiheit.[313] Einer der Referenten sprach sich für eine teilweise Beseitigung des Pflichtteilsrechts aus,[314] setzte sich damit aber nicht durch. Im Jahre 1972 behandelte der Juristentag das gesetzliche Erbrecht und das Pflicht-

---

311 Dazu Eberhardt, Das Erbrecht, NJ 1974, 732 (734); Mampel, Das Erbrecht im neuen Zivilrecht der DDR, NJW 1976, 593 (599); Meincke, Das neue Erbrecht der DDR, JR 1976, 9ff, 47ff; Adlerstein/Desch, Das Erbrecht in den neuen Bundesländern, DtZ 1991, 193 (198f); Freytag, Das Pflichtteilsrecht nach dem BGB und dem ZGB im Vergleich, ZRP 1991, 304ff; Lingelbach, Zum Erbrecht im ZGB, in: Eckert/Hattenhauer (Hrsg), Das ZGB der DDR vom 19. Juni 1975 (1995) 160 (169ff); Soergel(-Dieckmann), vor § 2303 BGB Rn 25ff.

312 Vgl Art 235 EGBGB. – Krit zur Praxis in Übergangsfällen Otte, Das Pflichtteilsrecht – Verfassungsrechtsprechung und Rechtspolitik, AcP 202 (2002) 317 (332ff). – Vgl Nordmeyer, Pflichtteilsansprüche und Wiedervereinigung (1999).

313 Vgl Verh des 14. DJT, Jena 1878, Gutachten Meyersburg, Ob und inwieweit die Testierfähigkeit mit Rücksicht auf eine Pflichtteilsberechtigung eingeschränkt werden soll?, Verh 14. DJT I 1 S 50ff und Bruns, Ob und inwieweit die Testierfreiheit mit Rücksicht auf eine Pflichtteilsberechtigung beschränkt werden soll?, I 1 S 72ff.

314 Meyersburg, Verh 14. DJT I 1 S 50 (65ff). – Vgl dazu auch Stöcker, WM 1979, 214 (219).

teilsrecht,[315] wobei der damalige Gesamteindruck mit „Im Pflichtteilsrecht nichts Neues"[316] gekennzeichnet wurde. Heute wird das Spannungsverhältnis zur Testierfreiheit wieder stärker empfunden. Die Pflichtteilsproblematik betrifft aber nur einen erbrechtlichen Teilkomplex. Der schon in der 5. Legislaturperiode im Zusammenhang mit der damaligen Nichtehelichenreform gefasste Bundestagsbeschluss, die Bundesregierung solle einen Reformentwurf zum Erbrecht, insbesondere zur Stellung des Ehegatten und der Kinder vorlegen[317] – früher gerne als „Jahrhundertaufgabe" bezeichnet –, ist auch im neuen Jahrtausend noch nicht erfüllt worden.[318]

Eine europäische Rechtsangleichung scheint auch auf erbrechtlichem Gebiet längerfristig nicht ausgeschlossen.[319] Zwar lassen sich schon heute bestimmte Grundtypen wie die angelsächsische Testierfreiheit und einzelne Grundmuster des Pflichtteilsrechts anderer europäischer Staaten unterscheiden. Es findet auch eine Diskussion statt, in deren Rahmen bestimmte Lösungen erörtert werden;[320] gemeinsame europäische Grundzüge sind freilich bislang nicht erkennbar.[321]

---

[315] Siehe Verh des 49. DJT, Düsseldorf 1972, Empfiehlt es sich, das gesetzliche Erbrecht und Pflichtteilsrecht neu zu regeln? – Gutachten Coing, I A 3ff nebst rechtsvergleichendem Überblick Reichert-Facilides, I A 57ff; Referat Dieckmann, II K 8ff, Beschlussfassung II K 148. Zu den Beschlüssen Ruthe, Erbrechts-Reform?, FamRZ 1972, 626ff.

[316] So Dieckmann, Verh 49. DJT II K 8; Neumayer, Einheit in der Vielfalt – Bewegung im Erbrecht der Staaten, in: Festschr Ferid (1978) 659 (661). Vgl auch Staudinger(-Ferid/Cieslar)[12], Einl zu §§ 2303ff BGB Rn 25ff. – Mit der Erbrechtsreform beschäftigten sich auch der Deutsche Notartag im Jahre 1973 (dazu Dumoulin, Gesetzliches Erbrecht und Pflichtteilsrecht – Änderungsvorschläge aus der Sicht eines Notars, DNotZ 1973 SH 84ff) sowie das Rechtspolitische Forum Erbrecht der Bundesnotarkammer im Jahre 2000, s Keim, Tagungsbericht, DNotZ 2001, 434ff; Dauner-Lieb, Bedarf es einer Reform des Pflichtteilsrechts?, DNotZ 2001, 460 ff; Henrich, Familienerbrecht und Testierfreiheit im europäischen Vergleich, DNotZ 2001, 441 ff; Schröder, Pflichtteilsrecht, DNotZ 2001, 465 ff; Strätz, DNotZ 2001, 452 ff.

[317] Verh des Deutschen Bundestages V/13018 (A) und S 13025 (C), BT-Sitzung 14. 5. 1969.

[318] Literatur hierzu bei Ruthe, FamRZ 1972, 626; Dumoulin, DNotZ 1973 SH 84; Jung, Reformbestrebungen im Erbrecht, FamRZ 1976, 134ff; MünchKomm(-Leipold), Einl vor § 1921 BGB Rn 19.

[319] Näher Verbeke/Leleu, Harmonization of the Law of Succession in Europe, in: Hartkamp ua 173ff.; Leipold, Europa und das Erbrecht, Festschr. Söllner (2000) 647ff.

[320] Edenfeld, Europäische Entwicklungen im Erbrecht, ZEV 2001, 457ff. – Der Schutz der Familie im Erbrecht ist 2002 Thema der 6. Europäischen Familienrechtskonferenz, vgl Requena, Activities of the Council of Europe in the Field of Family Law, Cal W Int L J 31 (2000) 53 (64f).

[321] Vgl Neumayer, Festschr Ferid 659 (661ff); Pintens, Die Europäisierung des Erbrechts, ZEuP 2001, 628ff; Henrich, 8ff; Hayton (Hrsg), European Succession Laws (Bristol 1998).

Die nachfolgende Untersuchung konzentriert sich auf einige Grundfragen des Pflichtteilsrechts, nämlich sein Konzept (II), das „Ob“ eines solchen Rechts (III) sowie den Berechtigtenkreis (IV). Ferner wird auf die Anspruchshöhe und Kollisionen der Berechtigten eingegangen, ehe abschließend noch die Absicherung und Durchführung des Anspruchs (V–VII) angesprochen werden. Die gesetzliche Erbordnung als solche wird nicht näher erörtert, sondern in ihrem Bestand zugrunde gelegt.[322]

II. Konzept des Pflichtteilsrechts

1. Pflichtteilsberechtigung und Pflichtteilsanspruch

Das Pflichtteilsrecht beschränkt die Freiheit des Erblassers, sein Vermögen durch Verfügung von Todes nach Belieben wegen zu verteilen. Da dieses Recht auf den Regeln über die gesetzliche Erbfolge aufbaut, setzt es gleichsam als „harter Kern“[323] die darin liegende Ordnungsfunktion gegen die testamentarische Erbfolge jedenfalls zum Teil durch. Es geht um einen Ausgleich zwischen den Prinzipien der gesetzlichen und der mehr und mehr im Vordergrund stehenden gewillkürten Erbfolge.[324] Während allerdings die Regeln über das gesetzliche Verwandtenerbrecht allein auf die Verwandtschaft, dh die Abstammung, abstellen, geht das Pflichtteilsrecht nicht so weit. Das – unterstellte – besondere Näheverhältnis und Zusammengehörigkeitsgefühl setzt ihm Grenzen, wie der beschränktere Berechtigtenkreis und die zusätzliche Entziehungsmöglichkeit zeigt.[325]

---

[322] Zur Begrenzung der Verwandtenerbfolge etwa Coing, Verh 49. DJT I A 35ff; Dieckmann, Verh 49. DJT II K 11f; Kühne, Zur Reform des gesetzlichen Erb- und Pflichtteilsrechts, JR 1972, 221 (224f); Firsching, Zur Reform des deutschen Erbrechts, JZ 1972, 449 (451ff); Leipold, AcP 180 (1980) 161 (163f); Grziwotz, Rechtspolitische Probleme aus kautelarjuristischer Sicht, in: Henrich/Schwab, 53 (58f, 69); Henrich, DNotZ 2001, 441f; Linker, 133ff. – Krit Neumayer, Festschr Ferid (1978) 659 (684f).

[323] Kühne, JR 1972, 221 (225); Dieckmann, Verh 49. DJT II K 17; Jung, FamRZ 1976, 134 (136); Linker, 27.

[324] Gerken, Pflichtteilsrecht zwischen Testierfreiheit und Familienerbfolge – Grundsätze und Reformvorschläge, Rpfleger 1989, 45 (48); Strätz, FamRZ 1998, 1553 (1565f); Reimann, WPK-Mitt 2000, 92 (94); Rauscher, II 2 S 91; Erman(-Schlüter), vor § 2303 BGB Rn 1; MünchKomm(-Frank), § 2303 BGB Rn 1.

[325] Vgl auch Coing, Verh 49. DJT I A 19f; Linker 28.

Der Pflichtteilsanspruch beträgt einheitlich die Hälfte des Wertes des gesetzlichen Erbteils (§ 2303 I 2 BGB).[326] Dagegen umfasste er nach dem Recht der DDR, in dem er sich allerdings nur auf das persönliche Eigentum bezog, zwei Drittel des Wertes des gesetzlichen Erbteils. Damit war jedenfalls in dieser Hinsicht die Testierfreiheit des Erblassers erheblich beschränkter als nach westdeutschem Recht.[327]

Mit dem Erbfall entsteht aus dem bis dahin lediglich latent vorhandenen und aus dem Pflichtteilsrecht erwachsenden Rechtsverhältnis der Pflichtteilsanspruch.[328] Der Berechtigte erwirbt aber keinen Anteil am Nachlass; ihm steht nur ein schuldrechtlicher Geldanspruch gegen den Erben zu (§ 2303 I BGB). Ebenso war es nach § 396 II 1 DDR-ZGB. Pflichtteilsberechtigt ist nur, wer im konkreten Fall auch Erbberechtigter sein könnte.[329] Er ist nur deshalb nicht zum Zuge gekommen, weil der Erblasser von seiner Testierfreiheit Gebrauch gemacht hat. Die Reibungen sind um so größer, je mehr Testierverhalten und -wünsche von den gesetzlichen Vorgaben abweichen. Umgekehrt haben Änderungen des Pflichtteilsrechts allein nur beschränkte erbrechtliche Auswirkungen oder könnten zu neuen Ungereimtheiten führen.

Zu berücksichtigen ist ferner, dass zwischen Pflichtteils- und Verwandtenunterhaltsrecht ein Zusammenhang besteht. Das beginnt schon mit der hier nicht zu vertiefenden Grundfrage, ob man sich das Erbrecht eher als Konsequenz der Eigentumsordnung oder aber als Fortsetzung familienrechtlicher Verpflichtungen vorstellen soll.[330] Dort wo uneingeschränkte Testierfreiheit herrscht, kennt man im Allgemeinen auch keinen ausgedehnten Verwandtenunterhalt (s oben B II 6 und unten C III 1). Dagegen sind in Deutschland Unterhaltsberechtigte und -verpflichtete grundsätzlich auch pflichtteilsberechtigt (Ausnahme: geschiedener Ehegatte, nichtehelicher Elternteil, Großeltern und andere Aszendenten). So wäre kaum hinnehmbar, dass etwa ein volljähriges Kind zum Unterhalt seiner El-

---

[326] Gerken, Rpfleger 1989, 45 (48); Strätz, FamRZ 1998, 1553 (1565f); Reimann, WPK-Mitt 2000, 92 (94); Rauscher, II 2 S 91; Erman(-Schlüter), vor § 2303 BGB Rn 1; MünchKomm(-Frank), § 2303 BGB Rn 1. – Nicht erörtert wird nachfolgend die besondere Unterhaltssicherung in Form des Dreißigsten (§ 1969 BGB), welche den gesetzlichen oder Testamentserben als Nachlassverbindlichkeit trifft.

[327] Vgl Freytag, ZRP 1991, 304 zu § 396 II 2 ZGB.

[328] Reimann, WPK-Mitt 2000, 92 (95); ders in: Henrich/Schwab 33 (46f); Staudinger(-Haas), Vorbem zu §§ 2303ff BGB Rn 27.

[329] Haas, Ist das Pflichtteil verfassungswidrig?, ZEV 2000, 249 (256); Palandt (-Edenhofer), § 2303 BGB Rn 1.

[330] Vgl nur Braga, Zur Rechtsnatur des Pflichtteils, AcP 153 (1954) 144 (145); Coing, Verh 49 DJT A 17ff, 54f; Neumayer, Festschr Ferid 659 (661f); Stöcker, WM 1979, 214 (219ff); Oldham, Cambridge L J 60 (2001) 128 (150).

tern – und damit zu vermögenswerten Leistungen – gezwungen wird, aber damit rechnen muss, im Erbfall ganz leer auszugehen. Umgekehrt würde Älteren, denen ihre Kinder jegliche Unterstützung verweigern, kaum einleuchten, dass diese im Todesfall Pflichtteilsansprüche erheben können.[331] Daher sollten Reformen im Unterhalts- und Pflichtteilsrecht aufeinander abgestimmt sein.[332]

2. Funktion und Bedeutung des Pflichtteilsrechts

a) In der heutigen Pflichtteilsregelung leben überkommene Konzeptionen fort. Nach germanischen Rechtsvorstellungen war das Vermögen familiengebunden („das Gut rinnt wie das Blut"); der Erblasser hatte keine Verfügungsgewalt über den Nachlass. Erst später wurde ihm ein Freiteil zugestanden, über den er „pro salute animae", dh zum Heil der Seele (und zum Nutzen der Kirche) verfügen konnte.[333] Das römische Recht ging hingegen von der Testierfreiheit aus; es gestattete grundsätzlich eine freie Verfügung über das Vermögen. Doch stand den Angehörigen ein bestimmter Teil des Nachlasses (portio legitima), ein Viertel des gesetzlichen Erbteils, zu. Wurden sie grundlos übergangen, so war anzunehmen, dass der Erblasser „non sanae mentis", nicht bei gesundem Verstande, war. Die Übergangenen konnten dagegen mit der querela inofficiosi testamenti vorgehen. Das nachklassische Kaiserrecht kannte auch schon einen Pflichtteilsergänzungsanspruch (actio ad supplendam legitimam), wenn die testamentarische Verfügung hinter der portio legitima zurück blieb.[334] Hieraus entwickelte sich das Pflichtteilsrecht, das von allen deutschen Partikularrechten – wenngleich in unterschiedlicher Form – anerkannt war.[335] Das Konzept des Pflichtteilsrechts fand sodann Eingang in das BGB von 1896, wo es seither im Wesentlichen unverändert verankert ist.

Erst in neuerer Zeit ist die Diskussion um das Pflichtteilsrecht wieder aufgeflammt; Zweifel an der Akzeptanz machen sich

---

331 Schwab in: Schwab/Henrich, 39 (57); Henrich, 14f.

332 Vgl Otte, Verh 59. DJT II M 224; Schwab, Einführung in das Symposium und das Thema, in: Henrich/Schwab, 1 (10); Linker, 67f. – Ebenso Scheuba, Bericht aus der Kommission I, öst AnwBl 2000, 725.

333 Dazu Schwab in: Henrich/Schwab, 1 (4ff); Lange/Kuchinke, § 37 I 1b.

334 Dazu Kaser, Das römische Privatrecht I (2. Aufl 1971) 709, II (2. Aufl 1975) 514; Lange/Kuchinke, § 37 I 1b.

335 Naturrechtlich beeinflusst gewährte das preußische Allgemeine Landrecht einen bloßen Geldanspruch (§§ 392, 433 ALR II 2), während das sächsische BGB eine Miterbenstellung einräumte (vgl § 2589 sächs BGB). Näher Mertens, 101; Lange/Kuchinke, § 37 I 1d.

breit.[336] Inzwischen hat die erbrechtliche Weitergabe des in der Nachkriegszeit erworbenen Vermögens einen immer größeren Umfang angenommen. Das private Vermögen, vor allem an Haus- und Grundbesitz, hat eine zuvor nie erreichte Höhe und auch eine beachtliche Streuung erreicht.[337] Nach sozialwissenschaftlichen Untersuchungen erbt jeder fünfte Westdeutsche mindestens in Höhe von 50000 Euro bzw wird in Zukunft erben. In Ostdeutschland trifft dies allerdings nur auf jeden zwanzigsten zu.[338]

Noch immer errichtet nur eine Minderheit – nach Schätzungen höchstens ein Drittel[339] – der Erblasser eine letztwillige Verfügung. Abgesehen von den Schwierigkeiten einer Testamentserrichtung wird offenbar auch die von den gesetzlichen Erbfolgeregeln vorgesehene Vermögensweitergabe an die Abkömmlinge weitgehend akzeptiert.[340] Ist der Testator verheiratet, so scheint die Neigung, den Nachlass zunächst möglichst vollständig dem anderen Ehegatten zuzuwenden, zuzunehmen.[341] Das Vermögen soll – gerade angesichts gestiegener Lebenserwartung (vgl A II 5) – der Versorgung bzw zur Deckung von etwaigen Pflegekosten dienen und erst später, beim Tod des Überlebenden, den gemeinsamen Kindern zufallen. Dann jedoch, wenn eine spezielle Erbfolgeregelung getroffen werden soll, erscheint vielen der Bestand ihres Unternehmens bzw das Treffen einer zweckmäßigen Nachfolgeregelung durch das „Ärgernis“[342] oder den „Störfall“[343] Pflichtteilsrecht bedroht. Die Entfremdung der Familienangehörigen untereinander führt zu der Frage, warum Personen, denen man sich nicht oder nicht mehr verbunden fühlt, auch gegen den Willen des Erblassers vom Erbfall profitieren sollen.[344]

---

[336] Vgl Dauner-Lieb, DNotZ 2001, 460 (461); dies, Pflichtteilsrecht und Pflichtteilsentziehung auf dem Prüfstand, FF 2001, 78 ff mwN.

[337] Näher Lauterbach/Lüscher, KZfSS 48 (1996) 68 ff.

[338] Näher Motel/Szydlik, ZfSoz 28 (1999) 3 ff.

[339] Siehe Leipold, AcP 180 (1980) 160 (193 ff); Rauscher, I 1 S 1, 178; MünchKomm(-Leipold), Einl vor § 1922 BGB Rn 20. – Vgl auch Reimann in: Henrich/Schwab, 33 (34). Steigende Testierhäufigkeit konstatiert Vollmer, 132 f.

[340] Vgl Lauterbach/Lüscher, KZfSS 48 (1996) 60 (70 f).

[341] Nachw bei Vollmer, 133 ff; zu den USA bei Oldham, Fam L Q 33 (1999) 265 (269).

[342] Siehe von Dickhuth-Harrach, Ärgernis Pflichtteil? Möglichkeiten der Pflichtteilsreduzierung im Überblick, in: Rheinische Notarkammer (Hrsg), Notar und Rechtsgestaltung (1998) 185 ff. – Vgl auch Trilsch-Eckardt, Das Pflichtteilsrecht – Segen oder Übel (1998).

[343] Vgl Reimann, WPK-Mitt 2000, 92 (94 ff); ders in: Henrich/Schwab, 33 (44 ff); Haas, Der Pflichtteilsanspruch als Störfall der Unternehmensnachfolge, ZNotP 2001, 370 ff.

[344] Vgl Petri, Die Pflicht zum Pflichtteil, ZRP 1993, 205 f; Dauner-Lieb, FF 2001, 78 (79 f); Schauer, Ist das Pflichtteilsrecht noch zeitgemäß?, ÖNotZ 2001, 71 f.

b) Die Diskussion der *rechtspolitischen Grundlagen* des Pflichtteilsrechts kreist vor allem um die Familienbindung, die Versorgungs- sowie die Verteilungsfunktion des Pflichtteilsrechts, den Schutz vor Missbrauch der Testierfreiheit sowie um die Erhaltung des Familienvermögens. Wegen der unterschiedlichen Erb- und Familienkonstellationen lassen sich die einzelnen Begründungen allerdings kaum auf einen Nenner bringen.[345]

Das Pflichtteilsrecht kann einen Beitrag zur *Versorgung und zur Existenzsicherung* naher Angehöriger leisten. Sie können den ihnen zufallenden Anteil zur Deckung ihrer Bedürfnisse, sei es für den Lebensunterhalt, die Ausbildung oder einfach als Vermögensanlage nutzen. Vor allem dann, wenn er mit dem Erblasser einen Unterhaltspflichtigen verloren hat, kann der Pflichtteil für den bedürftigen Hinterbliebenen einen willkommenen Ersatz bilden.[346] Die Versorgungs- und Alimentationsfunktion wird heute freilich vielfach – soweit es nicht um unmündige Kinder geht – in Zweifel gezogen.[347] Zum einen tritt der Erbfall häufig erst in einem höheren Lebensalter ein, in dem der Berechtigte bereits selbsterhaltungsfähig ist und sich eine Existenz aufgebaut hat, so dass kein Bedarf mehr für einen Unterhaltsersatz besteht. Ferner ist der finanzielle Beitrag durch einen Pflichtteil heute häufig weniger bedeutsam als eine bereits erfolgte und von den Eltern finanzierte Berufsausbildung. Schließlich bestehen systematische Bedenken, die eher dem Familienrecht zukommende Sicherung der Existenz dem Erbrecht zuzuweisen.

Durchschlagende Argumente gegen das Pflichtteilsrecht ergeben sich daraus aber nicht. Die in einzelnen Fällen durchaus gegebene Versorgungsfunktion ist nach geltendem Recht nur ein Zweck unter mehreren.[348] Das Pflichtteilsrecht war nie in erster Linie als Versorgungsinstitut gedacht.[349] Zudem hat sich die durchschnittliche Lebensdauer der Testierenden, um die es hier geht, seit Schaffung des BGB zwar um über zehn Jahre verlängert. Insgesamt handelt es sich

---

345 Vgl Dieckmann, Verh 49 DJT II 144f; Schwab in: Henrich/Schwab, 1 (3ff); Rauscher, II 2 S 90f; Vollmer, 230; Staudinger(-Haas), Vorbem §§ 2303ff BGB Rn 17; Staudinger(-Ferid/Cieslar),[12] Einl zu §§ 2303ff BGB Rn 40. – Siehe auch Pintens in: Pintens/Van Der Meersch, 3 (4ff).

346 Leipold, AcP 180 (1980) 160 (189f); Huber, 50ff; Linker, 68. – Zum „unterhaltsrechtlichen" Charakter Kühne, JR 1972, 221 (225f); Schlüter, Festschr BGH I 1047 (1049f).

347 Schiemann, Die Renaissance des Erbrechts, ZEV 1995, 197 (199); Kick, Ist das Pflichtteilsrecht noch zeitgemäß?, Jb Junger ZivWiss 1996, 167 (174). – Siehe auch Scheuba, öst AnwBl 2000, 725.

348 Vgl Reichert-Facilides, Verh 49. DJT I A 69; Bowitz, Zur Verfassungsmäßigkeit der Bestimmungen über die Pflichtteilsentziehung, JZ 1980, 304 (305).

349 Siehe schon von Schmitt, Begründung des Entwurfs eines Rechts der Erbfolge für das Deutsche Reich (1879) 54. – Dazu Otte, AcP 202 (2002) 317 (348ff).

aber nur um eine zeitliche Verschiebung, nicht um einen grundlegenden Wandel; die frühere hohe Sterblichkeit war vor allem Kindersterblichkeit.[350] Im Übrigen ist angesichts der wirtschaftlichen Situation der mittleren Generation ein Vermögenszuwachs durch Pflichtteil vielfach durchaus willkommen (vgl oben A II 5).

Auch das Verhältnis zu *wohlfahrtsstaatlichen Leistungen* wird in diesem Zusammenhang diskutiert. Grundsätzlich ist das Erbrecht keineswegs durch das Sozialrecht verdrängt worden. Beide Rechtsgebiete befinden sich vielmehr in einem Verhältnis der Koexistenz bzw der Komplementarität.[351] Zudem lässt sozialrechtlicher Leistungsabbau auch hier das Privatvermögen wieder wichtiger werden.[352] Im Übrigen werden nur nichtsubsidiäre Leistungen wie etwa eine Waisenversorgung regelmäßig ohne Einkommensanrechnung gewährt; subsidiäre Leistungen greifen dagegen erst dann ein, wenn Bedürftigkeit vorliegt. Für beide Systeme stellt sich mithin die Frage, ob für den Ausfall von Leistungen, welche noch mit Hilfe des Pflichtteilsrechts finanziert werden oder finanziert werden könnten, künftig die Allgemeinheit aufkommen sollte.[353] Umgekehrt ist zu fragen, ob für grundsätzlich subsidiäre Leistungen Raum sein sollte, solange die Bedürftigkeit über eine Einschränkung der Testierfreiheit behoben werden kann.[354] Die sozialstaatliche Versorgung hat daher das Pflichtteilsrecht nicht überflüssig gemacht.

Die durch die Mindestteilhabe der Pflichtteilsberechtigten gewährleistete *Verteilungsfunktion* soll sich nicht nur auf die Familie beschränken, sondern – so heißt es in den Motiven[355] – einer Vermögenskonzentration in der Hand von Oligarchien entgegenwirken. Gegen den Einwand, die großen Vermögen befänden sich heute in den Händen von Juristischen Personen und Konzernen, welche ohnehin nicht von Erbfällen betroffen seien,[356] spricht, dass die Anteile oder der Aktienbesitz sehr wohl durch Erbfolge weitergegeben werden können. Richtig ist auch, dass das Pflichtteilsrecht eine größere Vermögensstreuung unter den Berechtigten erreichen kann.[357] Ein

---

[350] Nach sozialwissenschaftlichen Untersuchungen fielen 1988 den meisten Erben Erbschaften zwischen 41–50 Jahren an, näher Lauterbach/Lüscher, KZfSS 48 (1996) 66 (80); Otte, AcP 202 (2002) 317 (336ff.). Vgl auch Leipold, AcP 180 (1980) 184f.

[351] Dazu Leipold, AcP 180 (1980) 160 (188ff); Schiemann, ZEV 1995, 197 (199); Fuchs, 329ff; Linker, 135ff.

[352] Vgl Schwab in: Henrich/Schwab, 1 (9f); Vollmer, 229.

[353] Dazu Strätz, FamRZ 1998, 1553 (1566); Henrich, 12f.

[354] Vgl Henrich, 15.

[355] Motive V 382. – Vgl auch von Schmitt (oben N 349), 57; Mertens, 84f. Ähnlich Schiemann, ZEV 1995, 197 (199).

[356] Kick, Jb Junger ZivWiss 1996, 167 (174); Rauscher, II 2 S 89.

[357] Dieckmann, Verh 49 DJT II K 145; Otte, Um die Zukunft des Pflichtteilsrechts, ZEV 1994, 193 (196f).

darüber hinausgehender wirtschaftlich oder gesellschaftspolitisch wertvoller Verteilungsprozess lässt sich allerdings nicht belegen. Stattdessen droht Vermögenszersplitterung; kleine und mittlere Unternehmen können durch die Geltendmachung von Pflichtteilsansprüchen zerschlagen werden.[358]

Freilich weisen die vor allem in jüngster Zeit erhobenen Klagen der Testierenden und ihrer Berater nur auf eine Seite der Medaille hin. Die Interessen erbberechtigter Kinder, deren Väter uU neue Verbindungen eingegangen sind und welche nunmehr bei der Nachlassplanung stören, machen sich weniger deutlich bemerkbar, sind aber gleichwohl zu berücksichtigen. Ferner dürfte die jetzige Testierendengeneration wohl nicht nur aus dem Nichts aufgestiegene Existenzgründer, sondern zu einem Gutteil ihrerseits bereits Erben umfassen, die sich durch die Familienbindung ihres Vermögens behindert fühlen.[359] Zuweilen wird auch die Testierfreiheit geradezu als Musterbeispiel rationaler Planung verklärt und zugleich ein Zerrbild von Pflichtteilsberechtigten entworfen, welche „hasserfüllt" auf den Tod ihrer Eltern warten.[360] Werden aber aus all den missratenen Kindern wirklich nur verantwortungsvolle Eltern und Erblasser?[361] Man könnte ebenso polemisch fragen, warum ein Testator seine Launen mit Enterbungsdrohungen durchsetzen bzw seine Nachkommen in die Armut stoßen darf.[362] Sollen Väter, die sich möglicherweise schon ihren Unterhaltsverpflichtungen entzogen haben, ihre Kinder auch noch enterben dürfen (vgl A II 3)?[363] Tatsächlich liegt aber auch hier die Lösung nicht im Ausschmücken farbiger Details und im Wecken von Emotionen, als vielmehr in der notwendigen Abwägung der unterschiedlichen Interessen von Testator und Pflichtteilsberechtigten einerseits sowie letzteren und den Erben andererseits vor einem bestimmten rechtlichen und sozialen Hintergrund.[364]

Ein weiterer Gesichtspunkt ist die geordnete Weitergabe des Vermögens über die Generationengrenzen hinweg sowie die *Teilhabe am Familienvermögen.* Es soll gesichert werden, dass der Nachlass

---

358 Dauner-Lieb, DNotZ 2001, 460 (463); Grziwotz in: Henrich/Schwab, 53 (66f). Vgl bereits Meyersburg, Verh 14. DJT I 1 S 50 (60f).

359 Ähnlich von Godin, Die Pflicht zum Pflichtteil, ZRP 1993, 352; Otte, ZEV 1994, 193 (197); Schwab in: Henrich/Schwab, 1 (10).

360 Vgl Petri, ZRP 1993, 205; Dauner-Lieb, Das Pflichtteilsrecht – Ketzerische Fragen an ein altehrwürdiges Institut, FF 2001 SH 16 (18). – Dazu auch Scheer, Die Pflicht zum Pflichtteil, ZRP 1994, 40.

361 Nachw zu der zu allen Zeiten blühenden Familienrhetorik bei Lüscher, 21ff.

362 Siehe Laube, The Right of a Testator to Pauperize his Helpless Dependants, Cornell L Q 13 (1927–28) 559ff.

363 Vgl Brashier, La L Rev 57 (1996) 1 (9).

364 Vgl auch Haas, ZNotP 2001, 370ff; Schröder, DNotZ 2001, 465f.

nicht allein aufgrund der letztwilligen Verfügung an Familienfremde fällt. Die Pflichtteilsberechtigten waren möglicherweise am Aufbau des Vermögens beteiligt, haben es miterarbeitet oder zumindest miterhalten.[365] Vor allem bezüglich des Ehegatten wird auch der Gedanke der Selbstbindung durch Eheschließung herangezogen.[366] Die Kritiker wenden hingegen ein, dass die Vorstellung eines über die Generationen weitergegebenen Vermögens weitgehend nicht (mehr) der Realität der Familienbeziehungen entspricht. Insbesondere die Mitarbeit im elterlichen Betrieb bildet eher die Ausnahme; der Anspruchsteller hat zur Entstehung der Werte möglicherweise nichts beigetragen.[367] Das geltende Pflichtteilsrecht wird auch als zu starr angesehen, um den Erhalt des Vermögens zu erreichen, wenn etwa eine bestimmte Person aus dem Kreis der gesetzlichen Erben allein bedacht oder bevorzugt werden soll. Im Übrigen wird auf die zahlreichen Gestaltungsmittel verwiesen, bereits zu Lebzeiten eine den wirtschaftlichen Gegebenheiten entsprechende Regelung zu treffen. Dass das Teilhaberecht nicht dazu führen darf, sein Objekt – etwa eine Familiengesellschaft – selbst zu zerstören, liegt auf der Hand. Insoweit ist Abhilfe, freilich keine vollständige Beseitigung geboten (s unten V–VII).

Der Schutz vor einer zu starken Machtposition, vor Missbrauch und einem *unverantwortlichen Gebrauch der Testierfreiheit* ist ein weiterer Gesichtspunkt.[368] Der Erblasser kann, so heißt es, ohnehin (unter Beachtung der Grenzen der §§ 2325 ff BGB) zu Lebzeiten sein Vermögen übertragen. Bei schrankenloser Testierfreiheit könnte er aber faktisch auch unter Lebenden zusätzliche Bedingungen für ein bestimmtes Verhalten oder Transaktionen setzen. Hiergegen und gegen eine Beeinflussung des Erblassers durch Interessierte gewährt die Mindestberechtigung Schutz. Gerade hoch betagte oder sonst abhängige Erblasser können Verfügungen treffen, welche die gelebten Familienbeziehungen nicht mehr oder nur höchst unvollkommen widerspiegeln.[369] Zwar wird gegen ein „familienrechtliches Willkürverbot"[370] eingewendet, dass der Erblasser in der Regel gute Gründe für seine Verfügung haben wird, et-

---

[365] Meincke, JR 1976, 50; Schlüter, Festschr BGH I 1047 (1070).

[366] Näher Oechsler, Pflichtteil und Unternehmensnachfolge von Todes wegen, AcP 200 (2000) 603 (606 ff).

[367] Vgl Kick, Jb Junger ZivWiss 1996, 167 (173 f); Dauner-Lieb, DNotZ 2001, 460 (462).

[368] Dazu Dieckmann, Verh 49. DJT II K 145; Otte, ZEV 1994, 193 (197); Strätz, FamRZ 1998, 1553 (1566); Grziwotz, FamRZ 2001, 1054 (Besprechung). – Vgl auch Brashier, La L Rev 57 (1996) 1 (8 ff).

[369] Vgl auch Coing, Verh 49. DJT I A 47.

[370] So Scheuba, öst AnwBl 2000, 725. – Dazu auch Oechsler, AcP 200 (2000) 603 (610 ff).

wa eine ihm nahestehende Person in durchaus fürsorglicher Absicht zu bedenken.[371] Im Übrigen braucht es sich nicht stets um einen „unangemessenen Wohlverhaltensdruck“[372] zu handeln, wenn der Erblasser ein gewisses Maß an Solidarität und Bemühung um ihn selbst erwartet. Missbräuchen bei Hochbetagten müsse man eher durch verschärfte Formvorschriften begegnen.[373] Festzuhalten bleibt aber, dass ein dem gesetzlichen Erbrecht folgendes Pflichtteilsrecht einen bestimmten Rahmen bildet, an dem sich der Erblasser orientieren kann.

Gesicherte empirische Befunde zur Einstellung der Bevölkerung zum Pflichtteilsrecht scheint es nicht zu geben.[374] Es dürfte allerdings ebenso wie die Möglichkeit der Enterbung im Rechtsbewusstsein der Bevölkerung einen gewissen Stellenwert haben, dh zumindest bekannt sein.[375] Kenntnisse über den Berechtigtenkreis, die zwingende Natur und die Einwirkungsmöglichkeiten sind freilich weniger verbreitet.[376] Wie sich das Pflichtteilsrecht auf die *Familienbeziehungen* auswirkt, ist fraglich. Man kann argumentieren, dass eine Beschränkung der Testierfreiheit das Familienerbrecht und damit den familiären Zusammenhalt stärkt.[377] Nach anderen ermutigt dagegen gerade das sichere Wissen um einen unentziehbaren Pflichtteil zu Rücksichtslosigkeit, während umgekehrt die Abhängigkeit von einer begünstigenden letztwilligen Verfügung eher zu Rücksichtnahme und auch zu Wohlverhalten führe.[378] Dass die Nähe – auch die räumliche – zum Testator tendenziell eher zu einer Begünstigung von Angehörigen und Dritten führt, dürfte unstreitig sein.[379] Ein Wegfall des Pflichtteilsrechts dürfte daher dazu führen, dass viele potenziell Berechtigte ganz leer ausgehen. Im Ergebnis spricht somit trotz aller Einwände insgesamt eine ganze Reihe von Gründen für ein Beibehalten des Pflichtteilsrechts.

---

[371] Vgl Dauner-Lieb, DNotZ 2001, 460 (462).

[372] So Dauner-Lieb, DNotZ 2001, 460 (463).

[373] Dauner-Lieb, DNotZ 2001, 460 (464). – Vgl auch Kick, Jb Junger ZivWiss 1996, 167 (175f).

[374] Vgl Kick, Jb Junger ZivWiss 1996, 167 (174f); Rotering, Rechtstatsächliche Untersuchungen zum Inhalt eröffneter Verfügungen von Todes wegen (1986) 78, 91, 99.

[375] Ähnlich Scheuba, öst AnwBl 2000, 725.

[376] Vgl Tophoven, Verh 49. DJT II K 101.

[377] Vgl die Nachw bei Oechsler, AcP 200 (2001) 603 (610f).

[378] Leisner, Pflichtteilsentziehungsgründe nach §§ 2333ff BGB verfassungswidrig?, NJW 2001, 126 (127). – Bei der Beseitigung des Noterbrechts im Süden der USA im 19. Jahrhundert spielte dieses Argument neben der Verhinderung von Erbstreitigkeiten eine Rolle, s McKnight, Spanish Legitim in the United States – Its Survival and Decline, Am J Comp L 44 (1996) 75 (92f).

[379] Dazu Oldham, Fam L Q 33 (1999) 265 (271f).

3. Grenzen und Beschränkungen der Testierfreiheit

Die von der Testierfreiheit ausgehende Nachlassplanung versucht eine den Vorstellungen des Erblassers entsprechende zweckmäßige Regelung zu verwirklichen. Decken sich diese Ziele nicht mit den zwingenden Vorgaben des Pflichtteilsrechts, so wird die individuelle Gestaltung behindert; die das gesetzliche Erbrecht widerspiegelnde Ordnung der Pflichtteilsrechte hat insbesondere in der Gleichbehandlung der Abkömmlinge egalitäre Züge.[380] Nach geltendem Recht können Verwandte und der Ehegatte allerdings durch Vertrag auf ihr gesetzliches Erbrecht verzichten. Ein solcher Verzicht beseitigt das Pflichtteilsrecht ebenfalls; er kann sich aber auch darauf beschränken (§ 2346 II BGB). Mit seiner Abweichung von der gesetzlichen Ordnung des Pflichtteilsrechts stellt der Pflichtteilsverzicht ein wichtiges Gestaltungsmittel dar.[381] Freilich kann der Pflichtteilsberechtigte auch in einem solchen vollständigen oder nur partiellen Pflichtteilsverzicht seine finanziellen Interessen geltend machen. Das Recht der DDR kannte keinen Erb- und Pflichtteilsverzicht.[382]

Wie alle zwingenden Normen sind auch die des Pflichtteilsrechts der Gefahr ausgesetzt, durch rechtsgeschäftliche Gestaltungen umgangen zu werden. Auch hier ist freilich nicht grundsätzlich ausgeschlossen, bestehende Spielräume auszunutzen. Dazu gehören nicht nur Statusänderungen, welche die Pflichtteilsberechtigung beeinflussen (etwa durch Eheschließung, registrierte Lebenspartnerschaft), sondern auch Gestaltungen, welche den Zugriff des Pflichtteilsberechtigten ausschließen oder erschweren. Dies gilt etwa für Vermögenstransaktionen, welche nicht mehr als den Pflichtteilsersatzanspruch auslösende Schenkungen erscheinen (vgl VI 2). Die Schwelle für ein gesetzgeberisches Eingreifen ist sicherlich dann erreicht, wenn die bestehende gesetzliche Regelung weitgehend leer läuft. Es gibt zwar zahlreiche Anleitungen, wie man die Belastung durch Pflichtteilsansprüche vermindern oder ihr entgegen kann,[383] eine allgemeine Umgehung der gesetzlichen Regeln wird freilich nicht behauptet.

Bei der Unterbringung eines behinderten Kindes möchte der Erblasser häufig erreichen, dass dessen Basisversorgung der Sozialhilfe

[380] Reichert-Facilides, Verh 49. DJT I A 57 (68); Dauner-Lieb, DNotZ 2001, 460 (462f); Henrich, 20. – Zur Intestaterbfolge Coing, Verh 49. DJT A 36ff.

[381] Vgl nur Mayer, Der beschränkte Pflichtteilsverzicht, ZEV 2000, 263ff mwN.

[382] Freytag, ZRP 1991, 304 (305).

[383] Nachw etwa bei von Dickhuth-Harrach in: Rheinische Notarkammer (Hrsg), 185ff.

überlassen bleibt und das dem Kind durch Erb- oder Pflichtteil Zufließende nicht zur Deckung seiner Unterbringungskosten herangezogen wird. Für eine derartige Nutzung von Vermögenswerten kommt insbesondere die Einsetzung als bloßer Vorerbe (oberhalb der Pflichtteilsquote) und die Anordnung von Dauertestamentsvollstreckung in Betracht, während der Stamm des Vermögens einem anderen Familienangehörigen als Nacherben zugewendet wird.[384] Die Rechtsprechung hat eine derartige Begünstigung durch ein sog *Behindertentestament* als Ausdruck der Testierfreiheit gewertet und für wirksam gehalten. Nach hM ist diese Gestaltung nicht sittenwidrig (§ 138 I BGB).[385] Da die Ausschlagungsmöglichkeit des Sozialhilfeempfängers kein Anspruch ist, kann sie nicht auf den Träger übergeleitet werden[386] (vgl § 90 I BSHG). Auf diese Weise wird ausgeschlossen, dass ein Erb- oder Pflichtteil des Behinderten letztlich nur den Sozialhilfeträger begünstigen würde. Zwar führt diese Praxis zu einer gewissen Einschränkung der Subsidiarität der Sozialhilfe; die Nachrangigkeit wird aber auch auf anderen Gebieten nicht kompromisslos durchgesetzt und hier vom geltenden Recht hingenommen. Ohne eine deutliche sozialrechtliche Einschränkung ist jedenfalls kein Anlass für eine neue zivilrechtliche Sanktion gegeben.

---

[384] Dazu Dittmann/Reimann/Bengel, Testament und Erbvertrag (3. Aufl 2000) E Rn 203ff; Bengel, Gestaltung letztwilliger Verfügungen bei Vorhandensein behinderter Abkömmlinge, ZEV 1994, 29ff; Förster, Behindertentestament – Verwirklichung der Testierfreiheit oder Verfügung zu Lasten der Allgemeinheit?, FF 1999, 169ff; Hartmann, Das sog Behindertentestament – Vor- und Nacherbschaftskonstruktion oder Vermächtnisvariante?, ZEV 2001, 89ff; Engelmann, Letztwillige Verfügungen Verschuldeter oder Sozialhilfebedürftiger (1999); Settergreen, Das „Behindertentestament" im Spannungsfeld zwischen Privatautonomie und sozialhilferechtlichem Nachrangprinzip (1999).

[385] Siehe nur BGH: 21. 3. 1990, BGHZ 111, 36 (39) = NJW 1990, 2055 = JZ 1990, 1025 zust Anm Otte; 20. 10. 1993, BGHZ 123, 368 (371) = FamRZ 1994, 162; van de Loo, Die letztwillige Verfügung von Eltern behinderter Kinder, NJW 1990, 2852 (2857); Krampe, Testamentsgestaltung zugunsten eines Sozialhilfeempfängers, AcP 191 (1991) 526 (554ff); Pieroth, Grundgesetzliche Testierfreiheit, sozialhilferechtliches Nachrangprinzip und das sogenannte Behindertentestament, NJW 1993, 173 (178); Nieder, Das Behindertentestament – Sittenwidrige Umgehung des sozialhilferechtlichen Nachrangprinzips oder Familienlastenausgleich?, NJW 1994, 1264 (1267); Mayer, Das Behinderten-Testament als empfehlenswerte Gestaltung?, DNotZ 1994, 347 (354); Engelmann, Das sog Behindertentestament, MittBayNot 1999, 509 (513ff); Linker, 125f; Palandt(-Heinrichs), § 138 BGB Rn 50a. – Anders Eichenhofer, Das Behindertentestament oder: Sozialhilfe für Vermögende?, JZ 1999, 226 (230ff). Siehe auch ders in diesem Band unter IV 3 c.

[386] Anders van de Loo, NJW 1990, 2852 (2856).

4. Verfassungsrechtliche Vorgaben

Eine Reform des Pflichtteilsrechts muss auch die verfassungsrechtlichen Vorgaben berücksichtigen. Nach hM ist der Bestand des gesetzlichen Erbrechts sowie der Grundsatz der Testierfreiheit durch die verfassungsrechtliche Erbrechtsgarantie sowohl als Rechtsinstitut als auch als Individualrecht geschützt (Art 14 I 1 GG).[387] Die Testierfreiheit verwirklicht als individuelles Freiheitsrecht die Privatautonomie auf dem Gebiet des Erbrechts. Das diese Freiheit einschränkende Pflichtteilsrecht wird vielfach als Ausdruck eines verfassungsrechtlich geschützten „Familien-" oder „Verwandtenerbrechts",[388] dh einer gewissen Familiengebundenheit des Vermögens, angesehen. Es wird nach der Auffassung vieler ebenfalls durch die Eigentums- und Erbrechtsgarantie geschützt.[389] Die verfassungsgerichtlichen Formulierungen deuten teilweise darauf hin, dass das Pflichtteilsrecht vom Verwandtenerbrecht umfasst wird,[390] teils lassen sie die Frage offen.[391]

Andere begreifen die Erbrechtsgarantie nur als Unterfall der Eigentumsgarantie; sie betrifft dann lediglich die Dispositionsfreiheit des Erblassers, nicht aber ihre Beschränkung. Sie sehen das Pflichtteilsrecht der nahen Angehörigen daher nur durch den besonderen Schutz von Ehe und Familie (Art 6 I GG) garantiert[392] oder berufen sich sowohl auf Art 14 I GG als auch auf Art 6 I GG.[393]

---

387 BVerfG: 22. 6. 1995, BVerfGE 93, 165 (173 f) = FamRZ 1995, 1261 = NJW 1995, 2624; 19. 1. 1999, BVerfGE 99, 341 (350) = FamRZ 1999, 985 = NJW 1999, 1853; BGH 17. 9. 1986, BGHZ 98, 226 (233) = JZ 1987, 150 Anm Paulus; Stöcker, WM 1979, 214 ff; Leisner, NJW 2001, 126; Palandt(-Edenhofer), Einl vor § 1922 BGB Rn 4. – Anders Soergel(-Stein), Einl vor §§ 1922 ff BGB Rn 5.

388 Hierzu BVerfG, 22. 6. 1995, BVerfGE, 93, 165 (173 f); Kuhla, Festschr Bezzenberger 497 (499).

389 Dauner-Lieb, FF 2001 SH 16 (23 f); Leipold, JZ 1990, 700 (702); Maunz/Dürig (-Papier), Art 14 GG Rn 295; MünchKomm(-Frank), § 2303 BGB Rn 1 a; Staudinger (-Otte), vor § 1922 BGB Rn 68 f, 71. Dazu tendiert auch Otte, AcP 202 (2002) 317 (321). – Anders Dreier/Wieland, Grundgesetz, Kommentar I (1996) Art 14 GG Rn 59. – Unentschieden Henrich, 7.

390 BVerfG 16. 10. 1984, BVerfGE 67, 329 (341).

391 BVerfG 26. 4. 1988, BVerfGE 78, 132 (154). – Dazu auch Otte, AcP 202 (2002) 317 (324).

392 Haas, ZEV 2000, 249 (260); Huber, 47; Palandt(-Edenhofer), vor § 2303 BGB Rn 2; Soergel(-Stein), Einl vor §§ 1922 ff BGB Rn 5, 7; Staudinger(-Ferid/Cieslar)[12], Einl zu §§ 2303 ff BGB Rn 22.

393 BGH 6. 12. 1989, BGHZ 109, 306 (313); Lange/Kuchinke, § 37 III 4 („vorwiegend" Art 6 GG). – Wohl auch Schlüter, Festschr BGH I 1047 (1064 f). – Offen gelassen in BVerfG: 16. 10. 1984, BVerfGE 67, 329 (342) = FamRZ 1985, 256 (LS) = NJW 1985, 1455; 14. 12. 1994, BVerfGE 91, 346 (460) = FamRZ 1995, 405 = NJW 1995, 2977.

Beide Grundauffassungen gelangen zu einem verfassungsrechtlichen Pflichtteilsschutz;[394] im Ergebnis besteht weitgehende Einigkeit. Folgt man dem engen Familienbegriff des Art 6 I GG (oben B II 2), so ist allerdings der Schutz begrenzt. Eine weitere Frage ist die Reichweite der Erbrechtsgarantie. Wie generell beim Eigentum darf der Gesetzgeber Inhalt und Schranken auch des Erbrechts bestimmen (Art 14 I 2 GG).[395] So wird insbesondere die gesetzliche Bestimmung des Kreises der Pflichtteilsberechtigten, der Höhe des Pflichtteils sowie der rechtstechnischen Details für zulässig gehalten.

In neuerer Zeit ist freilich das Pflichtteilsrecht selbst angegriffen worden, da es dem Erblasser die Testierfreiheit zur Hälfte entziehe.[396] Das Bundesverfassungsgericht hat eine entsprechende Verfassungsbeschwerde nicht zur Entscheidung angenommen.[397] Hier war geltend gemacht worden, die restriktive und veraltete gesetzliche Regelung habe die Erblasserin daran gehindert, ihrem Sohn den Pflichtteil zu entziehen. Sie sei dem Sohn aus Gründen, die allein dieser zu vertreten habe, völlig entfremdet gewesen. Dies verletzte die Testierfreiheit. Das Gericht bestätigte den verfassungsrechtlichen Schutz der Testierfreiheit, führte jedoch aus, dass sie durch das Prinzip des Pflichtteils beschränkt wird. Freilich ist gerade zweifelhaft – und darin liegt die Schwäche dieser Nichtannahmeentscheidung – wie weit dieser Schutz gehen soll und inwiefern er Reformen Grenzen setzen würde. Argumentiert wird auch, ebenso wie das Erbschaftsteuerrecht[398] müsse die Pflichtteilsregelung auf die Möglichkeit zur Weiterführung insbesondere mittelständischer Betriebe Rücksicht nehmen.[399] Beim gegenwärtigen Stand ist jedenfalls von einer verfassungsrechtlichen Garantie des Pflichtteilsrechts auszugehen.

In einem noch anhängigen Fall geht es um einen Sohn, welcher seine Mutter getötet hatte. Da er schuldunfähig war, reichte dies nach hM weder für eine Pflichtteilsunwürdigkeit noch für eine -entziehung aus (vgl § 2333 BGB). Für den inzwischen in einer Anstalt untergebrachten Sohn machte nunmehr sein Betreuer den Pflichtteilsanspruch gegen den zum Alleinerben eingesetzten Bruder

---

[394] MünchKomm(-Leipold), Einl vor § 1922 BGB Rn 18. – Nur für bedürftige Pflichtteilsberechtigte Kuhla, Festschr Bezzenberger 497 (501 f). Unentschieden Kick, Jb Junger ZivWiss 1996, 167 (180 f). Krit Dauner-Lieb, FF 2001, 78 ff.

[395] BVerfG 30. 8. 2000, FamRZ 2000, 1563 = NJW 2001, 141 = ZEV 2000, 399 Anm Mayer (447).

[396] Petri, ZRP 1993, 205 (206). – Vgl auch Leisner, NJW 2001, 126 f.

[397] BVerfG 30. 8. 2000 (vorvorige N). Dazu näher Dauner-Lieb, FF 2001, 78 ff; Leisner (vorige N).

[398] BVerfG 22. 6. 1995, BVerfGE 93, 165 = NJW 1995, 2624.

[399] Kuhla, Festschr Bezzenberger 497 (504 f); Leisner, NJW 2001, 127.

geltend. Die Tatsache, dass auch ein derartiges Verhalten des Anspruchstellers nicht für einen Ausschluss ausreicht, wird verfassungsrechtlich angegriffen.[400] Freilich lässt sich ein Erfolg der Verfassungsbeschwerde bereits auf eine verfassungskonforme Auslegung oder die Verfassungswidrigkeit der zu engen gesetzlichen Entziehungsgründe stützen, ohne dass die Grundlagen des Pflichtteilsrechts selbst in Frage gestellt würden.

III. Bestehen des Pflichtteilsanspruchs

1. Ausländisches Pflichtteilsrecht

Die römisch-rechtlich beeinflussten Rechtsordnungen kennen im allgemeinen ein vorbehaltenes Erbrecht bzw ein Pflichtteilsrecht.[401] Dieses ist teilweise nach dem Modell des französischen Code civil als *Noterbrecht* ausgestaltet, welches dem Noterben durch eine Beschränkung der Testierfreiheit bestimmte Sachwerte sichert. Der Erblasser ist auf einen Teil seines Vermögens, den sog Freiteil (quotité disponible) beschränkt; nur über diesen darf er durch Schenkung oder Verfügung von Todes wegen verfügen.[402] Der gebundene Teil des Vermögens (réserve héréditaire) steht den Pflichtteilsberechtigten (héritiers réservataires) als echtes Noterbrecht zu; sie können Herabsetzungsklage (action en réduction) erheben. Ein solches Noterbrecht kennt ebenfalls das belgische Recht.[403] Auch nach schweizerischem Recht kann der Berechtigte dann, wenn sein Pflichtteil durch eine Verfügung von Todes wegen geschmälert wurde, Herabsetzungsklage erheben, damit die Verfügung auf das erlaubte Maß herabgesetzt wird.[404] Ebenso ist es in der Türkei.[405] In

---

[400] Die Vollstreckbarkeit der zivilgerichtlichen Entscheidung wurde durch einstweilige Anordnung ausgesetzt, BVerfG 10. 10. 2000, FamRZ 2001, 277. – Vgl dazu auch Dauner-Lieb, FF 2001, 78 (79 ff); Otte, AcP 202 (2002) 317 (328 ff.).

[401] Näher Coene, Syntheserapport, in: Koninklijke Federatie I 399 ff. – Vgl die Überblicke bei Neumayer, Festschr Ferid 659 (665 ff); Henrich, DNotZ 2001, 441 (447 ff); Ebenroth, Rn 997 ff; Staudinger(-Ferid/Cieslar)[12], Einl zu §§ 2303 ff BGB Rn 194 ff.

[402] Zu Art 913 ff C civ näher Rieg, Französisches Recht, in: Rheinstein/Knapp, 79 (88 ff); Leleu, La réserve héréditaire en droit français et en droit luxemburgeois, in: Koninklijke Federatie I 81 ff; Rauscher, II 2 S f. – Vgl auch Linker, 15 f.

[403] Dazu Pintens in: Henrich/Schwab, 15 (26 ff).

[404] Zu Art 470, 522 ZGB s Hausheer/Aebi-Müller, Familienerbrecht und Testierfreiheit in der Schweiz, in: Henrich/Schwab, 213 (226 f).

[405] Näher Serozan, Das türkische Erbrecht verglichen mit dem deutschen Erbrecht, ZEV 1997, 473 (479).

Italien macht der „legittimario“ sein „diritto riservato“ im Wege einer „azione di riduzione“ geltend.[406] Ein echtes Noterbrecht kennt auch das spanische Recht; über die freie Quote hinausgehende Verfügungen können angefochten werden.[407] In Tschechien ist das Pflichtteilsrecht eine Art Noterbrecht, das bei Testamentsanfechtung durch den nichtbedachten Berechtigten zu relativer Unwirksamkeit und lediglich zu einem geringeren Anteil als das gesetzliche Erbrecht führt.[408] Auch in Dänemark und Norwegen führt der Pflichtteil zu einer gewissen dinglichen Berechtigung.[409]

Ein Pflichtteilsrecht in Form eines (schuldrechtlichen) *Anspruchs in Geld,* der sich am Nachlasswert orientiert, dem Begünstigten aber keinen Nachlassteil sichert, ist das zweite verbreitete Modell. Einen derartigen Anspruch kennen etwa Österreich,[410] Polen,[411] Ungarn,[412] Schweden und Finnland.[413] Bei der Reform des niederländischen Bürgerlichen Rechts wurde die bisherige Konzeption als Noterbrecht aufgegeben. Es besteht nur noch ein Anspruch auf den Wert.[414]

Nicht alle Rechtsordnungen gewähren ein Pflichtteilsrecht. So ist in den USA das Grundprinzip *„testamentary freedom“.* Vom Sonderfall Puerto Rico einmal abgesehen[415] kennt nur die zum Civil Law gehörende Rechtsordnung von Louisiana ein Pflichtteilsrecht der Verwandten (forced heirship). Hier ist das Noterbrecht zwar redu-

---

[406] Zu Art 536ff c c Salaris, Grundzüge und Besonderheiten des italienischen Erbrechts, ZEV 1995, 240 (242); Gabrielli, Familienbeziehungen und Testierfreiheit in der Erbfolge nach italienischem Recht, in: Henrich/Schwab, 125 (136f).

[407] Zu Art 834 C c s Rauscher, II 2 S 3 f.

[408] Siehe Hrušáková, Familienerbrecht und Testierfreiheit in der Tschechischen Republik, in: Henrich/Schwab, 335 (344f); Trilsch-Eckardt, Das tschechische Erbrecht im Vergleich zum deutschen und Reformüberlegungen, ZEV 1996, 4 zu § 479 ZGB.

[409] Nachw bei Sundberg, Nordic Laws, in: Rheinstein/Knapp, 31 (46f); Boström, Familienerbrecht und Testierfreiheit in Schweden und anderen skandinavischen Ländern, in: Henrich/Schwab, 249 (260).

[410] Zu §§ 762ff ABGB s Ferrari, Familienerbrecht und Testierfreiheit in Österreich, in: Henrich/Schwab, 179; Ebenroth, Rn 1007.

[411] Zu Art 991 § 2 ZGB siehe Mączyński, Familienerbrecht und Testierfreiheit im europäischen Vergleich: Länderbericht Polen, in: Henrich/Schwab, 191 (200f).

[412] Nach § 672 I ZGB, soweit nicht anders angeordnet.

[413] Näher zu § 25 dän ErbG, Kap 7 § 1ff schwed ErbG Sundberg, in: Rheinstein/Knapp, 31 (44ff); Boström in: Henrich/Schwab, 249 (259f).

[414] Nachw bei van Mourik, De legitime portie (reserve) in Nederland, in: Koninklijke Federatie I 13ff; Breemhaar, Familiäre Bindung und Testierfreiheit im neuen niederländischen Erbrecht, in: Henrich/Schwab, 147 (168ff); Pintens, ZEuP 2001, 628 (640).

[415] Nach sec 2362 P R Laws Ann tit 31 (1996) kann in spanischer Tradition nicht über die „legal portion“ verfügt werden; vgl Chester, Real Prop & Trust J 32 (1997) 441ff.

ziert worden, hat sich aber gehalten.[416] In den anderen Einzelstaaten kann die letztwillige Verfügung lediglich durch gerichtliche Entscheidung zugunsten bestimmter „dependants", denen man bei Bedürftigkeit Leistungen zuerkennt, korrigiert werden.[417]

Insbesondere das englische Recht geht von einer unbeschränkten Testierfreiheit aus; der Erblasser kann über sein gesamtes Vermögen frei verfügen. Allerdings kann das Nachlassgericht auf Antrag eine Unterstützung für den Ehegatten, die Kinder und andere Personen anordnen, für die der Erblasser aufgrund rechtlicher oder moralischer Verpflichtung gesorgt hat.[418] Entscheidend ist also nicht der Status, sondern die tatsächliche Versorgung. Für eine solche „family provision" verfügt das Gericht über einen weiten Ermessensspielraum, den Inhalt des Testaments zu ändern und einen – aus der Sicht eines Dritten – angemessenen (reasonable) Betrag zuzusprechen, welcher den Unterhalt des Klägers unter den gegebenen Umständen sichert. Die Nachlassabwicklung wird – anders als nach dem kontinentalen Prinzip der Universalsukzession – nicht vom Erben selbst vorgenommen. Diese „richterliche Erbhilfe"[419] kann in Form einer Kapitalabfindung bzw Vermögensübertragung oder von laufenden Leistungen erfolgen.[420] Hierüber entscheidet unter anderem die Bedürftigkeit des Klägers, eine etwaige Behinderung und sein Verhalten, die Verpflichtungen des Erblassers und die Größe des Nachlasses. Wegen der Fülle der zu berücksichtigenden Gesichtspunkte ist das Ergebnis der jeweils erforderlichen Einzelfallprüfung schwer vorhersehbar.[421] Eine besondere Ausgleichsregelung kennt auch Isra-

---

[416] Die 1990 erfolgte Reduktion des ursprünglichen Noterbrechts wurde vor allem wegen der Verletzung der Rechte der Noterben zunächst für verfassungswidrig erklärt (Succession of Lauga, 624 So 2d 1156 [La 1993]). Daraufhin wurde die gesetzliche Neuregelung verfassungsrechtlich abgesichert, s La Constitution Art XII § 5 (1995); vgl dazu McKnight, Am J Comp L 44 (1996) 75 (102 f); Spaht, Forced Heirship Changes: The Regrettable „Revolution" Completed, La L Rev 57 (1996) 55 (58 ff); dies, La L Rev 60 (2000) 637 (640 f). – Die heutige erbrechtliche Regelung findet sich in La Civ Code Ann Art 1493 ff (2000).

[417] Vgl Hanotiau, Rapport sur la réserve en droit anglais et en droit américain, in: Koninklijke Federatie, I 255 (260 ff); Rauscher, II 2 S 11 ff.

[418] Inheritance (Family Provision) Act 1975 (c 63). – Zu dieser ursprünglich aus Neuseeland übernommenen Gesetzgebung auch Bromley, English Law, in: Rheinstein/Knapp, 63 (69 ff); Neumayer, Festschr Ferid 659 (676 ff); Hanotiau in: Koninklijke Federatie, I 255 ff; Huber, 65 ff.

[419] So Reichert-Facilides, Verh 49. DJT I A 57 (67 ff); Strätz, FamRZ 1998, 1553 (1566); Haas, ZEV 2000, 249 (257).

[420] Näher zu s 2 (1) Inheritance (Family Provision) Act 1975 Meston, Familienerbrecht und Testierfreiheit in Schottland und England, in: Henrich/Schwab, 73 (81 ff); Huber, 74 f.

[421] Siehe Schaul-Yoder, British Inheritance Legislation – Discretionary Distribution at Death, Boston Coll Int Comp L Rev 8 (1985) 205 (230 ff); Cretney, Succession –

(Fortsetzung nächste Seite)

el.[422] In Kanada verfügt insbesondere British Columbia über eine family maintenance-Gesetzgebung, die im Einzelfall Ansprüche zubilligt.[423] Dagegen ist die Noterbenregelung französischer Provenienz in Quebec abgeschafft worden.[424]

Bringt man diesen Überblick auf einen Nenner, so ergibt sich ein Kontinuum von Lösungen. Auf der einen Seite findet man die im Ausgangspunkt unbeschränkte Testierfreiheit des Common Law, auf der anderen Seite dagegen eine zwingende gesetzliche Erbfolgeregelung. Das Pflichtteilsrecht greift mit unterschiedlicher Intensität korrigierend ein. Dies kann punktuell bei grober Unbilligkeit geschehen. Dagegen setzt das streng durchgeführte Noterbrecht der romanischen Rechtsordnungen die gesetzliche Erbfolgeregelung in beträchtlichem Umfang durch; Abmilderungen dieses Modells führen hingegen nur zu einer gesetzlichen Erbfolgeregelung en miniature. Der bloße Geldanspruch des deutschen Rechts erreicht zwar einen Ausgleich, lässt die letztwillige Verfügung aber im Grundsatz unangetastet. Das deutsche Recht befindet sich so gesehen also in einer mittleren Position. Die ganze Tragweite der jeweiligen ausländischen Regelung erschließt sich allerdings erst bei einem – hier nicht zu leistenden – Vergleich auch des gesetzlichen Erbrechts, des Ehegüterrechts und sonstiger Schutzvorschriften.

2. Beibehaltung des Pflichtteilsrechts

Heute wird vielfach eine Reform des Pflichtteilsrechts gefordert[425] und das geltende Recht teilweise sogar als „autoritär, unflexibel und mittelstandsfeindlich"[426] gebrandmarkt. Gleichwohl wird trotz aller

---

(Fortsetzung der Fußnote)
Discretion or Whim, Freedom of Choice or Caprice?, Oxford J Leg Stud 6 (1986) 299 (300); Huber, 75; Rauscher, II 2 S 108; ders, An Englishman still remains at liberty at his death, ZEuP 1998, 140 (156ff). – Vgl auch Graupner in: Rheinstein/Knapp 109, 122 (Diskussionsbeitrag).

[422] Näher zu § 56 israel Erbgesetz v 1965 Huber, 77ff; Rauscher, II 2 S 14f.

[423] Näher zum Wills Variation Act, RSBC, ch 435 (1979) etwa Chester, Real Prop Prob & Trust J 32 (1997) 413ff; Rauscher, II 2 S 11ff.

[424] Siehe Carlier, A propos du droit québécois, in: Koninklijke Federatie, I 275ff zum Unterhaltsanspruch des überlebenden Ehegatten (Art 688 C civ).

[425] Siehe etwa Kick, Jb Junger ZivWiss 1996, 167ff; Dauner-Lieb, FF 2000, 110ff = FF 2001 SH 22ff; dies, DNotZ 2001, 460ff; Leisner, NJW 2001, 126f; Schlüter, Festschr BGH I 1047 (1063ff); Otte, AcP 202 (2002) 317 (355ff) ; Henrich, 18ff; Vollmer, 227ff. – Für die Schweiz Merz, Verh 49. DJT II K 104. Vgl auch Leipold, AcP 180 (1980) 160 (197).

[426] So Dauner-Lieb, DNotZ 2001, 460 (462).

Kritik in Einzelfragen eine vollständige Abschaffung des Pflichtteilsrechts kaum verlangt;[427] sie wäre auch – wie gezeigt – verfassungsrechtlich unzulässig,[428] zumindest aber höchst bedenklich. Soweit es im europäischen Ausland, wie in den Niederlanden, entsprechende Forderungen gab, haben sie sich jedenfalls bislang nicht durchgesetzt.[429] Bestrebungen nach Anpassung und Flexibilität überwiegen. Der Rechtsvergleich zeigt die breite Akzeptanz des Rechtsinstituts.

Außer Frage steht auch heute, einen schuldrechtlichen Zahlungsanspruch einem materiellen Noterbrecht vorzuziehen.[430] Letzteres entspricht zwar der Familienbindung des Vermögens mehr und kann dem Noterben Werte besser erhalten. Es beruht aber, wie schon mehrfach angeführt, letztlich auf der kaum mehr zutreffenden Vorstellung von der Familie als einer Haus- und Wirtschaftsgemeinschaft. Zudem würde diese Form der Teilhabe die Schwierigkeiten der Nachlassabwicklung noch vergrößern. Auch die internationale Entwicklung spricht eher gegen ein Noterbrecht. Dagegen ermöglicht der Geldanspruch einerseits die vom Erblasser gewünschte, ungeteilte und geschlossene Weitergabe des Nachlasses an die Erben und gewährt dem Pflichtteilsberechtigten andererseits einen verhältnismäßig leicht realisierbaren Zugriff auf den ihm zustehenden Wertanteil.[431]

---

427 Vgl dazu Keim, DNotZ 2001, 434 (439). Für die Abschaffung vereinzelt Kokott, Verh 49. DJT II K 89f. – Siehe dazu auch Stöcker, WM 1979, 214 (221).

428 Otte, ZEV 1994, 193 (194); Haas, ZEV 2000, 249 (253ff); Schlüter, Festschr BGH I 1047 (1065); Rauscher, II 2 S 90; MünchKomm(-Frank), § 2303 BGB Rn 1a.

429 Zu den Niederlanden Breemhaar in: Henrich/Schwab, 147 (168ff); Pintens, ZEuP 2001, 628 (640). Zu Schweden Boström in: Henrich/Schwab, 249 (258, 270). Siehe auch Scheuba, öst AnwBl 2000, 752f.

430 Siehe etwa Coing, Verh 49. DJT I A 24, 48f; Dieckmann, Verh 49. DJT II K 28f; Bosch, Empfiehlt es sich, das gesetzliche Erbrecht und Pflichtteilsrecht neu zu regeln?, FamRZ 1972, 417 (418); Kühne, JR 1972, 221 (225f); Steffen, Empfiehlt es sich, das gesetzliche Erb- und Pflichtteilsrecht neu zu regeln?, DRiZ 1972, 263 (267); Firsching, JZ 1972, 449 (451, 455); Haas, ZEV 2000, 249 (254f); Rauscher, II 2 S 102f; Linker, 127; Vollmer, 246ff; MünchKomm(-Frank), § 2303 BGB Rn 2. – Anders noch Boehmer, Zur Reform des Pflichtteilsrechts, AcP 143 (1937) 32 (59ff).

431 Strätz, FamRZ 1998, 1553 (1566f).

IV. Berechtigtenkreis und -stellung

1. Pflichtteilsrecht der Abkömmlinge

a) Geltendes Recht

Nach geltendem Recht kann ein Abkömmling des Erblassers, welcher durch Verfügung von Todes wegen von der Erbfolge ausgeschlossen ist, den Pflichtteil verlangen (§ 2303 I 1 BGB). Abkömmlinge können auch Enkel und Urenkel sein, wobei die näheren Verwandten die entfernteren ausschließen (§ 2309 BGB). Das Pflichtteilsrecht knüpft lediglich an die Erbberechtigung an und folgt daher dem Gleichbehandlungsgrundsatz des gesetzlichen Erbrechts. Folglich hat etwa das jüngere Kind nur einen genauso hohen Anspruch wie ältere Geschwister, obwohl diesen beispielsweise bereits eine Ausbildung finanziert wurde. Unberücksichtigt bleibt auch, ob etwa eines der Kinder krank oder behindert und damit bedürftiger als seine Geschwister ist. Die Verteilungsgerechtigkeit der geltenden Bestimmungen wird daher wegen ihrer starren Quoten und der Nichtberücksichtigung der Bedürftigkeit kritisiert. Das Recht der DDR machte dagegen nach sowjetischem Vorbild den Zwei Drittel-Anspruch von Kindern und Enkeln von ihrer Unterhaltsberechtigung gegenüber dem Erblasser abhängig.[432] Wirtschaftlich selbständige Verwandte des Erblassers waren damit nicht pflichtteilsberechtigt,[433] Urenkel ganz ausgeschlossen.[434]

b) Ausländische Rechtsordnungen

Die Rechtsordnungen, welche ein Pflichtteilsrecht kennen, gewähren es vor allem den Abkömmlingen. Hier kommt die Versorgungsfunktion des Pflichtteilsrechts am ehesten zum Ausdruck.[435] Die Quote variiert vielfach nach der Person des Berechtigten und

---

[432] Zu § 396 I Nr 2 ZGB vgl Rauscher, II 2 S 9.

[433] Freytag, ZRP 1991, 304.

[434] Freytag, ZRP 1991, 304; MünchKomm(-Frank), § 2303 BGB Rn 33.

[435] Vgl auch Reichert-Facilides, Verh 49. DJT I A 57 (68 ff); Coene in: Koninklijke Federatie, I 407 f; Edenfeld, ZEV 2001, 457 (459 f).

dem Zusammentreffen mit sonstigen Pflichtteilsberechtigten;[436] häufig geht sie erheblich über den Schutz nach deutschem Recht hinaus.[437] In Österreich können Abkömmlinge die Hälfte des gesetzlichen Erbteils beanspruchen.[438] In der Schweiz beträgt der Pflichtteil der Nachkommen aller Grade drei Viertel des gesetzlichen Erbanspruchs.[439] Ebenso ist es in der Türkei.[440] Vom tschechischen Recht werden Minderjährige besonders geschützt. Sie erhalten als Pflichtteil ihren vollen gesetzlichen Erbteil, Volljährige die Hälfte davon[441]. In Polen kann der Deszendent bei Minderjährigkeit zwei Drittel des gesetzlichen Erbteils beanspruchen, sonst nur die Hälfte.[442] Das neue niederländische Recht gesteht einem Kind einen Pflichtteil in Höhe der Hälfte des gesetzlichen Erbteils zu.[443] Bei zwei Kindern beträgt der Pflichtteil für jedes Kind zwei Drittel des gesetzlichen Erbteils. Bei drei und mehr Kindern steigt der Anteil auf drei Viertel. Auch Enkel und weitere Abkömmlinge gehören zu den Berechtigten.

Nach französischem Recht kann ein Erblasser mit einem Kind nur über die Hälfte seines Vermögens verfügen. Bei zwei Kindern sinkt der freie Anteil auf ein Drittel, bei drei und mehr Kindern auf ein Viertel. Auch entferntere Abkömmlinge werden geschützt.[444] Ebenso ist es in Belgien.[445] In Italien beträgt die Vorbehaltsquote bei einem Kind die Hälfte, bei mehreren Kindern zwei Drittel des Nachlasses.[446] In Spanien stehen Abkömmlingen grundsätzlich zwei Drittel des Nachlasses zu. Davon können sie nur zu einem Drittel den gleichen Anteil verlangen; der andere Teil (tercio de mejora) kann einzelne Abkömmlinge besser stellen. Er kann entsprechend der Anordnung des Erblassers ungleich unter ihnen verteilt werden.[447]

---

436 Vgl Henrich, 8 f.

437 Hinzu kommt zT noch ein unentziehbarer Voraus für die Ausbildung (§§ 27 ff dän ErbG, § 36 f norw ErbG).

438 Zu §§ 765, 42 ABGB s Ferrari in: Henrich/Schwab, 173 (180).

439 Vgl Hausheer/Aebi-Müller in: Henrich/Schwab, 213 (220); Rauscher, II 2 S 5 f zu Art 471 Nr 1 ZGB.

440 Zu Art 453 ZGB s Serozan, ZEV 1997, 473 (479).

441 Zu § 479 ZGB näher Knapp in: Rheinstein/Knapp 15 (23 f); Hrušáková in: Henrich/Schwab, 335 (344 f); Trilsch-Eckardt, ZEV 1996, 4 (8); Rauscher, II 2 S 8.

442 Siehe Mączyński in: Henrich/Schwab, 191 (200), zu Art 991 § 1 ZGB.

443 Art 4: 961 I NBW – Vgl Breemhaar in: Henrich/Schwab, 147 (168 ff); Rauscher, II 2 S 5.

444 Vgl Rieg in: Rheinstein/Knapp 79 (89); Ferrand, Familienerbrecht und Testierfreiheit: Das französische Recht, in: Henrich/Schwab, 87 (101) zu Art 913, 913–1 C civ.

445 Näher Pintens in: Henrich/Schwab, 15 (26).

446 Zu Art 537 c c siehe Gabrielli in: Henrich/Schwab, 125 (140).

447 Siehe zu Art 808, 829 C c Martín Casals/Solé Feliu, Testierfreiheit im innerspanischen Vergleich, in: Henrich/Schwab, 295 (308 f); Neumayer, Festschr Ferid 659 (682 f); Henrich, DNotZ 2001, 441 (449 f).

Das dänische und das schwedische Recht gewähren Kindern ebenfalls ein Pflichtteilsrecht in Höhe der Hälfte des gesetzlichen Erbteils.[448] Nach norwegischem Recht haben die Leibeserben (Kinder) ein Pflichtteilsrecht in Höhe von zusammen 2/3 des Nachlasses. Allerdings ist der Pflichtteilsanspruch begrenzt auf 1 Mio Kronen nach jedem Elternteil.[449]

Zwar kennt das schottische Recht ein Pflichtteilsrecht in Form von „fixed shares" am beweglichen Vermögen.[450] Im Allgemeinen gewähren jedoch die Rechtsordnungen der *Common Law Staaten* Kindern keinen Pflichtteilsanspruch, allenfalls selbständige Versorgungsansprüche. Das gilt insbesondere für das englische Recht.[451] Auch ein mit in die Ehe oder eine nichteheliche Lebensgemeinschaft gebrachtes und wie ein eigenes behandeltes Stiefkind kann bei Versterben des Versorgers berechtigt sein.[452] Volljährige Abkömmlinge haben jedoch nur dann Erfolg, wenn eine besondere moralische Verpflichtung oder eine spezielle Situation ihren Unterhalt verlangt.[453] In den Vereinigten Staaten besteht im Allgemeinen kein Pflichtteilsrecht des Kindes. Allerdings kennen einige Einzelstaaten Unterhaltsansprüche gegen den Erben[454] sowie Rechte des Fürsorgeträgers gegenüber dem Nachlass.[455] Das Fehlen eines Pflichtteilsrechts wird seit längerem kritisiert. Vor allem ein Scheidungskind laufe bei Wiederheirat seines Vaters eine erhöhte Gefahr, enterbt zu werden, nur einen sehr geringen Anteil oder gar nichts zu erhalten.[456] Entsprechendes gelte für nichteheliche Kinder.[457] Das Schrifttum verlangt – bislang erfolglos – entweder feste Anteile am Nachlass, dh eine „forced share"-Gesetzgebung,[458] eine „family maintenance"-Lösung ähnlich wie etwa in British Colum-

---

[448] Näher Boström in: Henrich/Schwab, 249 (259), zu § 25 dän ErbG, Kap 7 § 1 schwed ErbG.

[449] Siehe § 29 Erbgesetz. – Vgl Rauscher, II 2 S 4.

[450] Siehe § 10–11 Succession Act 1964 (ch 41). Näher Meston in: Henrich/Schwab, 73 (83).

[451] S 1 (1) (c) Inheritance (Family Provision) Act 1975.

[452] Näher Huber, 73.

[453] Nachw bei Oldham, Cambridge L J 60 (2001) 128 (151).

[454] Siehe Uniform Marriage and Divorce Act § 316 (c), 9A U.L.A. 102 (1998). – W Nachw bei Oldham, Fam L Q 33 (1999) 265 (271) N 28; Krause, Child Support in America (Charlottesville, Va 1981) 41 ff.

[455] Nachw bei Oldham, Fam L Q 33 (1999) 265 (268 N 15). – Krit dazu Brashier, La. L. Rev 57 (1996) 16f.

[456] Dazu näher etwa Chester, Real Prop. Prob. & Trust J. 32 (1997) 409ff; Oldham, Fam L Q 33 (1999) 264ff.

[457] Brashier, La L Rev 57 (1996) 1 (10f).

[458] So etwa Batts, I Didn't Ask to Be Born: The American Law of Disinheritance and a Proposal for Change to a System of Protected Inheritance, Hastings L J 41 (1990) 1197 (1253ff).

bia,[459] Unterhaltsansprüche gegen den Nachlass[460] oder eine andere Lösung.[461]

Nach dem heutigen Recht von Louisiana sind Abkömmlinge ersten Grades nur noch dann pflichtteilsberechtigt, wenn sie erst 23 Jahre alt oder jünger sind. Gleiches gilt unabhängig vom Alter, wenn sie infolge geistiger oder physischer Behinderung dauernd unfähig[462] sind, für ihre Person oder ihr Vermögen zu sorgen.[463] Bei Vorversterben des Abkömmlings kommt es zur Repräsentation durch dessen Nachfahren, wenn diese Umstände bezüglich des Enkels vorliegen[464] oder wenn das anspruchstellende Kind noch nicht 23 Jahre alt ist.[465] Bei einem Berechtigten kann ein Viertel als „legitime" beansprucht werden; sind es mehr, insgesamt die Hälfte des Nachlasses.

c) *Mögliche Reformen*

aa) Beschränkung des Berechtigtenkreises?

Das Pflichtteilsrecht der Kinder ist – wie dargelegt – verfassungsrechtlich geschützt und steht damit nicht zur Disposition (vgl oben C II 4).[466] Obwohl der 49. DJT noch beschlossen hatte, den Kreis der Pflichtteilsberechtigten unverändert zu lassen,[467] könnte man daran denken, den Berechtigtenkreis – vor allem den der Abkömmlinge – zu verkleinern und insbesondere Verwandte zweiten Grades bzw entfernterer Grade generell auszuschließen.[468] Eine solche Einschränkung wird für verfassungsrechtlich zulässig gehalten.[469] So

[459] Siehe zB Chester, Real Prop Prob & Trust J 32 (1997) 405 ff.

[460] Brashier, La L Rev 57 (1996) 1 (24 f).

[461] Überblick bei Brashier La L Rev 57 (1996) 1 (2 N 8).

[462] Zur „permanent incapability" Spaht, The Remnant of Forced Heirship, La L Rev 60 (2000) 643 ff.

[463] La Civ Code Ann Art 1493 A (2000).

[464] La Civ Code Ann Art 1493 C (2000).

[465] La Civ Code Ann Art 1493 B (2000).

[466] Haas, ZEV 2000, 249 (253 f); Vollmer, 231; MünchKomm(-Frank), § 2303 BGB Rn 1 a mwN. – Nicht geprüft werden kann hier, ob eine Beseitigung des Pflichtteilsrechts der Abkömmlinge, welche vor allem nichteheliche Kinder treffen dürfte, auch als mittelbare Diskriminierung verfassungswidrig wäre (Art 6 V, 3 I GG). Für Stiefkinder wird zwar kein Pflichtteilsrecht, zT aber verlangt, sie fiktiv als leibliche Abkömmlinge zu berücksichtigen, wenn sie von Todes wegen bedacht wurden; so von Puttkamer/Radziwill, Kind-Prax 2000, 19 f.

[467] Verh 49. DJT II K 166. – Ebenso im Ergebnis Henrich, 18.

[468] Ein Pflichtteilsrecht nur für Kinder befürwortet Linker, 154.

[469] Haas, ZEV 2000, 249 (254); Linker, 154 N 121; MünchKomm(-Frank), § 2303 BGB Rn 1 a. – Anders Rauscher, I S 94.

ließe sich der Schutz des § 2303 I BGB auf Abkömmlinge ersten oder zweiten Grades beschränken.[470]

Gegen einen Ausschluss der Enkel kann eingewendet werden, dass sie häufig bedürftig sein werden. Zum Teil wird daher ausdrücklich dafür plädiert, ihre Berechtigung beizubehalten.[471] Dieses Argument würde freilich an Gewicht verlieren, wenn die Unterhaltsansprüche im Verhältnis Großeltern-Enkel beseitigt würden; solche Verwandte hätten dann nicht mehr für die Beseitigung von Bedürftigkeit einzustehen. Eine Streichung der Pflichtteilsberechtigung würde selbstverständlich nicht ausschließen, dass Großeltern – wie häufig – ihre Enkel durch Verfügung von Todes wegen bedenken. Gegen eine Beseitigung des Pflichtteilsrechts entfernterer Verwandter wird allerdings auch das Repräsentationsprinzip des geltenden Erbrechts angeführt.[472] Die Erbfolge nach Stämmen (§ 1924 III BGB) dehnt zusammen mit der Erbenordnung (§§ 1924 ff BGB) den Kreis der Erbberechtigten weit aus. Eine Begrenzung im Pflichtteilsrecht allein scheint daher rechtssystematisch angreifbar. Gleichwohl läge darin kein radikaler Systembruch, da bereits das geltende Recht nur die dem Erblasser besonders nahe stehenden Erbberechtigten als Pflichtteilsberechtigte ansieht. Die Pflichtteilsberechtigung anderer entfernterer Abkömmlinge als der Enkel könnte daher entfallen.

bb) Differenzierung nach Verfügungsart und -höhe

Früher wurde überlegt, bei der Höhe der Pflichtteilsquote nach dem Berechtigten zu differenzieren. Der Pflichtteil der Kinder sollte bei Verfügungen des Erblassers zugunsten von Familienfremden erhöht werden.[473] Dies würde die Familiengebundenheit des Vermögens verstärken und Verfügungen zugunsten von Fremden schlechter stellen. Ein besonderer Grund für eine solche Pflichtteilsverstärkung ist freilich nicht ersichtlich; die den Abkömmlingen zustehende Hälfte des gesetzlichen Erbteils entspricht durchaus internationaler Üblichkeit.[474] Unterschiedliche Quoten würden zudem die Nachlassabwicklung erschweren.

---

[470] So Gerken, Rpfleger 1989, 45 (52).

[471] Dieckmann, Verh 49. DJT II K 29; Otte, ZEV 1994, 193 (197); Rauscher, II 2 S 100.

[472] Rauscher, II 2 S 100; Staudinger(-Ferid/Cieslar)[12], Einl zu §§ 2303 ff. BGB Rn 55.

[473] Vgl Mertens, 105.

[474] Vgl Neumayer, Festschr Ferid 659 (665). – Eine generelle Reduktion der Quote auf ein Viertel oder ein Drittel erwägt Schröder, DNotZ 2001, 465 (471); dagegen für eine Erhöhung auf 2/3 Bosch, Familien- und Erbrecht als Themen der Rechtsangleichung nach dem Beitritt der DDR zur Bundesrepublik Deutschland, FamRZ 1992, 993 (999).

Um der individuellen Familiensituation besser entsprechen zu können, ist mehrfach erwogen worden, zwar von einer Art Gesamtpflichtteil auszugehen, dem Erblasser aber zu gestatten, den Anteil der einzelnen Pflichtteilsberechtigten zu verändern.[475] Beispielsweise könnte er einem gesundheitlich angegriffenen und bedürftigen oder erheblich jüngeren Kind sein Vermögen zuwenden, ohne Pflichtteilsansprüche der besser gestellten Geschwister befürchten zu müssen.[476] Allerdings müsste man nicht nur eine Ausnahme von der Gleichbehandlung der Pflichtteilsberechtigten zulassen, sondern diese auch eingrenzen und praktikabel ausgestalten. Vorgeschlagen wurde etwa, die Quote der Pflichtteilsrechte solle insgesamt einen Anspruch auf die Hälfte des Nachlasswerts ausmachen. Doch solle der Erblasser in Bezug auf Ehegatten und Kinder mit individueller Begründung den Pflichtteil auf die Hälfte des heutigen Pflichtteilsanspruchs, also ein Viertel, reduzieren dürfen.[477] Damit würde die der Testierfreiheit immanente Gestaltungsfreiheit auch auf das Pflichtteilsrecht erstreckt. Eine solche Lösung würde freilich der grundsätzlich unentziehbaren Teilhabe am Nachlass widersprechen, den „Kampf ums Erbe“[478] fördern und wäre schwer zu praktizieren. Im Übrigen hat der Erblasser im Unterschied zum restriktiveren spanischen Noterbrecht, welches ihm die Verfügung über ein zusätzliches Drittel, die „mejora“, gestattet, nach deutschem Recht von vornherein mehr Spielraum für testamentarische Verfügungen.[479]

cc) Abhängigkeit von (Unterhalts-)Bedürftigkeit

Nach dem geltenden deutschen Pflichtteilsrecht entscheidet der Rechtsstatus; die Bedürftigkeit des Berechtigten spielt keine Rolle.[480] Grundsätzlich ist auch unerheblich, in welchem Ausmaß er Unterhaltsleistungen vom Erblasser erhalten hat. Dagegen machte das Recht der DDR das Pflichtteilsrecht von Abkömmlingen (Kindern und Enkeln) sowie der Eltern von ihrer Unterhaltsberechtigung abhängig (§ 396 I Nr 2 ZGB). Dies setzte wiederum Bedürftigkeit voraus (§§ 81ff FamGB). Damit war das Pflichtteilsrecht praktisch auf minderjährige oder in der Ausbildung stehende Kinder

---

475 Steffen, DRiZ 1972, 263 (267). Für Österreich Ferrari in: Henrich/Schwab, 173 (189). Wohl auch Leipold, AcP 180 (1980) 160 (197). – Abl Linker, 154f.

476 Vgl Schippel, Verh 49. DJT II K 59.

477 Schröder, DNotZ 2001, 465 (471).

478 Coing, Verh 49. DJT I A 47.

479 Otte, AcP 202 (2002) 317 (355f.).

480 Näher Coing, Verh 49. DJT I A 54f; Haas, ZEV 2000, 249 (256f); Oechsler, AcP 200 (2000) 603 (608); Linker, 68f.

beschränkt.[481] Da gerade die Starrheit der geltenden Berechtigtenordnung kritisiert wird, plädiert man zT de lege ferenda für eine Abhängigkeit eines auch weiterhin quotenmäßig bestimmten Pflichtteilsanspruchs von der Bedürftigkeit des Berechtigten.[482] Obwohl dieses Kriterium nicht nur mit einer „familienspezifischen sozialen Funktion“[483] des Pflichtteilsrechts, sondern auch als besondere sozialistische Errungenschaft begründet wurde[484] und offensichtlich für eher überschaubare Verhältnisse konzipiert war, fand es nach der Wiedervereinigung mehrfach Zustimmung.[485] Als Inhaltsbestimmung des Pflichtteilsrechts wird es als verfassungsrechtlich zulässig angesehen.[486] Für dieses Modell, das sich ansatzweise auch im polnischen und tschechischen Recht findet, spricht der Vorrang der Testierfreiheit. Eingriffe in sie würden auf ein Mindestmaß beschränkt, da das Pflichtteilsrecht letztlich auf eine ähnliche Grundlage zurückgeführt würde wie eine Unterhaltsbeziehung, nämlich die Versorgungsfunktion. Eine abstrakte Berechtigtenstellung würde nicht ausreichen. Wirtschaftlich selbständige Familienangehörige, insbesondere bereits ausgebildete Kinder, die für sich selbst sorgen können, wären von vornherein als Berechtigte ausgeschlossen, während ihre Ansprüche nach geltendem Recht auch bedürftige Erben bzw Pflichtteilsberechtigte in Bedrängnis bringen können. Das Bedürftigkeitsmodell sichert daher die Beibehaltung der bisherigen Lebensgrundlage der Berechtigten besser als das geltende Recht.[487]

---

[481] Huber, 82; MünchKomm(-Frank), § 2303 BGB Rn 33. – Vgl auch Henrich, DNotZ 2001, 441 (448f).

[482] Siehe Reichert-Facilides, Verh 49. DJT I A 67ff; Lamers, DNotZ 1973 SH 120; Trittel, Deutsch-deutsches Erbrecht nach dem Einigungsvertrag, DNotZ 1991, 237 (246); Bosch, FamRZ 1992, 993 (999f); Kick, Jb Junger ZivWiss 1996, 167 (178ff); Dauner-Lieb, FF 2001 SH 16 (22ff). – Vgl auch Dauner-Lieb, DNotZ 2001, 460 (465).

[483] So Marko/Orth, Die Konzeption des sozialistischen Erbrechts und ihre Konsequenzen für die Berechnung des Pflichtteilsanspruchs, NJ 1987, 156 (157f); Berger/Marko/Orth, Modernes Erbrecht in einem vereinigten Deutschland, NJ 1990, 384 (385).

[484] Eberhardt, NJ 1974, 732 (734).

[485] Bosch, FamRZ 1992, 993 (999f) (beim Tod des erstversterbenden Elternteils); Faßbender, Das Pflichtteilsrecht nach der Vereinigung, DNotZ 1994, 359 (369f). Siehe auch Leipold, AcP 180 (1980) 160 (175f, 185, 197); Trittel, DNotZ 1991, 237 (246). Vgl ferner Kick, Jb Junger ZivWiss 1996, 167 (178f). – Kritisch bis ablehnend dagegen Meincke, JR 1976, 47 (50); Stöcker, Das Grundrecht zu erben, WM 1979, 214 (219f); Freytag, ZRP 1991, 304ff; Otte, ZEV 1994, 193 (197); Rauscher, II 2 S 8f; Huber, 60. Vgl auch Coing, Verh 49. DJT I A 46f. – Abl für Österreich Ferrari in: Henrich/Schwab, 173 (188).

[486] Otte, ZEV 1994, 193 (194); MünchKomm(-Frank), § 2303 BGB Rn 1a. – Vgl auch Henrich, 8.

[487] Vgl Freytag, ZRP 1991, 304 (306).

Bei näherer Betrachtung ergibt sich jedoch eine Reihe von Schwierigkeiten.[488] Wenn man keine Höchstaltersgrenze festsetzt, wäre die Bedürftigkeit näher zu definieren; sie würde zu einer individuellen Bemessung führen, also stets eine möglicherweise aufwendige Einzelfallprüfung verlangen. Hält man sich an die Bedürftigkeit im unterhaltsrechtlichen Sinne, so ist auch diese häufig nur unter Schwierigkeiten festzustellen. Ferner bestehen rechtssystematische Bedenken. Ob Bedürftigkeit besteht, kann beispielsweise vom Erhalt bestimmter Sozialleistungen abhängen (vgl nur oben B II 3, 5), was dann weitreichende erbrechtliche Konsequenzen hätte. Ein davon unabhängiger Anspruch auf Teilhabe am Erblasservermögen, wie ihn das geltende Recht garantiert, würde nicht ausreichen.[489] Ferner weist der Zeitpunkt der Bedürftigkeit keinerlei inneren Zusammenhang mit dem Erbfall auf. Man kann kurz vorher bedürftig geworden sein und folglich etwas erhalten oder erst danach bedürftig werden und leer ausgehen. Dass das Bestehen eines Pflichtteilsanspruchs letztlich vom Zufall (zB der Beendigung der Ausbildung des Kindes) abhinge, zeigt die Fragwürdigkeit einer Verkoppelung der Teilhabe am Familienvermögen mit der Bedürftigkeit.

Die Bemessung des Anspruchs und zu erwartende Auseinandersetzungen dürften ferner zu Unsicherheit, Komplikationen und vermehrten Streitigkeiten führen.[490] Im Übrigen dürfte bei jeder Flexibilisierung und Beseitigung starrer Pflichtteilsregeln der Druck in Richtung auf eine testamentarische Absicherung der einzelnen Berechtigten wachsen. Der Einwand, die Bedürftigkeitsvoraussetzung würde auch eine Begünstigung unterhaltsberechtigter Kinder zu Lasten ihrer nicht mehr unterhaltsberechtigten Geschwister – also mittelbar einen gewissen Ausgleich auch unter Geschwistern – bedeuten,[491] ist freilich überzogen, da der nicht Bedürftige ja nichts abgeben muss. Auch im Unterhaltsrecht begründet die Bevorzugung der bedürftigen Geschwister gegenüber den nicht bedürftigen keine Unterhaltsverpflichtung unter Seitenverwandten.

Eine Begrenzung des Pflichtteils des Abkömmlings bei großen Vermögen[492] könnte durch einen Höchstbetrag bewerkstelligt werden.[493] Damit würde dem Versorgungsgedanken Rechnung getragen. Die Festsetzung einer Höchstgrenze dürfte freilich – abgesehen von

---

[488] Krit auch Steffen, DRiZ 1972, 263 (267); Freytag, ZRP 1991, 304 (305f); Strätz, FamRZ 1998, 1553 (1566); Schlüter, Festschr BGH I 1047 (1069f); Staudinger(-Ferid/Cieslar)[12], Einl zu §§ 2303ff BGB Rn 42.

[489] Vgl Rauscher, II 2 S 106; ders, ZEuP 1998, 140 (156ff).

[490] Dieckmann, Verh 49. DJT II K 30. – Vgl Scheuba, öst AnwBl 2000, 725.

[491] Vgl Meincke, JR 1976, 47 (50); Freytag, ZRP 1991, 304 (306).

[492] Leipold, Rn 54; ders, AcP 180 (1980) 167 (197). – Dagegen Rauscher, II 2 S 105ff.

[493] Vgl dazu Haas, ZEV 2000, 249 (256).

ihrer Fragwürdigkeit und dem anzulegenden Maßstab – zu kaum überwindbaren praktischen Schwierigkeiten führen.

dd) Ersatz durch Unterhaltsanspruch

Früher wurde verlangt, in Ausbildung befindlichen und berufsunfähigen Angehörigen zusätzlich zu ihrem Pflichtteilsrecht noch einen Unterhaltsanspruch gegen den Nachlass einzuräumen.[494] Heute wird teilweise gefordert, das Pflichtteilsrecht durch einen Unterhaltsanspruch zu ersetzen. Die im Todesfall bestehenden gesetzlichen Unterhaltsverpflichtungen sollten mit dem Tod der Verpflichteten auf den Erben als Nachlassverbindlichkeit übergehen.[495] Als Vorbild hierfür wird die Vererblichkeit der Verpflichtung zu nachehelichem Unterhalt (§ 1586b BGB) bzw der Ausbildungsanspruch (§ 1371 IV BGB) angeführt. Ähnlich wäre es, wenn man – wie im englischen Recht – auf die Versorgung im Einzelfall abstellen würde. Auch dann könnte man sich vom Schematismus des geltenden Rechts lösen und stattdessen die konkrete familiäre Situation über die Berechtigung und die Höhe entscheiden lassen.

Eine solche Lösung würde freilich nicht mehr nur der Vermögensteilhabe dienen, sondern ein eigenständiges Versorgungssystem schaffen und die Grundstrukturen des Pflichtteilsrechts ändern.[496] Sie würde nicht nur die Frage nach dem Schutz des Berechtigten gegen Verminderungen des Nachlasses durch unentgeltliche Verfügungen zu Lebzeiten aufwerfen. Ein derartiger Anspruch müsste zunächst einmal Konturen erhalten, insbesondere müssten die Berechtigten und Verpflichteten bestimmt werden. Würde man den Berechtigtenkreis auf alle Unterhaltsberechtigten (Verwandte, geschiedener und verwitweter Ehegatte, nichtehelicher Elternteil) ausdehnen,[497] so würde dies geradezu eine Inflation unüberschaubarer Ansprüche – deren Verhältnis zueinander zu klären wäre – provozieren. Aber auch bei einem engeren Berechtigtenkreis müssten die Bedürftigkeit (dazu schon IV 1c, cc) sowie der Umfang inhaltlich und zeitlich fixiert werden. Zwar wird vorgeschlagen, die auf der „Leistungsfähigkeit des Erblassers beruhenden Beschränkungen" entfallen zu lassen,[498] da es auf den Nachlass ankommen soll. Die

---

[494] Beschluss Verh 49. DJT II K 167; Linker, 168 (für Stiefkinder). – Krit zum unklaren Stellenwert eines solchen Anspruchs Ruthe, FamRZ 1972, 626 (629); Dumoulin, DNotZ 1973 SH 84 (106).

[495] So insbes Huber, 96ff. – Vgl auch Dauner-Lieb, FF 2001 SH 16 (22); dies, DNotZ 2001, 460 (465).

[496] Vgl Steffen, DRiZ 1972, 263 (267); Schlüter, Festschr BGH 1047 (1069f); Otte, AcP 202 (2002) 317 (348ff.); Rauscher, II 2 S 105f.

[497] Den nichtehelichen Elternteil erwähnt nicht Huber, 100f.

[498] Huber, 99ff, 105.

Vererblichkeit der Geschiedenenunterhaltsverpflichtung des geltenden Rechts betrifft nur eine verhältnismäßig eng umgrenzte Situation und beschränkt sich zudem auf die Höhe eines fiktiven Pflichtteilsanspruchs (§ 1586b I 3 BGB). Auch der Ausbildungsanspruch (§ 1371 IV BGB) lässt sich umfangmäßig eingrenzen. Ausländische kontinentale Rechtsordnungen, welche dem Nachlass eine Unterhaltsverpflichtung aufbürden, kennen dies zudem nicht als Grundregel, sondern beschränken diese (zusätzliche) Lösung auf einzelne Ansprüche, zB des Ehegatten.[499] Im Übrigen würden bei einer umfassenden postmortalen Unterhaltslösung weitere Komplikationen bei der Nachlassauseinandersetzung und der Anspruchsdurchsetzung drohen.[500] Ein genereller Übergang zu einer Unterhaltslösung erscheint daher nicht als taugliche Alternative.

2. *Pflichtteilsrecht des überlebenden Ehegatten*

a) Geltendes Recht

Vor allem in Hinblick auf die mit ihm zusammentreffenden Kinder ist auch auf die Rechtsposition des überlebenden Ehegatten kurz einzugehen. Ist er durch Verfügung von Todes wegen von der Erbfolge ausgeschlossen, so kann er von dem Erben den Pflichtteil verlangen, der auch hier die Hälfte des gesetzlichen Erbteils beträgt (§ 2303 II 1 BGB). Allerdings wird das gesetzliche Erbrecht vom jeweiligen Güterstand beeinflusst. Der Ehegatte ist neben Verwandten der ersten Ordnung grundsätzlich zu einem Viertel erbberechtigt (§ 1931 I 1 BGB). Wird er etwa zugunsten zweier ehelicher Kinder enterbt, so steht ihm folglich die Hälfte davon, also ein Achtel zu. Dies gilt zunächst einmal bei Gütergemeinschaft. Bei der Auflösung einer Zugewinngemeinschaft bestimmt die hM den Pflichtteil gleichfalls nach dem nicht erhöhten Ehegattenanteil des § 1931 I BGB (sog kleiner Pflichtteil);[501] der Überlebende erhält im genannten Beispiel ebenfalls ein Achtel. Ferner kann der rechnerische Zugewinn verlangt werden (§ 1371 II BGB). Bei Gütertrennung erbt er dagegen neben den Kindern zu gleichen Teilen (§ 1931 IV BGB); folglich erhöht sich im Beispiel der Anteil auf ein Sechstel.[502]

---

499 Dazu Neumayer, Festschr Ferid 659 (675f). – Zu § 796 öst ABGB s Ferrari in: Henrich/Schwab, 173 (177f).

500 Vgl Firsching, Diskussionsbeitrag, in: Rheinstein/Knapp 133; Neumayer, Festschr Ferid 659 (676, 683f); Schröder, DNotZ 2001, 465 (471).

501 Nach der herrschenden Einheitstheorie, s Lange/Kuchinke, § 37 VI 1b, 4a; Palandt(-Edenhofer), § 2303 BGB Rn 8; MünchKomm(-Frank), § 2303 BGB Rn 21.

502 Wegmann, Ehevertragliche Gestaltungen zur Pflichtteilsreduzierung, ZEV 1996, 201 (202); Palandt(-Edenhofer), § 2303 BGB Rn 9.

Nach dem Recht der DDR war der güterrechtliche Ausgleich (§§ 13ff, 39 FamGB) von der erbrechtlichen Position unabhängig. Der mit dem Erblasser verheiratete Ehegatte war in Höhe von zwei Dritteln des gesetzlichen Erbteils stets pflichtteilsberechtigt (§ 396 I Nr 1 ZGB). Da er zur ersten Erbenordnung (§ 365 I 1 ZGB) gehörte, ergab sich beim Zusammentreffen mit zwei als Erben eingesetzten Kindern mithin ein (bedürftigkeitsunabhängiger) Pflichtteil in Höhe von 2/9 (zwei Drittel von einem Drittel).[503]

b) Ausländische Rechtsordnungen

Obwohl der Schutz des überlebenden Ehegatten häufig nicht oder nicht nur erbrechtlich bewerkstelligt wird und erst das Zusammenspiel mit dem Ehegüterrecht und sonstigen Schutzvorschriften (Hausrat, Wohnung) ein zutreffendes Bild ergibt,[504] kann hier nur das von vielen ausländischen Rechtsordnungen gewährte Pflichtteilsrecht skizziert werden. In Österreich beträgt der Pflichtteil die Hälfte des gesetzlichen Erbteils. Ebenso ist es in der Schweiz.[505] In der Türkei variiert er je nach dem Zusammentreffen mit Verwandten.[506] Der Ehegatte ist auch pflichtteilsberechtigt nach polnischem Recht, nicht dagegen in Tschechien.[507] Auch das neue niederländische Recht gesteht dem überlebenden Ehegatten kein Pflichtteilsrecht zu. Er hat jedoch pflichtteilsähnliche Rechte zum Gebrauch von Wohnung und Hausrat sowie gegebenenfalls ein Nießbrauchsrecht.[508]

Nach italienischem Recht steht dem überlebenden Ehegatten als „riserva" grundsätzlich die Hälfte des Nachlasses zu.[509] Dabei bleibt es auch beim Zusammentreffen mit den Eltern; bei einem Kind reduziert sich der Anteil jedoch auf ein Drittel. Mehreren Kindern steht zusammen die Hälfte des Nachlasses zu, dem Ehegatten nur ein Viertel. Dann kann der Erblasser nur noch über ein Viertel des Nachlasses verfügen.

---

[503] Freytag, ZRP 1991, 304 (305). Vgl auch Marko/Orth, NJ 1987, 156ff.

[504] Vgl Neumayer, Festschr Ferid 659 (668ff); Coene in: Koninklijke Federatie, I 408ff; Henrich, DNotZ 2001, 441 (442ff).

[505] Siehe § 765 öst ABGB. – Zu Art 471 Nr 3 ZGB s Hausheer/Aebi-Müller in: Henrich/Schwab, 213 (220).

[506] Ein Viertel gegenüber Kindern, Art 453 ZGB. – Vgl Serozan, ZEV 1997, 473 (479).

[507] Siehe Mączyński in: Henrich/Schwab, 191 (200), zu Art 991 § 1 poln ZGB sowie Hrušáková in: Henrich/Schwab, 335 (344). – Vgl auch Rauscher, II 2 S 21.

[508] Zu Art 4. 2A. 2.1ff. NBW Breemhaar in: Henrich/Schwab, 147 (167f).

[509] Siehe zu Art 540 I, 542 c c Gabrielli in: Henrich/Schwab, 125 (140).

Das französische Recht, welches dem überlebenden Ehegatten bislang kein eigenes Pflichtteilsrecht einräumte, gewährt ihm nunmehr ein Viertel des Nachlasses, wenn weder Abkömmlinge noch Aszendenten vorhanden sind.[510] Belgien kennt seit der Reform des Ehegattenerbrechts im Jahre 1981 ein Noterbrecht des Überlebenden. Dabei kann der Ehegatte zwischen einem allgemeinen (abstrakten) und einem besonderen (konkreten) Noterbrecht wählen. Ersteres gewährt einen Nießbrauch an der Hälfte des Nachlasses. Das besondere Noterbrecht führt hingegen nur zu einem Nießbrauch an Ehewohnung und Hausrat.[511] Das spanische Recht gesteht dem Ehegatten lediglich ein Nießbrauchsrecht an einer bestimmten Nachlassquote zu.[512] Eltern und Vorfahren stehen neben dem Ehegatten nur ein Drittel des Nachlasses als Vorbehaltsquote zu.

In Dänemark beträgt das Pflichtteilsrecht des überlebenden Ehegatten die Hälfte des gesetzlichen Erbrechts.[513] Das schwedische[514] und das norwegische Recht[515] schützt den überlebenden Ehegatten durch ein betragsmäßig festgesetztes Mindesterbrecht. Dieses kann den Pflichtteilsanspruch der Leibeserben reduzieren oder ganz entfallen lassen.[516]

Die angelsächsischen Rechtsordnungen gewähren – wie in England – zwar keine Pflichtteilsansprüche, wohl aber ein selbständiges Antragsrecht.[517] Das gilt grundsätzlich auch für die einzelstaatlichen Rechte der USA.[518] Hier kann sich der überlebende Ehegatte entweder mit einer geringeren testamentarischen Zuwendung begnügen oder aber ausschlagen und seinen gesetzlichen Erbteil bzw einen bestimmten Nachlassanteil – die Differenz zwischen dem eigenen Vermögen und der Hälfte des beiderseitigen Vermögens – beanspruchen (elective share).[519] Dieser Anteil ist entweder allgemein festge-

---

[510] Zu Art. 914–1 C civ idF v 3. 12. 2001, *Süß*, ZErb 2002, 62 (65 ff). – Vgl Ferrand in: Henrich/Schwab, 87 (102 ff); Oldham, Cambridge L J 60 (2001) 128 (157 f); Rauscher, II 2 S 17, 23; Linker, 33 ff, 68.

[511] Pintens in: Henrich/Schwab, 15 (26 f).

[512] Art 834 C civ. – Dazu Ebenroth, Rn 1000.

[513] Siehe § 25 dän ErbG. Vgl Boström in: Henrich/Schwab, 249 (259). – Siehe auch Neumayer, Festschr Ferid 659 (681 f).

[514] Etwa 17 000 Euro nach Kap 3 § 1 II ErbG; näher Boström in: Henrich/Schwab, 249 (256 f).

[515] „Minstearv" nach § 6 I ErbG idF von 1990.

[516] Vgl Boström in: Henrich/Schwab, 249 (259).

[517] Zu s 1 (1) (a) Inheritance (Family Provision) Act 1975 siehe Huber, 72; Rauscher, II 2 S 21 f.

[518] Rheinstein, Rechte der Vereinigten Staaten von Amerika, in: Rheinstein/Knapp, 9 (11); Rauscher, II 2 S 19 f.

[519] Nachw bei Batts, Hastings Law J 41 (1990) 1197 (1246 ff); Wardle/Nolan in: Pintens, III Rn 970.

setzt oder richtet sich nach der Ehedauer.[520] In Schottland erhält der Ehegatte die Hälfte des beweglichen Vermögens. Beim Zusammentreffen von Ehegatten und Abkömmlingen können beide je ein Drittel beanspruchen.[521] Die ausländischen Regelungen sind daher insgesamt von großer Vielfalt.

c) Mögliche Reformen

aa) Schwächung des Pflichtteilsrechts

Obwohl weitgehend angenommen wird, dass das Pflichtteilsrecht des überlebenden Ehegatten verfassungsrechtlich geschützt ist,[522] kann man sich fragen, ob es überhaupt eines solchen bedarf. Die Forderung nach Abschaffung wird etwa in Österreich erhoben.[523] Hierbei ist freilich zu berücksichtigen, dass dort – anders als in Deutschland – ein Unterhaltsanspruch auch vom Erben zu erfüllen ist (§§ 142, 796 ABGB). Die intensive Bindung der Ehegatten und der Versorgungsgedanke, der im Eherecht und im gesetzlichen Erbrecht zum Ausdruck kommt, rechtfertigt auch weiterhin ein Pflichtteilsrecht.[524] Fraglich ist freilich, ob es bei einer starren Quote bleiben soll. Es wäre ebenfalls denkbar, nach dem Beitrag des Ehegatten zur Vermögensbildung oder der Ehedauer zu unterscheiden.[525] Dies würde zu größeren Differenzierungen, könnte freilich auch zu mehr Unsicherheit führen, so dass die Praktikabilität dieser Lösung zweifelhaft ist.

bb) Stärkung gegenüber den Verwandten

Eine Stärkung der Position des überlebenden Ehegatten im Verhältnis zu den Verwandten wird häufiger verlangt.[526] Auch hier wird zT als Anspruchsvoraussetzung die Bedürftigkeit des Berechtigten genannt.[527] Veränderungen müssten jedoch schon an der *erbrecht-*

---

520 Siehe Uniform Probate Code § 2–202 (a), 8 ULA 122 (1998). – Dazu auch Henrich, 10.

521 Meston in: Henrich/Schwab, 73 (83).

522 Haas, ZEV 2000, 249 (253 f); Linker, 129 f; Vollmer, 231.

523 Schauer, ÖNotZ 2001, 70 (78 f). – Vgl auch Scheuba, öst AnwBl 2000, 725.

524 Für ein güterstandsunabhängiges Viertel Vollmer, 232, 254 f.

525 Siehe Henrich, 17 f. – Ebenso Scheuba, öst AnwBl 2000, 725.

526 Dauner-Lieb, FF 2001 SH 16 (22 ff). – Eine Erhöhung auf die Hälfte des Nachlasswerts (so Johannsen, Verh 49. DJT II K 46) fand keine Anhänger, Beschluss Verh 49. DJT II K 152, 161.

527 Siehe Dauner-Lieb, FF 2001 SH 16 (22 ff).

lichen Stellung des überlebenden Ehegatten überhaupt und nicht erst am Pflichtteilsrecht ansetzen.[528] Dies würde eine Neubestimmung der erbrechtlichen Position des Ehegatten bedeuten. Als Alternativen zum geltenden Recht werden unterschiedliche Modelle vorgeschlagen. Dazu gehört insbesondere eine güterstandsunabhängige Erhöhung des Erbteils des Ehegatten auf die Hälfte neben Abkömmlingen.[529] Verlangt wird aber auch, der überlebende Ehegatte solle lediglich Vorerbe, die Abkömmlinge sollten Nacherben werden.[530] Die hierdurch aufgeworfenen Fragen (nicht zuletzt auch der Zusammenhang zwischen Ehegüterrecht und Erbrecht) überschreiten aber den Rahmen dieses Gutachtens.

Dies gilt auch für die Rolle, welche künftig der sog *Voraus* spielen könnte.[531] Ist der überlebende Ehegatte neben Verwandten der zweiten Ordnung oder Großeltern gesetzlicher Erbe, so kann er zusätzlich zu seinem Erbteil und güterstandsunabhängig als Legalvermächtnis die ehelichen Haushaltsgegenstände (zB das Mobiliar) beanspruchen (§ 1932 I 1 BGB). Erbt er neben Kindern (Verwandten der ersten Ordnung), so stehen ihm diese Gegenstände nur zu, soweit er sie zur Führung eines angemessenen Haushalts benötigt (§ 1932 I 2 BGB). Diese besondere Sicherung und ihr Einfluss auf die Pflichtteilsberechnung (§ 2311 I 2 BGB) können hier nicht näher untersucht werden.

3. Überlebender Ehegatte und Abkömmlinge

a) Pflichtteilsansprüche nach dem Erstversterbenden

aa) Hat der Erblasser seinen Ehegatten als Erben eingesetzt, so kommen Pflichtteilsansprüche der Kinder in Betracht; es entsteht ein Konkurrenzverhältnis zwischen ihnen und dem Überleben-

---

[528] Dazu Strätz, DNotZ 2001, 452 (453 ff). Zu Forderungen nach Besserstellung s nur Coing, Verh 49. DJT I A 41 ff; Dieckmann, Verh 49. DJT II K 14 ff. – W Nachw MünchKomm(-Leipold), Einl vor § 1921 BGB Rn 19.

[529] Siehe die Beschlüsse Verh 49. DJT II K 165; Dumoulin, DNotZ 1973 SH 84 (102); Strätz, DNotZ 2001, 452 (453); Linker, 165 ff. – Teilweise wurde auch ein Alleinerbrecht verlangt, s etwa Stöcker, Der Ausbau des Ehegattenerbrechts, FamRZ 1970, 444 ff; Jung, Gedanken zur Reform des Ehegattenerbrechts, Rpfleger 1984, 165 (174).

[530] So etwa Vollmer, 188 ff. – Vgl dazu auch Firsching, JZ 1972, 449 (455); Linker, 160 ff.

[531] Dazu Otte, AcP 202 (2002) 317 (356 ff); Rauscher, II 2 S 115 ff. – Vgl auch Vollmer, 194 ff.

dem. Das Recht der DDR bevorzugte den überlebenden Ehegatten von vornherein, da die Kinder nur bei Bedürftigkeit Pflichtteilsansprüche geltend machen konnten.[532]

Damit der jeweils Überlebende zunächst in den Genuss des gesamten Nachlasses kommt, ohne sich mit den Ansprüchen erwachsener Kinder auseinandersetzen zu müssen und um „das Nebeneinander von längstlebendem Ehegatten und Kindern in einem sinnvollen Nacheinander aufzulösen“,[533] setzen sich Ehegatten vielfach gegenseitig zu Alleinerben und die Kinder als Schlusserben ein. Pflichtteilsansprüchen des Kindes nach dem Tod des Erstversterbenden sollen sog *Abwehrklauseln* entgegenwirken, wonach es auch nach dem Tod des letztversterbenden Elternteils nur den Pflichtteil erhält, wenn es seinen Pflichtteilsanspruch nach dem ersten Erbfall geltend gemacht hat.[534] Befindet sich freilich das Vermögen des Erstversterbenden noch im Nachlass des Letztversterbenden, so kann auch ein doppelter Pflichtteilserhalt attraktiv sein. Dem wirkt die sog Jastrowsche Klausel entgegen, welche zusätzlich zugunsten derjenigen Abkömmlinge, welche den Pflichtteilsanspruch nicht geltend gemacht haben, aufschiebend bedingte Vermächtnisse in Pflichtteilshöhe aus dem ersten Nachlass vorsieht, aber bis zum zweiten Erbfall stundet.[535]

Der als Testamentserbe eingesetzte überlebende Ehegatte kann dem ererbten Nachlass durch Verfügung unter Lebenden wesentliche Teile entziehen. Daher müssen Kinder, welche ihren Pflichtteil gegenüber dem Erstversterbenden nicht geltend gemacht haben, damit rechnen, dass sie beim Tod des Längstlebenden nicht einmal den Wert ihres Pflichtteils am Nachlass des erstverstorbenen Elternteils erhalten. Hiergegen bietet das geltende Recht keinen Schutz, da der Erblasser in seiner Verfügungsfreiheit unter Lebenden nicht beschränkt ist.[536]

bb) Nach einer *(Wieder-)heirat des überlebenden Ehegatten* kommt es im Todesfall häufig zu einem Zusammentreffen von seinen Kindern aus der ersten Verbindung und seinem zweiten Ehegatten, gegebenenfalls auch mit Halbgeschwistern. Hier zeigt sich die Pro-

---

[532] Vgl Freytag, ZRP 1991, 304 (306).

[533] So treffend Dumoulin, DNotZ 1973 SH 84 (93).

[534] Eine rechtstatsächliche Untersuchung fand Pflichtteilsklauseln in 11,5% der Verfügungen verheirateter Erblasser; Guericke, Rechtstatsächliche Untersuchung über das Verfügungsverhalten und die Auswirkungen auf das Ehegattenerbrecht des Bürgerlichen Gesetzbuches (Diss Marburg 1994) 62. Etwa 22% ermittelte Vollmer, 98.

[535] Siehe Mayer, Ja zu „Jastrow“? – Pflichtteilsklausel auf dem Prüfstand, ZEV 1995, 136ff; Staudinger(-Haas), § 2303 BGB Rn 54. – Nach Guericke (vorige N), 62f nur etwa 5% aller Pflichtteilsklauseln.

[536] Vgl auch Freytag, ZRP 1991, 304 (306).

blematik der heutigen Tendenz, die Position des überlebenden Ehegatten zu Lasten der Kinder zu stärken.[537] Setzt nämlich der Wiederverheiratete seinen neuen Ehegatten zum Alleinerben ein, so steht diesem der gesamte Nachlass zu. Haben nicht als Schlusserben berufene voreheliche Kinder ihren Pflichtteil beim Tod ihres vorverstorbenen Elternteils nicht verlangt, so riskieren sie, dass der Nachlass dem zweiten Ehegatten zufällt. Von diesem kann er dann entweder durch testamentarische Verfügung oder kraft Gesetzes an Dritte gelangen. Diese Situation spricht, zumal bei Minderjährigkeit der Kinder, für ihr Pflichtteilsrecht[538] bzw für eine besondere Sicherung.[539] ZT will man den Pflichtteil nach dem Erstversterbenden vorweg aus dem Nachlass des Zweitversterbenden zuweisen.[540]

Eine gewisse Sicherheit bietet das geltende Recht, wonach der überlebende Ehegatte verpflichtet ist, nichtgemeinsamen Abkömmlingen des Erblassers Mittel für eine angemessene Ausbildung aus dem zusätzlichen Viertel des Zugewinnausgleichs zu gewähren (§ 1371 IV BGB). Eine umfassende Abwägung der Interessen von überlebendem Ehegatten und Kindern aus erster und zweiter Ehe fällt allerdings schwer.

b) Wegfall des Pflichtteilsrechts des Abkömmlings

Ein genereller Ausschluss des Kindespflichtteils nach dem Tode des Erstversterbenden wurde mehrfach vorgeschlagen,[541] ist aber vom 49. DJT abgelehnt worden.[542] Der Preis einer solchen Regelung, die faktisch zwei Erbfälle zu einem einzigen zusammenfassen will, wäre eine Entwertung des Pflichtteilsrechts der Abkömmlinge, die weit über das Ziel hinausschießt und den Pflichtteilsberechtigten keinerlei Sicherheit bietet.[543] Eine abgemilderte Version will einen Pflichtteilsanspruch von Abkömmlingen nur insoweit ausschließen, als sie – wie beim Berliner Testament (§ 2269 BGB) – zu Schlusser-

---

537 Henrich, DNotZ 2001, 441 (446). – Krit auch Grziwotz in: Henrich/Schwab, 53 (58 ff) mwN.

538 Vgl Freytag, ZRP 1991, 304 (306); Scheer, ZRP 1994, 40; Mayer, ZEV 1995, 136 (138). – Anders Dauner-Lieb, DNotZ 2001, 460 (464).

539 Vgl Buchholz, FamRZ 1985, 872 (882). – Dazu auch Rauscher, II 2 S 95 f.

540 Steffen, DRiZ 1972, 263 (267).

541 Vgl Lange, 260; Lübbert, NJW 1988, 2706 (2707); Gerken, Rpfleger 1989, 45 (52); Bosch, FamRZ 1992, 993 (1000): Nur bei Bedarf Kindespflichtteil, jedoch Ausgleich bei Tod des Längstlebenden.

542 Verh 49. DJT II K 152, 160 f.

543 Abl daher Rauscher, II 2 S 94 ff; Vollmer, 240 f. – Verfassungswidrig nach Staudinger(-Otte), Einl zu §§ 1922 ff BGB Rn 72.

ben eingesetzt wurden.[544] In diesen Fällen ist das Kind zwar durch die testamentarische Erbeinsetzung abgesichert, müsste aber doch eine Verschlechterung seiner Position hinnehmen.

c) Hinaussschieben des Pflichtteilsanspruchs

Verschiedentlich wird verlangt, dass gemeinsame Abkömmlinge Pflichtteilsansprüche gegen den erbenden überlebenden Ehegatten nicht vor dessen Ableben geltend machen können.[545] Das Risiko einer zwischenzeitlichen Verminderung des Nachlasses sei den Abkömmlingen zuzumuten. Das schwedische Recht bestimmt ausdrücklich, dass gemeinsame Kinder beim Tod des zuerst versterbenden Elternteils ihr Erbe und ihren Pflichtteil noch nicht verlangen können, sondern erst den Tod des Längstlebenden abwarten müssen.[546] Bei Wiederheirat und späterem Tod des überlebenden Ehegatten führt das dazu, dass dann zwar die gemeinsamen zweitehelichen Kinder ihr Pflichtteilsrecht nicht geltend machen können, wohl aber nichtgemeinsame ersteheliche Kinder des Erblassers. Der überlebende Ehegatte der zweiten Ehe ist also dem Konflikt mit den nunmehr zum Zuge kommenden Abkömmlingen uneingeschränkt ausgesetzt.[547] Das dürfte freilich unvermeidlich sein, da es sich lediglich um ein Hinausschieben des Anspruchs handelt, der zwar erst später, beim zweiten Todesfall aber doch zum Tragen kommt. Mangels anderer praktikabler Alternativen legen es die Schwierigkeiten der geschilderten Lösungen nahe, einerseits dem Kind das Pflichtteilsrecht zu belassen, andererseits aber dem überlebenden Ehegatten mit einer verbesserten Fälligkeitsregelung entgegenzukommen (s VII 3).

4. Pflichtteilsrecht des nichtehelichen Lebensgefährten

Wenngleich in einer gefestigten nichtehelichen Lebensgemeinschaft die Partner häufig finanzielle Verantwortung füreinander übernehmen, sind sie doch im Rechtssinne nicht für einander verantwortlich. Sie sind – anders als in der eingetragenen Lebens-

---

[544] Buchholz, Berliner Testament (§ 2269 BGB) und Pflichtteilsrecht der Abkömmlinge – Überlegungen zum Ehegattenerbrecht, FamRZ 1985, 872 (883); Dauner-Lieb, DNotZ 2001, 460 (464). Abl Rauscher, II 2 S 97ff.

[545] So zB Plöger, Verh 49. DJT II K 120f; Schmidt, DNotZ 1973 SH 121 (Diskussionsbeitrag); Gerken, Rpfleger 1989, 45 (52).

[546] Zu Kap 3 § 1 ErbG Boström in: Henrich/Schwab, 249 (261).

[547] Siehe Boström in: Henrich/Schwab, 249 (270f).

partnerschaft[548] – nicht erb- und folglich auch nicht pflichtteilsberechtigt.[549] Daher kommen bei einer Erbeinsetzung durch letztwillige Verfügung die Eltern als Pflichtteilsberechtigte zum Zuge.[550]

Nur wenige Rechtsordnungen kennen ein gesetzliches Erbrecht des nichtehelichen Partners. So sind nach tschechischem Recht Personen, welche wenigstens ein Jahr vor dem Tode des Erblassers mit ihm in einem gemeinsamen Haushalt gelebt und für ihn gesorgt haben bzw von ihm versorgt wurden, Erbberechtigte der zweiten Gruppe.[551] Im Allgemeinen ist allerdings der nichteheliche Lebensgefährte nicht erb- und auch nicht pflichtteilsberechtigt.[552] So ist es etwa in Österreich,[553] der Schweiz,[554] Frankreich[555] und Schweden.[556] Obwohl der nichteheliche Partner nach englischem Recht gleichfalls nicht unterhaltsberechtigt ist, kann er nach zweijährigem Zusammenleben mit seinem verstorbenen Lebensgefährten Ansprüche auf „family provision" erheben.[557]

Man könnte zwar daran denken, auch den nichtehelichen Lebensgefährten in den Kreis der Pflichtteilsberechtigten aufzunehmen. Dies würde allerdings eine Bindung der Partner und vor allem die Zuerkennung eines gesetzlichen Erbrechts voraussetzen.[558] Gegenwärtig verbietet sich mangels gesetzlicher Regelung der Rechtsstellung, angesichts fehlender Unterhalts- und Erbberechtigung eine isolierte Änderung im Pflichtteilsrecht von selbst.[559] Nichteheliche Partner sind daher darauf angewiesen, sich durch eine entsprechend gestaltete letztwillige Verfügung zu sichern.

---

548 Zu § 10 I, VI LPartG vgl Schwab, FamRZ 2001, 385 (395f).

549 Leipold, AcP 180 (1980) 180f; Lieb, Verh 57. DJT I A 93; Koutses, Nichteheliche Lebensgemeinschaft und das Erbrecht, FPR 2001, 41ff; Hausmann/Hohloch(-Koutses), Rn 6–19. – Für ein Legalvermächtnis Goetz, Erbrechtliche Ansprüche außerhalb des Familienerbrechts, FamRZ 1985, 987 (990f). Gegen ein Pflichtteilsrecht auch de lege ferenda Strätz, DNotZ 2001, 452 (458).

550 Vgl Otte, AcP 202 (2002) 317 (343).

551 Zu § 474 I ZGB Trilsch-Eckhardt, ZEV 1996, 4 (5).

552 Henrich, DNotZ 2001, 441 (445f); Schwenzer, 207. – Für Österreich Schauer, ÖNotZ 2001, 70 (78).

553 Ferrari in: Henrich/Schwab, 173 (179); Schauer, ÖNotZ 2001, 70 (78).

554 Siehe Hausheer/Aebi-Müller in: Henrich/Schwab, 213 (243f).

555 Ferrand in: Henrich/Schwab, 87 (98f).

556 Näher Boström in: Henrich/Schwab, 249 (265f).

557 Zu der seit 1. 1. 1996 geltenden Fassung von s 1 (1) (f) Inheritance (Family Provision) Act 1975 siehe Meston in: Henrich/Schwab, 73 (82, 85); Huber, 72f.

558 Dafür etwa Berger/Marko/Orth, NJ 1990, 386f. – Abl Beschlüsse Verh 57. DJT II I 215ff.

559 Ähnlich Rauscher, II 2 S 102; Huber, 59; Linker, 143ff. – Ebenso für Österreich Scheuba, öst AnwBl 2000, 725; Schauer, ÖNotZ 2001, 70 (78).

5. *Pflichtteilsrecht der Eltern*

a) Geltendes Recht

Wenngleich bei Schaffung des BGB umstritten,[560] kennt das geltende Recht eine Pflichtteilsberechtigung der Aszendenten. Eltern, welche durch Verfügung von Todes wegen von der Erbfolge ausgeschlossen sind, können von dem Erben den Pflichtteil verlangen (§ 2303 II 1 BGB). Das ist aber nur dann möglich, wenn der Erblasser nicht von Abkömmlingen beerbt wird, insbesondere kinderlos verstorben ist. Die Eltern können auch dann Pflichtteilsansprüche geltend machen, wenn ein Ehegatte den anderen zum Erben eingesetzt hat. Pflichtteilsansprüche der Eltern scheinen freilich in der Praxis so gut wie nie geltend gemacht zu werden.[561]

Nach sowjetischem Vorbild[562] gewährte das Recht der DDR den Eltern ein Pflichtteilsrecht nur im Falle einer Unterhaltsberechtigung nach §§ 81 ff FamGB gegenüber dem Erblasser zur Zeit des Erbfalls (§ 396 I ZGB). Das Pflichtteilsrecht wurde noch dadurch beschränkt, dass die Eltern (Erben zweiter Ordnung) nicht nur durch Kinder des Erblassers (§§ 364 II, 367 I ZGB), sondern auch durch seinen Ehegatten verdrängt werden konnten. Da dieser Erbe der ersten Ordnung war, schloss er während seiner Lebzeit die Eltern vom gesetzlichen Erb- und Pflichtteilsrecht aus.[563]

b) Ausländische Rechtsordnungen

Die Rechtsordnungen, welche ein Pflichtteilsrecht kennen, billigen es vielfach auch den Vorfahren zu. Es besteht jedoch im Allgemeinen nur subsidiär[564] und ist auch schwächer ausgestaltet als das der Abkömmlinge. Ein solches Pflichtteilsrecht der Eltern kennt etwa Österreich;[565] es beträgt aber nur ein Drittel des gesetzlichen Erbteils. In der Schweiz ist der Pflichtteil für jeden Elternteil die Hälfte des gesetzlichen Erbanspruchs.[566] Das polnische Recht gibt den

---

[560] Näher Mertens, 101 ff; Staudinger(-Haas), Vorbem zu §§ 2303 ff BGB Rn 34.

[561] So Dieckmann, Verh 49. DJT II K 29; Grziwotz, FamRZ 2001, 1052; Henrich, 16; Staudinger(-Olshausen), § 2334 BGB Rn 1.

[562] Dazu Rauscher, II 2 S 33.

[563] Siehe §§ 364 II, 365 I 1, 366 ZGB sowie Freytag, ZRP 1991, 304; MünchKomm (-Frank), § 2303 BGB Rn 33.

[564] Dazu Rauscher, II 2 S 29.

[565] Siehe §§ 762, 766, 781 ABGB. – Für die Abschaffung Schauer, ÖNotZ 2001, 70 (79).

[566] Zu Art 471 Nr 2 ZGB s Hausheer/Aebi-Müller in: Henrich/Schwab, 213 (220).

Eltern bei Fehlen von Abkömmlingen und Arbeitsunfähigkeit ein Pflichtteilsrecht in Höhe von zwei Dritteln, sonst der Hälfte ihres Erbteils.[567] Einige Rechtsordnungen wie Österreich gewähren auch anderen Aszendenten wie den Großeltern ein Pflichtteilsrecht.[568] Das französische Recht lässt eine freie Verfügung über die Hälfte des Vermögens zu, wenn Aszendenten mütterlicher- sowie väterlicherseits vorhanden sind. Bei Verwandten nur einer Linie erhöht sich der Anteil auf drei Viertel.[569] Nach italienischem Recht steht den Eltern nach einem kinderlosen, unverheirateten Erblasser ein Drittel des Nachlasses zu, im Verhältnis zu einem überlebenden Ehegatten nur ein Viertel.[570] Das spanische Recht gewährt den Eltern und Großeltern ein subsidiäres Noterbrecht in Höhe der Hälfte des Nachlasses.[571]

Andere Rechtsordnungen kennen überhaupt kein Pflichtteilsrecht der Eltern, so etwa das tschechische Recht.[572] In den Niederlanden ist das Pflichtteilsrecht in der aufsteigenden Linie abgeschafft worden.[573] Dänemark, Norwegen und Schweden gewähren den Eltern ebenfalls kein Pflichtteilsrecht.[574] Ebenso ist es in den Common Law Ländern.[575] Auch in Louisiana ist das Noterbrecht im Jahre 1981 beseitigt worden.[576]

c) Mögliche Abschaffung oder Senkung

Das deutsche Recht, welches das Pflichtteilsrecht auf die Eltern des Erblassers beschränkt, geht weniger weit als manche Rechtsordnungen, welche es entfernteren Aszendenten ebenfalls gewähren. Gleichwohl könnte man in Übereinstimmung mit anderen Ländern daran denken, das elterliche Pflichtteilsrecht ersatzlos zu streichen[577]

---

[567] Siehe zu Art 991 § 1 ZGB Mączyński in: Henrich/Schwab, 191 (200).

[568] Zu §§ 781, 42 ABGB näher Rauscher, II 2 S 31 f. – Für die Abschaffung Schauer, ÖNotZ 2001, 70 (79).

[569] Zu Art 914 I C civ s Ferrand in: Henrich/Schwab, 87 (102).

[570] Art 538 I, 544 I c c.

[571] Näher zu Art 807 C c Martín Casals/Solé Felin in: Henrich/Schwab, 295 (307 ff).

[572] Zu § 479 ZGB vgl Hrušáková in: Henrich/Schwab, 335 (344 f).

[573] Gesetz vom 15. 11. 1995, Stb 591. Vgl Breemhaar in: Henrich/Schwab, 147 (168).

[574] Vgl Boström in: Henrich/Schwab, 249 (259).

[575] Es sei denn, als faktisch versorgte Person, vgl Neumayer Festschr Ferid 659 (657); Meston in: Henrich/Schwab, 73 (83).

[576] Nachw bei McKnight, Am J Comp L 44 (1996) 75 (101).

[577] Dafür etwa Stöcker, FamRZ 1971, 609 (617); Gerken, Rpfleger 1989, 45 (50, 52) (kein Elternpflichtteil, soweit Ehegatte erbt); Trilsch-Eckardt, ZEV 1996, 4 (8); Schlüter, Festschr BGH I 1047 (1067 f). – Vgl auch Dauner-Lieb, FF 2000, 110 (113 f, 116).

oder herabzusetzen;[578] die Verfassung dürfte nicht entgegen stehen.[579] Dafür lässt sich die regelmäßig bestehende wirtschaftliche Unabhängigkeit von Eltern und volljährigen Kindern anführen. Trotz Verwandtschaftsband scheint die familiäre Bindung und Abhängigkeit gelockert. Eine Streichung würde aber wohl voraussetzen, dass man die gegenseitigen Unterhaltsansprüche zwischen Eltern und volljährigen Kindern beseitigt oder wesentlich einschränkt. Auch insoweit besteht zwischen Pflichtteils- und Unterhaltsrecht ein Zusammenhang.

Die „Pietät“ allein, auf die sich die Motive stützten,[580] dürfte als Rechtfertigung des elterlichen Pflichtteilsrechts nicht ausreichen. Dafür lässt sich auch ein möglicher elterlicher Beitrag zur Vermögensbildung anführen; ein Teil des Nachlasses kann aus dem elterlichen Vermögen stammen (Hausrat, Geschenke).[581] Ferner scheint es einseitig, Eltern einen Mindestschutz gegen letztwillige Verfügungen ihrer Kinder zu versagen, solange diesen ihrerseits ein Pflichtteilsrecht zusteht.[582] Da das elterliche Pflichtteilsrecht nach einem kinderlosen Erblasser vor allem dann praktisch wird, wenn die Eltern bedürftig sind und von ihm vor seinem Tode Leistungen erhalten haben, wird zT ausdrücklich die Beibehaltung dieses Pflichtteilsrechts verlangt[583] bzw lediglich eine erleichterte Pflichtteilsentziehung befürwortet.[584] Manche wollen auch den Pflichtteilsanspruch vom Bedürftigkeitskriterium abhängig machen oder durch einen Unterhaltsanspruch gegen die Erben ersetzen.[585] Bezüglich des Bedürftigkeitskriteriums bzw einer Unterhaltslösung wurden die Bedenken schon dargelegt (oben C IV 1 cc, dd). Im Ergebnis spricht das Verwandtschaftsverhältnis, die regelmäßig enge soziale Verbindung sowie das unterhaltsrechtliche Eltern-Kind-Verhältnis für ein Beibehalten der Pflichtteilsberechtigung.[586]

---

[578] Eine Absenkung der Pflichtteilsquote auf ein Viertel, wenn kein Ehegatte vorhanden ist, befürwortet Rauscher, II 2 S 114, 124.

[579] Otte, ZEV 1994, 193 (194); Haas, ZEV 2000, 249 (254); Linker, 153 N 197; Rauscher, I 93, II 2 S 101; Vollmer, 243 f. – Unentschieden MünchKomm(-Frank), § 2303 BGB Rn 1.

[580] Motive V 383. – Krit auch Bruns, Verh 14. DJT I 1 S 101 f.

[581] Meincke, JR 1976, 47 (50); Rauscher, II 2 S 101. – Vgl auch Scheuba, öst AnwBl 2000, 725.

[582] Dieckmann, Verh 49. DJT II K 29; Linker, 154.

[583] Coing Verh 49. DJT I A 48; Dieckmann 49. DJT II K 29f; Däubler, Entwicklungstendenzen im Erbrecht, ZRP 1975, 136 (139); Huber, 58 f; Henrich, 17; Rauscher, II 2 S 101 f; Linker, 153 f; Staudinger(-Ferid/Cieslar)[12], Einl §§ 2303 ff BGB Rn 56. Vgl auch Otte AcP 202 (2002) 317 (342 f); MünchKomm(-Frank), § 2303 BGB Rn 3.

[584] MünchKomm(-Frank) § 2303 BGB Rn 3.

[585] Johannsen, Verh 49. DJT II K 45. – Abl Beschluss 49. DJT II K 152, 161; Rauscher, II 2 S 101 f. Vgl auch Keim, DNotZ 2001, 434 (439 f).

[586] So auch Beschluss Verh 49. DJT II K 152, 161.

Allerdings kann man das Prinzip des § 2309 BGB ausdehnen, also das Pflichtteilsrecht jedenfalls dann entfallen lassen, wenn die Eltern mit einem Ehegatten des Erblassers zusammentreffen.[587] Hier sollte man in der Tat annehmen, dass sich der Erblasser von der Beziehung zu seinen Eltern weitgehend gelöst hat und jedenfalls dem durch die Ehe begründeten Näheverhältnis unter den Ehegatten größeres Gewicht geben. In diesen Fällen sollte daher das elterliche Pflichtteilsrecht entfallen.

V. Pflichtteilsentziehung und -minderung

1. Geltendes Recht

Keinen Pflichtteilsanspruch kann geltend machen, wer – insbesondere aufgrund bestimmter Straftaten gegen den Erblasser – erb- bzw pflichtteilsunwürdig ist (§§ 2339, 2345 II BGB). Darüber hinaus lässt das geltende Recht eine Pflichtteilsentziehung zu (§§ 2333ff BGB). Allerdings ist der Katalog der gesetzlich aufgeführten Gründe beschränkt und nach hM nicht analogiefähig.[588] Einem Abkömmling kann der Pflichtteil dann entzogen werden, wenn er dem Erblasser, dem Ehegatten oder einem anderen Abkömmling nach dem Leben trachtet (§ 2333 Nr 1 BGB), ebenso wenn er sich einer vorsätzlichen körperlichen Misshandlung des Erblassers oder dessen Ehegatten (aber nur, wenn dieser zugleich Elternteil ist) schuldig macht (§ 2333 Nr 2 BGB). Ferner ist eine Entziehung gerechtfertigt, wenn gegen den Erblasser oder dessen Ehegatten ein Verbrechen begangen (§ 2333 Nr 3 BGB), außerdem dann, wenn die Unterhaltspflicht gegenüber dem Erblasser verletzt wurde (§ 2333 Nr 4 BGB). Schließlich kommt dann, wenn der Abkömmling gegen den Willen des Erblassers einen ehrlosen oder unsittlichen Lebenswandel führt, die generalklauselähnliche Bestimmung des § 2333 Nr 5 BGB in Betracht. Gemeint ist hier ein dauerndes Verhalten des Berechtigten, welches schutzwürdige Belange des Erblassers, die „Familienehre“, verletzt.[589] Ein ähnlicher Katalog besteht für den Entzug des Ehegattenpflichtteils (§ 2335 BGB) und in reduzierter Form für den

---

[587] Gerken, Rpfleger 1989, 45 (52); Vollmer, 244f. – Vgl auch Schlüter, Festschr BGH I 1047 (1068).

[588] Schlüter, Festschr BGH I 1047 (1052 ff); Soergel(-Dieckmann), vor § 2333 BGB Rn 2 (je mwN). – Krit Kluge, Pflichtteilsentziehung gegenüber Abkömmlingen, ZRP 1976, 285 (286).

[589] BGH 23. 1. 1980, BGHZ 76, 109 (118) = NJW 1980, 936.

Elternpflichtteil (§ 2334 BGB). Hier fehlt die auf den Lebenswandel bezogene Klausel.

Die Pflichtteilsentziehung wird dadurch erschwert, dass der Grund nicht nur vorhanden sein, sondern auch in der letztwilligen Verfügung angegeben werden muss (§ 2336 II BGB). Da die Rechtsprechung die Pflichtteilsentziehungsgründe zudem eng interpretiert,[590] gilt eine Entziehung als äußerst schwierig, wenn nicht fast unmöglich. Das Recht der DDR kannte zwar eine relativ weitgefasste Erb- bzw Pflichtteilsunwürdigkeit (§§ 406, 408 II ZGB), jedoch keine Pflichtteilsentziehung.[591]

2. *Ausländische Rechtsordnungen*

Die ausländischen Rechtsordnungen spiegeln zunächst einmal das jeweilige Pflichtteilsmodell wider. So kennt das französische Recht seiner noterbrechtlichen Konzeption entsprechend neben der Erbunwürdigkeit keine eigentliche Pflichtteilsentziehung.[592] Das gleiche gilt für Aszendenten und Deszendenten in Belgien,[593] aber auch für die Niederlande.[594] Andere Rechtsordnungen stellen wie die deutsche einen Katalog von Pflichtteilsentziehungsgründen auf.[595] Als Grund wird vielfach genannt, dass der Berechtigte den Erblasser in einer Notsituation hilflos gelassen hat[596] bzw dass ein Abkömmling dem Erblasser bei Krankheit, im Alter oder in einer anderen schwierigen Situation keine Hilfe gewährt hat.[597] Gleiches gilt, wenn er für den Erblasser dauerhaft kein wirkliches Interesse zeigte, das er als Abkömmling zeigen sollte, insbesondere, wenn er den Erblasser nicht gepflegt und besucht sowie jeglichen Kontakt mit ihm verweigert hat.[598] Eine weitere Rechtfertigung ist die Nichterfüllung der Unterhaltspflicht[599] bzw die Verletzung familienrechtlicher Pflich-

---

[590] BGH: 1. 3. 1974, NJW 1974, 1084 (1085); 25/26. 10. 1976, NJW 1977, 339 (340). – Im Ergebnis zustimmend Schlüter, Festschr BGH I 1047 (1052ff).

[591] Meincke, JR 1976, 9 (12); Freytag, ZRP 1991, 304 (305); Rauscher, II 2 S 82.

[592] Ferrand in: Henrich/Schwab, 87 (105), zu Art 727 C civ. – Zu Louisiana vgl Spath, La L Rev 60 (2000) 637 (655ff); Nathan, Forced Heirship – The Unheralded „New" Disinherison Rules, Tul L Rev 74 (2000) 1027ff.

[593] Näher Pintens in: Henrich/Schwab, 15 (28f).

[594] Breemhaar in: Henrich/Schwab, 147 (168f).

[595] Siehe §§ 768ff öst ABGB (dazu Ferrari in: Henrich/Schwab, 173 [181ff]); Art 477 schweiz ZGB (dazu Hausheer/Aebi-Müller in: Henrich/Schwab, 213 [221f]). – Näher Rauscher, II 2 S 81ff.

[596] Dazu § 768 Nr 2 öst ABGB.

[597] So § 469a lit a tschech ZGB.

[598] Näher zu § 469a lit b ZGB Trilsch-Eckardt, ZEV 1996, 4f.

[599] Näher Rauscher, II 2 S 83f. – Für den Ehegatten § 769 HS 2 öst ABGB.

ten.[600] Ferner kommt eine Verurteilung wegen einer schwerwiegenden Straftat – insbesondere einer solchen gegen den Erblasser oder eine ihm nahestehende Person – in Betracht.[601] Schließlich ist auch das Führen eines unsittlichen Lebenswandels ein Grund.[602]

Der österreichische Gesetzgeber hat anlässlich der Gleichstellung ehelicher und nichtehelicher Kinder eine Beschränkungsmöglichkeit eingeführt, wenn ein Elternteil und sein Kind zu keiner Zeit in einem „Naheverhältnis" standen, wie es zwischen Eltern und Kindern in der Familie gewöhnlich besteht. Der Pflichtteil des Elternteils bzw des Kindes mindert sich um die Hälfte, wenn dies der Erblasser anordnet.[603] Dieses Recht auf Pflichtteilsminderung entfällt jedoch, wenn der Erblasser die Ausübung des inzwischen eingeführten Rechts auf persönlichen Verkehr mit dem Pflichtteilsberechtigten grundlos abgelehnt hat.[604] Die Beweislast für die Pflichtteilsminderung trägt der Erbe (§§ 773 a II, 771 ABGB).

3. Erweiterung der Entziehungsgründe

a) Die vom geltenden Recht gewährte Möglichkeit einer Pflichtteilsentziehung wird nicht in Zweifel gezogen und ist weiterhin gerechtfertigt.[605] Allerdings gelten die jetzigen §§ 2333 ff BGB seit längerem als veraltet, unangemessen und reformbedürftig.[606] Eine Neukonzeption ist freilich schwierig, da die Pflichtentziehung einmal in der Beziehung zwischen Erblasser und Berechtigtem wurzelt, sie aber auch auf Dritten vermittelbaren und gewichtigen Gründen beruhen muss. Fehlverhalten nennen auch die Unterhaltsausschlussgründe der §§ 1611 I, 1361 III, 1579 BGB. Insoweit wird zwar eine

---

[600] Siehe Art 477 Nr 2 schweiz ZGB; Art 1008 Nr 3 poln ZGB.

[601] Siehe § 768 Nr 3 öst ABGB, Art 477 Nr 1 schweiz ZGB sowie Boström in: Henrich/Schwab, 249 (262 f).

[602] Vgl § 768 Nr 4 öst ABGB.

[603] Zu § 773 a I ABGB vgl auch Haas, ZEV 2000, 249 (257). Krit Lange/Kuchinke, § 37 IV 1 N 52. Zu Schwierigkeiten führt, dass es auf das Naheverhältnis zwischen Eltern und Kindern ankommt, aber auch Pflichtteilsansprüche im Verhältnis zu den Großeltern bestehen können. Dazu Zemen, Die Pflichtteilsminderung im Parentelensystem, JBl 1992, 220 ff; Umlauft, Die Pflichtteilsminderung im Lichte des Repräsentationsrechts, JBl 1992, 557 ff.

[604] Siehe § 773 a III ABGB; angefügt durch Art I KindRÄndG 2001, öst BGBl 2000 Nr 135. – Dazu Ferrari in: Henrich/Schwab, 173 (183).

[605] Vgl Freytag, ZRP 1991, 304 (305); Bowitz, JZ 1980, 304 ff; Kuhla, Festschr Bezzenberger 497 (505).

[606] Näher Otte, ZEV 1994, 195; Schlüter, Festschr BGH I 1047 (1052 ff, 1071 f); Henrich, 18 ff. – Vgl auch Dauner-Lieb, DNotZ 2001, 460 (464 f); Palandt(-Edenhofer), vor § 2303 BGB Rn 6, § 2333 BGB Rn 1; Staudinger(-Haas), Vorbem zu §§ 2303 ff BGB Rn 25. Zur Testierpraxis Vollmer, 123 f.

Angleichung der Gründe verlangt.[607] Auch wenn man die Entziehung nicht zu einer „Verstoßung über den Tod hinaus“[608] dramatisiert, dürfte allerdings die Einmaligkeit und das Gewicht der Pflichtteilsentziehung das Anlegen eines strengeren Maßstabs rechtfertigen. Es versteht sich von selbst, dass die Entziehung nicht so erleichtert werden darf, dass sie letztlich den zwingenden Charakter des Pflichtteilsrechts selbst beseitigt.[609]

b) Am geltenden Recht wird insbesondere kritisiert, dass es das Bestehen bzw Fehlen persönlicher Beziehungen nicht berücksichtigt und insoweit keine Entziehungsmöglichkeit vorsieht. Im Schrifttum ist eine erleichterte Pflichtteilsentziehung bei völliger *Zerrüttung der Beziehungen* bzw Entfremdung schon häufig erörtert worden.[610] Eine Entziehung sei zu gestatten, wenn der Abkömmling dem Erblasser jeglichen persönlichen Umgang verweigert hatte und die Gründe hierfür ausschließlich von ihm zu vertreten waren.[611] Dies würde es ermöglichen, etwa einem erwachsenen Kind den Pflichtteil zu entziehen und das Vermögen ungeschmälert einem entfernteren Verwandten zuzuwenden, der sich um den Erblasser gekümmert hat. Aufgrund einer Äußerung des Bundesverfassungsgerichts kann man damit rechnen, dass es einen Pflichtteilsentzug bei völliger Entfremdung hinnehmen würde.[612]

Freilich werden Bedenken bezüglich der Justiziabilität einer solchen Bestimmung angemeldet.[613] Dies gilt nicht nur für die Feststellbarkeit einer Zerrüttung, sondern auch für die Einführung einer „Schuldfrage“[614] und die Bewertung der Gründe. Die Zerrüttungsursachen können nicht nur in einem missbilligenswerten Verhalten des Pflichtteilsberechtigten, sondern auch in der besonderen familiären Situation oder in einem Fehlverhalten des Erblassers selbst liegen. Eine Pflichtteilsentziehung kann daher dann nicht verlangt werden, wenn die Zerrüttung der Beziehungen auf das Verhalten des Erblassers zurückgeführt werden kann.

---

607 Für eine Generalklausel bei Fehlverhalten Schlüter, Festschr BGH I 1047 (1071).

608 So BGH: 27. 2. 1985, BGHZ 94, 36 (43) = FamRZ 1985, 587; 6. 12. 1989, FamRZ 1990, 398 = JZ 1990, 697 krit Anm Leipold.

609 Näher Rauscher, II 2 S 133 f.

610 Siehe Dieckmann, Verh 49. DJT II K 34; Kluge, ZRP 1976, 285 f; Edenfeld, ZEV 2001, 457 (460); Henrich, 19. – Vgl Scheuba, öst AnwBl 2000, 725.

611 So Vollmer, 261 f, 268. – Dagegen hält den Grund für unerheblich Kluge, ZRP 1976, 285 (286).

612 Vgl BVerfG 30. 8. 2000 (oben N 395).

613 So etwa Trilsch-Eckardt, ZEV 1996, 4 (8); Huber, 61 f; Staudinger(-Ferid/Cieslar)[12], § 2333 BGB Rn 12. – Zur „Gleichgültigkeit“ im Adoptionsrecht vgl § 1748 BGB.

614 Vgl Dauner-Lieb, DNotZ 2001, 460 (465); dies, FF 2001, 78 (81). – Krit auch Schlüter, Festschr BGH I 1047 (1071 f).

c) Der Entziehungsgrund des *„ehrlosen und unsittlichen Lebenswandels"* (§ 2333 Nr 5 BGB) ist wegen des schwer bestimmbaren Bewertungsmaßstabes, des Wandels der Wertvorstellungen und der Pluralität der Anschauungen der problematischste.[615] Es muss sich jedenfalls um ein schwerwiegendes Fehlverhalten handeln, das die Grundlage für die Pflichtteilsberechtigung, nämlich ein Mindestmaß an familiärer Bindung, angreift. Der anzulegende Maßstab darf freilich nicht zu kleinlich sein, sondern muss dem gesellschaftlichen Wertepluralismus entsprechen.[616] Wie zuvor schon vorgeschlagen,[617] hatte der 49. DJT beschlossen, die Generalklausel des § 2333 Nr 5 BGB solle zeitgemäßen Anschauungen angepasst werden, so dass die Entziehung erleichtert werde.[618] Dem ist auch heute zu folgen.

d) Unbefriedigend ist ferner, dass § 2333 Nr 2 BGB lediglich eine körperliche Misshandlung als Entziehungsgrund erfasst, nicht aber eine schwere seelische Misshandlung. Auch ein derartiges Verhalten kann die Bindung zwischen Erblasser und Berechtigtem zerstören.[619] Nicht zuletzt deshalb, weil die Rechtsprechung den Entziehungsgrund der körperlichen Misshandlung auch noch restriktiv auslegt, wäre eine Gleichstellung der *schweren seelischen Misshandlung* angebracht.[620] Zwar ist es schwierig, einen solchen Begriff einzugrenzen, diese Aufgabe stellt sich aber auch in anderen Zusammenhängen (vgl §§ 1631 II, 1666 I BGB).

e) Problematisch ist ferner die unterschiedliche Behandlung der Pflichtteilsberechtigten. Kinder, welche ihre Eltern vorsätzlich misshandeln, verlieren den Pflichtteil (§ 2333 Nr 2 BGB), nicht aber umgekehrt. Schon der 49. DJT hatte die Beseitigung des *elterlichen Entziehungsvorzugs* des § 2334 BGB verlangt.[621] Bei Schaffung des BGB

---

[615] Siehe Gotthardt, Zur Entziehung des Pflichtteils eines Abkömmlings wegen Führens eines ehrlosen oder unsittlichen Lebenswandels (§ 2333 Nr 5 BGB), FamRZ 1987, 757 ff; Palandt(-Edenhofer), § 2333 BGB Rn 8.

[616] Vgl Däubler, ZRP 1975, 136 (139); Soergel(-Dieckmann), vor § 2333 BGB Rn 2. – Für eine Beschränkung auf eine Verurteilung wegen gewohnheitsmäßiger Verbrechen oder schwerer vorsätzlicher Vergehen gegen den Willen des Erblassers, Rauscher, II 2 S 136 ff.

[617] Dieckmann, 49. DJT II K 30.

[618] Verh 49. DJT II K 167. – Anders Vollmer, 258 f.

[619] Für eine vollständige Streichung, da § 2333 Nr 3 BGB ausreiche, Rauscher, II 2 S 143 f.

[620] Schlüter, Festschr BGH I 1047 (1053 f, 1071). – Anders Rauscher, II 2 S 143 f; wohl auch Soergel(-Dieckmann), § 2333 BGB Rn 6. Krit auch Dauner-Lieb, FF 2001, 78 (81).

[621] Verh 49. DJT II K 167. – Vgl Mertens, Ist die eingeschränkte Befugnis des Kinder-Erblassers zur Pflichtteilsentziehung gemäß § 2334 BGB gerechtfertigt?, FamRZ 1971, 353 f; Dieckmann, Verh 49. DJT II K 30; Bowitz, JZ 1980, 304 ff (der Verfassungswidrigkeit annimmt); MünchKomm(-Frank), § 2303 BGB Rn 3; Soergel (-Dieckmann) § 2333 BGB Rn 1. – Krit dazu Staudinger(-Ferid/Cieslar)[12], § 2334 BGB Rn 1.

wollte man eine Überprüfung des elterlichen Züchtigungsrechts und eine Autoritätsgefährdung vermeiden.[622] Nachdem nunmehr das Prinzip der gewaltfreien Erziehung gesetzlich verankert worden ist (§ 1631 II BGB), scheint es angemessen, daraus auch im Pflichtteilsrecht Konsequenzen zu ziehen. Die Kindesmisshandlung sollte ebenfalls ein Pflichtteilsentziehungsgrund werden.

VI. Absicherung des Pflichtteilsanspruchs

1. Pflichtteilsrestanspruch, belasteter Erbteil und Vermächtnis

a) Das BGB schützt den Pflichtteilsberechtigten davor, dass er in unzureichender Weise bedacht wird. Allerdings werden die einzelnen Situationen in einer nicht abgestimmten Weise unterschiedlich behandelt.[623] Bleibt die Zuwendung nämlich hinter der Hälfte des gesetzlichen Erbteils zurück, so entsteht ein Pflichtteilsrestanspruch in Höhe des Differenzbetrages (§ 2305 BGB).[624] Nach DDR-Recht konnte, wer mit weniger als zwei Dritteln des gesetzlichen Erbteils bedacht wurde, von den Miterben die entsprechende Wertdifferenz verlangen.[625] Den vollen Pflichtteil kann der Berechtigte auch dann fordern, wenn er lediglich mit einem Vermächtnis (wie groß auch immer) bedacht wurde, er muss dieses „kränkende" Vermächtnis jedoch ausschlagen (§ 2307 BGB).

Wieder anders sind die Folgen bei der Zuwendung eines belasteten Erbteils (Nacherbschaft oder Testamentsvollstreckung). Hier kommt es auf die Größe des Erbteils an.[626] Wurde der Erbe nur mit der Hälfte seines gesetzlichen Erbteils bedacht, so soll ihm dieser ohne die Belastung ungeschmälert zukommen (§ 2306 I 1 BGB); sie gilt als nicht angeordnet. Ist der Erbteil hingegen größer, so kann der Berechtigte zwischen der Annahme des höheren, aber belasteten

---

[622] Näher Bowitz, JZ 1980, 304 (306); Haas, ZEV 2000, 249 (258); Mertens, 193.

[623] Näher Rauscher, II 2 S 166ff. – Siehe bereits Boehmer, Zur Reform des Pflichtteilsrechts, AcP 143 (1937) 249 (258ff).

[624] Nach ausländischem Recht kann ein Pflichtteilsberechtigter, welchem weniger als sein Anteil zugedacht wurde, gleichfalls den Rest verlangen. Vgl nur § 775 öst ABGB.

[625] Näher zu § 397 I ZGB Mampel, NJW 1976, 599; Huber, 83; MünchKomm (-Frank), § 2303 BGB Rn 37.

[626] Zur Herabsetzung der beschwerenden Verfügung nach dem Noterben- und zur Streichung nach dem Geldpflichtteilssystem rechtsvergleichend näher Rauscher, II 2 S 60ff.

Erbteils und der Ausschlagung plus vollem Pflichtteil wählen (§ 2306 I 2 BGB). Schwierigkeiten macht auch hier die Ermittlung des Werts.[627]

b) Der Pflichtteilsrestanspruch des § 2305 BGB wird als solcher nicht in Frage gestellt. Der 49. DJT hat jedoch für die belastete Erbschaft verlangt, der Erbe solle die Möglichkeit erhalten, durch Ausschlagung des ihm Zugewandten unter erleichterten Bedingungen den Pflichtteil zu erlangen. Daher solle § 2306 BGB der Ausschlagungsmöglichkeit des § 2307 BGB angeglichen werden.[628] Ein anderer Vorschlag will ebenfalls die Zuwendung eines belasteten Erbteils und eines Vermächtnisses einander angleichen. Der Pflichtteilsberechtigte soll aber den vollen Wert des Pflichtteils auch dann erhalten, wenn er den beschwerten Erbteil oder das beschwerte Vermächtnis annimmt.[629] Wenngleich eine nähere Erörterung derartiger Modelle den Rahmen dieses Gutachtens sprengen würde, bleibt jedenfalls festzuhalten, dass der Gesetzgeber die bestehenden Disharmonien zwischen den §§ 2306, 2307 BGB beseitigen sollte.

2. *Pflichtteilsergänzungsanspruch*

a) Geltendes Recht

Das geltende Recht schützt den Pflichtteilsberechtigten davor, dass der Erblasser sein Vermögen und damit den Nachlass durch lebzeitige Zuwendungen, dh durch Schenkungen an Dritte schmälert. Eine innerhalb der letzten zehn Jahre vor dem Erbfall getätigte Schenkung rechtfertigt einen Pflichtteilsergänzungsanspruch gegen den Erben (§ 2325 BGB). Der Schenkungsschutz ist also zeitlich begrenzt. Die Einzelheiten dieses Anspruchs sind umstritten. Schwierigkeiten macht bereits, was als Schenkung anzusehen ist. Die Rechtsprechung lässt einen Abzug einer dem Beschenkten auferlegten Gegenleistung in weitem Umfang zu.[630] Auch die unbenannte (ehebedingte) Zuwendung unter Ehegatten wird – nach zwar umstrittener, aber wohl zutreffender Auffassung – grundsätzlich als Schenkung behandelt.[631] Dem Recht der DDR war eine Pflichtteilsergänzung fremd.[632]

---

[627] Siehe Coing, Verh 49. DJT I A 51 f.

[628] Verh 49. DJT II K 166 f. – Abl Rauscher, II 2 S 170 ff.

[629] Näher Rauscher, II 2 S 175 ff.

[630] Vgl Reimann, WPK-Mitt 2000, 92 (100).

[631] BGH 27. 11. 1991, BGHZ 116, 167 (174 f) = FamRZ 1992, 300; Schlüter, Festschr BGH I 1047 (1055 ff). – Näher zur Kritik Klingelhöffer, Rn 348 ff.

[632] Mampel, NJW 1976, 593 (599); Meincke, JR 1976, 9 (12). – Krit Huber, 83.

b) Ausländische Rechtsordnungen

Die ausländischen Rechtsordnungen schützen ebenfalls vor beeinträchtigenden Schenkungen. Dies gilt insbesondere für das Noterbrecht des französischen Rechts. Hiernach kann der Erblasser sowohl unter Lebenden als auch von Todes wegen lediglich über seine freie Quote verfügen; weitergehende Schenkungen an Dritte ohne Noterbeneigenschaft können zurückverlangt werden.[633] Nach schweizerischem Recht kann Herabsetzungsklage erhoben werden.[634] Auch dann, wenn – wie in Österreich – der Pflichtteil nur ein Geldanspruch ist, können Schenkungen angerechnet werden.[635] Nach englischem Recht dürfen unentgeltliche Verfügungen, jedenfalls wenn sie in Benachteiligungsabsicht erfolgten, die Position des Hinterbliebenen nicht schmälern. Der Beschenkte kann zu Leistungen an den Antragsteller verpflichtet werden.[636] Die Frist für die Berücksichtigung von Schenkungen an nicht pflichtteilsberechtigte Personen ist unterschiedlich lang. Sie beträgt etwa nach österreichischem Recht zwei Jahre vor dem Tod des Erblassers.[637] In Italien,[638] den Niederlanden[639] und der Schweiz sind es fünf Jahre.[640] Das englische Recht kennt eine sechsjährige Frist.[641]

c) Mögliche Reformen

aa) Der 49. DJT hatte verlangt, die *Anrechnungsfähigkeit von Schenkungen* auf den Pflichtteil zu erweitern.[642] Damit würde der den Beteiligten vielfach nicht bekannte Grundsatz, dass eine Anrechnung nur bei einer mit der Zuwendung verknüpften Anrechnungsbestimmung erfolgt (§ 2315 I BGB), aufgelockert werden. Das

---

633 Siehe Rieg in: Rheinstein/Knapp, 79 (90); Ferrand in: Henrich/Schwab, 87 (110f); Rauscher, II 2 S 37 zu 866, Art 923ff C civ.

634 Zu Art 475, 522ff ZGB s Hausheer/Aebi-Müller in: Henrich/Schwab, 213 (224ff).

635 Zu § 785 I ABGB s Jud, Entwicklungen im Recht der Anrechnung beim Pflichtteil, öst AnwBl 2000, 716ff; Ferrari in: Henrich/Schwab, 173 (185).

636 Näher zu s 10 Inheritance (Family Provision) Act 1975 Huber, 76f.

637 Zu der verhältnismäßig kurzen Frist des § 785 III 2 ABGB näher Ferrari in: Henrich/Schwab, 173 (185); Rauscher, II 2 S 42.

638 Gabrielli in: Henrich/Schwab, 125 (136f).

639 Näher Breemhaar in: Henrich/Schwab, 147 (170).

640 Vgl Hausheer/Aebi-Müller in: Henrich/Schwab, 213 (225) zu Art 527 Nr 3 ZGB.

641 S 10 Inheritance (Family Provision) Act 1975. – Vgl Huber, 76f.

642 Siehe Verh 49. DJT II K 166.

könnte durch die Zulassung einer Anrechnungsbestimmung durch letztwillige Verfügung verwirklicht werden.[643]

bb) Umstritten ist, ob die Pflichtteilsberechtigung bereits zur Zeit der beeinträchtigenden *Schenkung* vorgelegen haben muss. Nach der Rechtsprechung kann ein Pflichtteilsberechtigter nur dann Ergänzung verlangen, wenn der Erblasser auf ihn Rücksicht hätte nehmen müssen.[644] Dies schränkt die Pflichtteilsberechtigung von Ehegatten und Kindern ein, was weitgehend als unvereinbar mit Wortlaut, Entstehungsgeschichte und Zweck des § 2325 III BGB angesehen wird.[645] Der 49. DJT billigte diese Lösung jedoch im Grundsatz und beschloss, Ehegatte und Abkömmlinge sollten keinen Pflichtteilsergänzungsanspruch wegen Schenkungen besitzen, die der Erblasser gemacht hat, bevor er die Ehe mit dem hinterbliebenen Ehegatten geschlossen hat, aus der auch die pflichtteilsberechtigten Abkömmlinge hervorgegangen sind.[646] Dieser Beschluss erfasst nur einen Teil der Fälle und wäre überdies – verfassungskonform – im Hinblick auf nichteheliche Kinder (Zeugungszeitpunkt) umzugestalten.[647] Besser wäre es freilich, in Einklang mit dem überwiegenden Schrifttum auf das gesetzlich nicht vorgesehene Erfordernis der Benachteiligung (-sabsicht) zu verzichten.[648] Da es im Gesetz nicht vorgesehen ist, ist auch keine Gesetzesänderung vonnöten.

cc) Die ohnehin recht lange *Zehnjahresfrist* für den Pflichtteilsschutz beginnt nach der besonderen Vorschrift des § 2325 III HS 2 BGB für Schenkungen unter Ehegatten erst im Zeitpunkt der Auflösung der Ehe, also regelmäßig mit dem Tod des Erblassers, zu laufen.[649] Die Ehegattenschenkung ist daher einer größeren wirtschaftlichen Belastung ausgesetzt als eine Schenkung an Dritte. Die Rechtsprechung hat zwar einen Verstoß gegen das Benachteiligungs- und Schädigungsverbot des Art 6 I GG sowie das Willkürverbot

---

643 Otte, AcP 202 (2002) 317 (360 ff). – Vgl auch Henrich, 19.

644 BGH: 21. 6. 1972, BGHZ 59, 210 (214 f) = NJW 1973, 40 m abl Aufs Reinicke, (597 ff); 25. 6. 1997, NJW 1997, 2676 = ZEV 1997, 373 abl Anm Otte; Leipold, Rn 598; Palandt(-Edenhofer), § 2325 BGB Rn 15.

645 Siehe nur Keller, Die Pflichtteilsberechtigung im Zeitpunkt der Schenkung als Voraussetzung eines Pflichtteilsergänzungsanspruchs, ZEV 2000, 268 ff; Rauscher, II 2 S 384 ff; Lange/Kuchinke, 943; Erman(-Schlüter), vor § 2325 BGB Rn 3; MünchKomm(-Frank), § 2325 BGB Rn 6; Staudinger(-Haas), § 2325 BGB Rn 3, 6.

646 Verh 49. DJT II K 167. Dazu zust Staudinger(-Ferid/Cieslar)[12], Einl zu §§ 2303 ff BGB Rn 29; krit Rauscher, II 2 S 388 f.

647 Vgl Schlüter, Festschr BGH I 1047 (1061).

648 Ebenso Schlüter, Festschr BGH I 1047 (1060 ff); Rauscher, II 2 S 390; Soergel (-Dieckmann), § 2325 BGB Rn 3; Staudinger(-Ferid/Cieslar)[12], § 2325 BGB Rn 33.

649 Entsprechendes gilt für Lebenspartner (§ 10 VI 2 LPartG); Leipold, Die neue Lebenspartnerschaft aus erbrechtlicher Sicht, insbesondere bei zusätzlicher Eheschließung, ZEV 2001, 218 (221).

(Art 3 I GG) verneint.[650] Gleichwohl wird die Bestimmung von vielen weiterhin für sachfremd und verfassungswidrig gehalten.[651] Auch hier muss das Interesse des Pflichtteilsberechtigten mit dem Zeitablauf zurücktreten. Die Begründung, es handle sich trotz Schenkung weiterhin um „familiengebundenes Vermögen" ist angesichts der eigenständigen Vermögensverwaltung durch jeden der Ehegatten (§§ 1363 II, 1365 BGB) nicht stichhaltig. Die den Ehegatten benachteiligende Berechnungsweise ist daher zu beseitigen.[652]

VII. Durchführung des Pflichtteilsanspruchs

1. Geldanspruch und Abfindung durch Nachlassgegenstände

Der Pflichtteilsanspruch bezieht sich grundsätzlich auf den gesamten Nachlass und zwar zum gegenwärtigen Verkehrswert. Der Zahlungsanspruch kann vor allem dann zu Schwierigkeiten führen, wenn der Nachlass weitgehend aus nichtgeldlichen Vermögenswerten wie Immobilien und Unternehmen besteht. Beispielsweise kann einem Testator daran gelegen sein, dass eines seiner Kinder den Familienbetrieb fortführt, während die anderen nur „Geld sehen" wollen. Damit Vermögenseinheiten nicht durch plötzliche Einmalzahlungen gefährdet werden, wird nach einer Abhilfe gesucht, welche einerseits den Anspruch des Pflichtteilsberechtigten befriedigt, andererseits aber eine vorausschauende Gestaltung ermöglicht. Teilweise kennen Rechtsordnungen, welche nur einen Pflichtteilsanspruch in Geld, aber kein Noterbrecht einräumen, Ausnahmen. So kann ein ungarisches Gericht dann, wenn die Pflichtteilsleistung für den Berechtigten oder Verpflichteten beschwerlich wäre, anordnen, dass sie ganz oder teilweise in Natur zu erfolgen hat.[653]

Verschiedentlich wird eine Befugnis des Erben vorgeschlagen, den Pflichtteilsberechtigten mit einzelnen Gegenständen (etwa auch einer Unterbeteiligung an einem Unternehmen) abzufinden.[654] Ein entsprechender Anspruch des Berechtigten wäre ebenfalls denkbar. Im

---

[650] BVerfG, 6. 4. 1990, FamRZ 1990, 729 (730) = NJW 1991, 217; OLG Celle 20. 9. 1979, FamRZ 1989, 1012.

[651] Haas, ZEV 2000, 249 (260); Schlüter, Festschr BGH I 1047 (1072 ff); Rauscher, I 102. – Krit auch Soergel(-Dieckmann), § 2325 BGB Rn 57.

[652] Vgl auch Keim, DNotZ 2001, 434 (437). – Dagegen will auf das Leben in Hausgemeinschaft mit dem Beschenkten abstellen Rauscher, II 2 S 380 f, 391.

[653] So § 672 III ZGB.

[654] Strätz, FamRZ 1998, 1553 (1567). – Vgl auch Keim, DNotZ 2001, 434 (439).

Ehegüterrecht kann der Gläubiger zur Abwehr einer „groben Unbilligkeit", dh einer unerträglichen Benachteiligung verlangen, dass ihm der Schuldner bestimmte Vermögensgegenstände unter Anrechnung auf die Zugewinnausgleichsforderung überträgt (§ 1383 BGB).[655] Im Pflichtteilsrecht könnte man darüber hinausgehend dem Berechtigten bestimmte Einzelgegenstände in Anrechnung auf seinen Pflichtteil überlassen.[656] So würde keine Geldentwertung drohen und auch Sachwerte mit emotionalem Wert würden erhalten.[657] Gleichwohl hat dieser Gedanke bislang keinen Anklang gefunden.[658] Richterliche Eingriffe könnten die Nachlassabwicklung komplizieren und verzögern. Sie erscheinen schwer eingrenzbar und durchführbar und – als Korrektur des Erblasser- und des Erbenwillens sowie als mögliche Beeinträchtigung anderer Nachlassgläubiger – auch nicht erwünscht. Zudem würde die Durchführbarkeit davon abhängen, ob außer dem privilegierten Gegenstand weitere Mittel zur Abfindung vorhanden sind.[659] Daher dürfte sich eine Auflockerung des Geldanspruchsprinzips weder auf Seiten des Berechtigten noch des Verpflichteten empfehlen.

2. Nachlassbewertung und Geldentwertungsrisiko

a) Pflichtteilskonflikte werfen häufig schwierige Fragen der Nachlassbewertung auf.[660] Dies gilt zunächst einmal für das auf den Erbfall abstellende Stichtagsprinzip, das für die Einschätzung des Nachlasswerts maßgebend ist (§ 2311 I BGB). Freilich werden bereits nach geltendem Recht auch nach dem Todeszeitpunkt getroffene Verwendungsentscheidungen mit berücksichtigt.[661] Das Stichtagsprinzip ist daher nicht so starr, wie es zunächst scheint.

b) Bei der Bewertung von Betriebsvermögen sind alle Vermögenswerte zugrunde zu legen. Da keine bestimmte Methode vorgeschrieben ist, kann man vom Bestands- bzw Substanzwert, aber auch

---

655 Vgl Haas, ZEV 2000, 249 (255); ders, ZNotP 2001, 370 (379).

656 Dafür Johannsen, Verh 49. DJT II K 45f; Leipold, AcP 180 (1980) 161 (197). – Für einen Anspruch auf Zuweisung bestimmter Nachlassgegenstände bereits Lange, 223ff.

657 Rauscher, II 2 S 103 mwN.

658 Dagegen Beschluss Verh 49. DJT II K 152; Bürgle, Verh 49. DJT II K 118f; Steffen, DRiZ 1972, 263 (267); Strätz, FamRZ 1998, 1553 (1567); Dauner-Lieb, DNotZ 2001, 460 (465); Rauscher, II 2 S 103f. – Vgl auch Neumayer, Festschr 659 (683f).

659 Dauner-Lieb, DNotZ 2001, 460 (465).

660 Rechtsvergleichend Pintens in: Pintens/Van Der Meersch, 3 (9ff).

661 Näher Haas, ZNotP 2001, 370 (373f).

vom Ertragswert ausgehen oder aber beide Methoden kombinieren.[662] Für die Bewertung eines vom Erben fortgeführten Landguts kann dagegen allein der günstigere Ertragswert zugrundegelegt werden (§ 2312 BGB). Eine solche Besserstellung von Betriebsübernehmern wird auch für andere Fälle, namentlich die Übernahme von gewerblichen Betrieben, freiberuflichen Unternehmungen und Gesellschaften verlangt.[663] Der mittelständische Betrieb bilde eine verselbständigte und auch verfassungsrechtlich geschützte Funktionseinheit.[664] Da die finanzielle Leistungsfähigkeit des Testamentserben nicht dem durch den Erbfall erworbenen Vermögenszuwachs entspreche, sei die nach geltendem Recht entstehende Pflichtteilsbelastung unverhältnismäßig hoch und auch verfassungsrechtlich bedenklich (vgl II 4).

Teilweise wird bereits im Wege einer verfassungskonformen Interpretation die Vorschrift des § 2312 BGB ergänzend herangezogen, so dass der Pflichtteil nicht nach dem Verkehrswert, sondern nach dem Ertragswert bemessen wird.[665] Nach anderen soll sich der Pflichtteilsanspruch allein nach demjenigen richten, was der Erbe (gegebenenfalls zum Buchwert) übernimmt.[666] Umgekehrt wird aber auch für § 2312 BGB de lege ferenda eine Orientierung am gemeinen Wert gefordert; der Anerbe soll lediglich durch eine Stundungsmöglichkeit geschützt werden.[667] Tatsächlich hat sich für das Betriebsvermögen bereits heute eine differenzierende Praxis herausgebildet, welche je nach der Art und dem Schicksal des zu beurteilenden Vermögensgegenstands auf den Voll-, Buch- oder Ertragswert abstellt.[668] Ein schlichter Übergang zum Ertragswert scheint daher unangebracht. Auch eine gesetzliche Neuregelung müsste zwischen den einzelnen Möglichkeiten differenzieren. Wie eine solche Regelung aussehen könnte, würde eine eigene Untersuchung verlangen. Die Verankerung besonderer Bewertungsmethoden im Pflichtteilsrecht erscheint daher zumindest zweifelhaft.[669]

c) Der Pflichtteilsanspruch entsteht als Geldsummen- und nicht als Geldwertschuld.[670] Wertveränderungen des Nachlasses treffen den Pflichtteilsberechtigten daher nicht. Wohl aber trägt er das

---

662 BGH: 30. 9. 1981, NJW 1982, 575; 1. 7. 1982, NJW 1982, 2441 (zu § 1376 BGB); Oechsler, AcP 200 (2000) 603 (620); MünchKomm(-Frank), § 2311 BGB Rn 20.

663 Vgl Palandt(-Edenhofer), vor § 2303 BGB Rn 6.

664 Vgl BVerfG, 22. 6. 1995, BVerfGE 93, 165 (175 f) zur Erbschaftsteuer.

665 Kuhla, Festschr Bezzenberger 497 (504 f, 508).

666 Vgl Gerken, Rpfleger 1989, 45 (51 f).

667 Rauscher, II 2 S 194.

668 Vgl nur die Nachw bei MünchKomm(-Frank), § 2311 BGB Rn 16 ff; Palandt (-Edenhofer), § 2311 BGB Rn 9 ff.

669 Siehe auch Dauner-Lieb, DNotZ 2001, 460 (465).

670 Haas, ZEV 2000, 249 (255); MünchKomm(-Frank), § 2303 BGB Rn 2.

Geldentwertungsrisiko für seinen eigenen Anspruch. Während das geltende Recht keine Verzinsung des Pflichtteilsanspruchs vorsieht,[671] wird sie de lege ferenda verlangt.[672] Ferner werden besondere Bewertungsvorschriften verlangt, welche den Wert des Nachlasses widerspiegeln sollen.[673] Auch insoweit bestehen Zweifel, ob und in welcher Weise hier eine detaillierte Regelung notwendig ist.

3. Fälligkeit

Der Pflichtteilsanspruch knüpft nicht nur bezüglich des für seine Höhe maßgeblichen Wertes an den Zeitpunkt des Erbfalls an, er entsteht auch sogleich mit dem Erbfall (§ 2317 I BGB). Der Erbe sieht sich also von Anfang an einem fälligen Anspruch gegenüber.[674] Das war auch nach § 396 III 2 DDR-ZGB der Fall. Um sich flüssige Mittel zu beschaffen und den Anspruch zu befriedigen, ist er uU gezwungen, den Nachlass ganz oder teilweise, möglicherweise sogar unter Wert, zu veräußern. Da dies insbesondere die Ausgewogenheit einer Rechtsnachfolgeregelung und die Liquidität von Unternehmen gefährden kann, sucht man bereits nach geltendem Recht nach Auswegen. Ein Mittel hierfür bilden Pflichtteilsverzichtverträge (oben II 3). Ferner kann sich ein selbst pflichtteilsberechtigter Erbe gegen ein rücksichtsloses Pflichtteilsverlangen wehren (§ 2331a I BGB). Voraussetzung einer vom Nachlassgericht anzuordnenden Stundung ist aber eine sich aus dem Nachlass ergebende „ungewöhnliche Härte" für den Erben sowie die Zumutbarkeit auch für den Pflichtteilsberechtigten.[675]

De lege ferenda wird häufig eine Erweiterung des Hinausschiebens der Fälligkeit oder eine Stundung des Pflichtteils vorgeschlagen.[676] Dies gilt insbesondere beim Zusammentreffen von überlebendem Ehegatten und Abkömmlingen. Eine Überlegung geht dahin, das

---

671 MünchKomm(-Frank), § 2303 BGB Rn 2.

672 Rauscher, II 2 S 164ff.

673 Coing, Verh 49. DJT I A 49f. – Vgl auch Braga, AcP 153 (1954) 144 (155ff); Steffen, DRiZ 1972, 263 (267).

674 In den Niederlanden erst sechs Monate nach dem Erbfall; zu Art 4.3.3.11 a NBW Breemhaar in: Henrich/Schwab, 147 (171).

675 Näher dazu Klingelhöffer, Die Stundung des Pflichtteilsanspruchs, ZEV 1998, 121ff; Haas, ZNotP 2001, 370 (376ff). – Für eine großzügigere Auslegung unter Hinweis auf die Stundung der Ausgleichsforderung nach § 1382 BGB Oechsler, AcP 200 (2000) 603 (612ff)

676 Siehe Halbe, Verh 49. DJT II K 135; Schippel, Verh 49. DJT II K 59; Schmidt, DNotZ 1973 SH 121 (Diskussionsbeitrag); Grziwotz in: Henrich/Schwab, 53 (67). – Für Österreich Ferrari in: Henrich/Schwab, 173 (187); Scheuba, öst AnwBl 2000, 725.

Hinausschieben der Fälligkeit bereits dem Erblasser zu gestatten,[677] wie das nach niederländischem Recht möglich ist.[678] Der 49. DJT hatte dies abgelehnt, da ihm die Stundungsmöglichkeit des § 2331a BGB ausreichend erschien.[679] Ferner wird eingewandt, insoweit müsse der Erblasser Vorsorge treffen und könne dies auch mithilfe bestimmter Klauseln.[680] Andere wollen den Fälligkeitszeitpunkt generell bis zum Zeitpunkt des Todes des Längstlebenden verschieben.[681] Weniger weitgehend will man schließlich dem überlebenden Ehegatten in Ausdehnung des § 2331a BGB eine allgemeine Stundungsmöglichkeit einräumen.[682] Vorzugswürdig dürfte eine generelle Regelung sein, welche sich nicht nur auf Anordnungen durch den Erblasser und ein Verlangen des überlebenden Ehegatten beschränkt. Erwägenswert ist vor allem, dem Erben allgemein die Einrede zu erlauben, dass die Erfüllung für ihn im gegenwärtigen Zeitpunkt eine besondere Härte bedeutet.[683] Freilich ist auch hier das Interesse des Pflichtteilsberechtigten, eine Entwertung zu vermeiden, zu berücksichtigen.[684]

---

677 So etwa Schippel, Verh 49. DJT II K 58 f; Halbe, Verh 49. DJT II K 135.

678 Bei Verfügungen zugunsten des Ehegatten oder des registrierten Partners; Art 4.3.3.11 b NBW – Vgl Breemhaar in: Henrich/Schwab, 147 (171).

679 Siehe Verh 49. DJT II K 152. – Abl auch Dieckmann, Verh 49. DJT II K 143.

680 Rauscher, II 2 S 99 f.

681 Vgl Keim, DNotZ 2001, 434 (439).

682 Dauner-Lieb, DNotZ 2001, 460 (464).

683 Otte, AcP 202 (2002) 317 (359 f). – Abl für familienfremde Erben Vollmer, 241 f.

684 Vgl Keim, DNotZ 2001, 434 (439).

D. Schluss

Wenngleich die Familie nach wie vor die wichtigste Institution für die Solidarität der Generationen ist, so hat sie doch aufgrund der wirtschaftlichen und gesellschaftlichen Entwicklung an Bedeutung verloren. Immer mehr Aufgaben des umfangreichen Netzes des Verwandtenunterhalts werden von öffentlichen Leistungen übernommen, so dass sich insoweit eine Beschränkung aufdrängt. Das Pflichtteilsrecht als Widerspiegelung des Parentelsystems des gesetzlichen Erbrechts wird zunehmend als Fessel und Behinderung der Testierfreiheit empfunden, so dass entsprechende Auflockerungen geboten sind. Für beide Fragenkomplexe ist zwar keine grundlegende Neugestaltung, wohl aber sind Veränderungen notwendig, damit ihre Zwecke – Sicherung des Lebensunterhalts und einer Mindestteilhabe am Nachlass – erreicht werden können. Dabei gilt es eine Mitte zwischen bloßem Beharren am Überkommenen und radikalem Abschaffen zu finden.

E. Thesen

I. Verwandtenunterhaltsrecht

1. Die finanzielle Solidarität im Rahmen der Familie ist auch weiterhin die Grundlage des Verwandtenunterhalts. Angesichts des Ausbaus der sozialen Sicherheit ist allerdings das ursprüngliche Konzept einer umfassenden Versorgung überholt. Die zunehmende soziale Absicherung hat teilweise die Unterhaltssicherung übernommen (B II 5).
2. Eine Unterhaltspflicht unter Geschwistern kommt nach wie vor nicht in Betracht (B II 1).
3. Die wichtigsten Richtwerte der Unterhaltsberechnung sind gesetzlich festzulegen. Der Mindestbedarf ist für alle Kinder durch Rechtsverordnung des Bundesgesetzgebers festzusetzen. Auch die Selbstbehaltsätze sind durch Rechtsverordnung einheitlich festzusetzen (B II 3 b).
4. Private Unterhaltsleistungen sind dort entbehrlich, wo nichtsubsidiäre öffentliche Sozialleistungen zur Verfügung stehen. Der bisherige Weg der Einschränkung der sozialrechtlichen Regressmöglichkeiten bei Aufrechterhaltung der privatrechtlichen Ansprüche kann dort, wo das wie bei Behinderten und Angehörigen der älteren Generation angebracht ist, weiter beschritten werden (B II 5, III 1, 2).
5. Beim Kindesunterhalt ist der private Unterhalt die Hauptquelle. Die Tendenz zur Stärkung des Kindesunterhalts ist weiterzufolgen (B III 1). Statt eine bloße Unterhaltsvorauszahlung durch öffentliche Stellen zu fördern, ist verstärkt auf eine Unterhaltssicherung im Vorfeld zu achten. Unter anderem ist eine bessere Beratung etwa im Rahmen der Beistandschaft anzustreben (B II 5 b).
6. Für die Beibehaltung der Unterhaltsverpflichtung gegenüber behinderten Kindern und eine bloße Rückgriffsbeschränkung spricht die Bedürftigkeit des Kindes und die bestehende, die elterliche Belastung bereits einschränkende soziale Absicherung (B III 1 c).
7. Zwar ist eine subsidiäre Unterhaltsverpflichtung gegenüber in den Haushalt aufgenommenen Stiefkindern für die Dauer der

Ehe überlegenswert. Ausreichend erscheint aber eine Beistandspflicht unter den Ehegatten zur Erfüllung der Unterhaltspflicht (B III 1 c, cc).

8. Der Unterhalt des Volljährigen muss wie nach geltendem Recht seine Ausbildung umfassen. Für die Ausbildung ist eine staatliche Ausbildungsförderung, aber auch eine Begrenzung zivilrechtlicher Ansprüche notwendig, die sich grundsätzlich auf die Finanzierung einer Erstausbildung beschränken können. Eine flexibel gehaltene Altersgrenze von 27 Jahren ist angebracht (B III 1 c, aa).
9. In welcher Weise dem minderjährigen Kind Unterhalt gewährt wird, bestimmen seine Eltern. Ein eigenständiges Unterhaltsbestimmungsrecht gegenüber dem volljährigen Kind ist dagegen nicht notwendig. Die Norm des § 1612 II BGB ist zu streichen (B III 1 c, dd).
10. Die Unterhaltspflicht volljähriger Kinder gegenüber ihren Eltern ist durch eine großzügigere Unterhaltsberechnung und erhöhte Selbstbehaltsätze, ferner durch die Erhaltung und den Ausbau der bestehenden sozialrechtlichen Rückgriffsbeschränkungen zu mildern (B III 2 c).
11. Das Konzept einer nach oben und nach unten offenen Berechtigten- und Verpflichtetenordnung, wie sie die §§ 1606 ff BGB vorsehen, hat sich historisch überlebt. Die wechselseitige Unterhaltspflicht zwischen Urenkeln und Urgroßeltern ist nicht mehr angemessen und zu beseitigen. Auch eine Beseitigung der wechselseitigen Unterhaltspflicht von Großeltern und Enkeln ist in Betracht zu ziehen (B III 3 c).
12. Entgegen der Rangregel des geltenden § 1615 l III 3 HS 1 BGB ist anzustreben, dass der Unterhaltsanspruch eines Elternteils gegen den anderen wegen Betreuung eines minderjährigen Kindes während bestehender (Zweit-)Ehe sowie nach Ehescheidung (§§ 1570, 1582 BGB) und bei nichtehelicher Elternschaft den gleichen Rang erhält. Der Anspruch auf Betreuungsunterhalt bezüglich des nichtehelichen Kindes ist zeitlich auszudehnen (B III 4 b).

II. Pflichtteilsrecht

13. Auch die Testierfreiheit hat ihre Grenzen und muss sich Beschränkungen durch das Pflichtteilsrecht gefallen lassen. Für die Beibehaltung des Pflichtteilsrechts sprechen vor allem die familiäre Verbundenheit, die Vermögensbindung des Erblassers und eine Beschränkung des Erblasserwillens (C II 2).

14. Trotz aller Auffassungsunterschiede im Einzelnen ist davon auszugehen, dass das Pflichtteilsrecht verfassungsrechtlich abgesichert ist (Art 14 I 1, 6 I GG). Es kann jedoch inhaltlich ausgestaltet und begrenzt werden (C II 4).
15. Pflichtteilsrechte sind zwar auch in Form eines materiellen Noterbrechts möglich. Wie nach geltendem Recht ist das Pflichtteilsrecht in der Form eines Geldanspruchs beizubehalten (C III 2).
16. Das Pflichtteilsrecht des Kindes muss erhalten bleiben. Auch ein Erhalt des Pflichtteilsrechts des Enkels ist erwägenswert. Pflichtteilsrechte anderer Abkömmlinge können hingegen entfallen (C IV 1 c, aa).
17. Eine Bedürftigkeitsprüfung als Voraussetzung für ein auf einen festen Wertanteil gerichtetes Pflichtteilsrecht ist wegen rechtssystematischer Bedenken, ungereimter Ergebnisse und praktischer Schwierigkeiten abzulehnen (C IV1 c, bb).
18. Gegen den Ersatz des Pflichtteilsrechts durch eigenständige Unterhaltsansprüche gegenüber dem Nachlass sprechen die Unzulänglichkeit des Konzepts der Bedürftigkeit sowie Schwierigkeiten bezüglich Zeitpunkt, Höhe der Leistungen und Nachlassabwicklung (C IV 1 c, dd).
19. Es ist dafür Sorge dafür zu tragen, dass ein Kind bei Wiederheirat seines leiblichen Elternteils sein beim Tod des Erstversterbenden bestehendes Pflichtteilsrecht geltend machen kann (C IV 3).
20. Für die Streichung des Pflichtteilsrechts der Eltern spricht die eigenständige Lebensführung und die wirtschaftliche Selbständigkeit des Kindes. Für die Beibehaltung sprechen das Familienband, frühere elterliche Zuwendungen und gegenwärtige Bedürftigkeit. Das Pflichtteilsrecht muss jedenfalls dann entfallen, wenn der Erblasser verheiratet war (C IV 5 c).
21. Die Entziehung des Pflichtteilsrechts ist zu erleichtern. Der Katalog der Gründe des § 2333 BGB ist um Wertungswidersprüche zu reduzieren und zu modernisieren.
    a) Der körperlichen Misshandlung (§ 2333 Nr 2 BGB) ist eine schwere seelische Misshandlung gleichzustellen (C V 3 d).
    b) Die Ungereimtheit, dass eine Misshandlung der Eltern durch das Kind zur Pflichtteilsentziehung führt, nicht aber umgekehrt (vgl § 2333 Nr 2, 2334 BGB), ist zu beseitigen (C V 3 e).
    c) Die auf den Lebenswandel bezogene Klausel des § 2333 Nr 5 BGB ist zeitgemäß zu formulieren (C V 3 a).
22. Eine Pflichtteilsentziehung ist in den Fällen der gänzlichen Zerrüttung der Beziehungen zwischen Pflichtteilsberechtigtem und Erblasser zuzulassen, wenn ein Näheverhältnis zwischen beiden nicht bestand und dies auch nicht auf das Verhalten des Erblassers zurückgeführt werden kann (C V 3 b).

23. Die den Ehegatten benachteiligende Berechnung der Zehnjahresfrist beim Pflichtteilsergänzungsanspruch (§ 2325 III HS 2 BGB) ist zu beseitigen (C VI 2 c).
24. Es sollte davon abgesehen werden, bestimmte Gegenstände aus der Berechnung des Nachlasswertes nach §§ 2311 ff BGB auszunehmen (C VII 1).
25. Die Einführung besonderer Berechnungsvorschriften im Pflichtteilsrecht ist angesichts zu erwartender weiterer Komplikationen zumindest zweifelhaft (C VII 2).
26. Die Fälligkeit des Pflichtteilsanspruchs sollte über das Maß des geltenden Rechts hinaus herausgeschoben werden können. Dem Erben ist die Einrede zu gestatten, dass die Erfüllung für ihn im gegenwärtigen Zeitpunkt eine besondere Härte bedeuten würde (C VII 3).

Gutachten B
zum 64. Deutschen Juristentag
Berlin 2002

VERHANDLUNGEN DES VIERUNDSECHZIGSTEN DEUTSCHEN JURISTENTAGES

Berlin 2002

Herausgegeben von der

STÄNDIGEN DEPUTATION

DES DEUTSCHEN JURISTENTAGES

BAND I

Gutachten

Teil B

VERLAG C.H. BECK MÜNCHEN 2002

Empfiehlt es sich, die rechtliche Ordnung finanzieller Solidarität zwischen Verwandten in den Bereichen des Unterhaltsrechts, des Pflichtteilsrechts, des Sozialhilferechts und des Sozialversicherungsrechts neu zu gestalten?

Sozialrechtliches Teilgutachten

GUTACHTEN B

für den 64. Deutschen Juristentag

Erstattet von

PROFESSOR DR. EBERHARD EICHENHOFER

Friedrich-Schiller-Universität Jena

VERLAG C.H. BECK MÜNCHEN 2002

Inhaltsverzeichnis

„Anstelle einer Klasse muss heute Objekt der Sozialpolitik die Familie werden“ (Gerhard Mackenroth, 1957)

I. Einleitung

Die finanzielle Solidarität zwischen Verwandten („familiäre Solidarität“)[1] gründet im Recht des Verwandtenunterhalts und im Erbrecht, erschöpft sich darin jedoch nicht. Vielmehr wird familiäre Solidarität vielfältig durch Sozialversicherungs- wie Sozialhilferecht:[2] „soziale Solidarität“ ergänzt, gestützt und *umgeben.* „Unterhalt und Leistungen der sozialen Sicherheit sind miteinander zu einem umfassenden Sicherungsnetz verknüpft.“[3] Die Ordnung finanzieller Solidarität zwischen Verwandten erschließt sich aus der *Zusammenschau* der diese prägenden *privat- wie sozial*rechtlichen Elemente. Wie unter Verwandten *der* Leistungsfähige für *den* Bedürftigen einstehen muss (§ 1601 BGB), kommen im Sozialstaat *die* Leistungsfähigen für *die* Bedürftigen auf. Sozialrecht prägt ein „elargiertes Familienethos“ (Arnold Gehlen).[4] Denn es stiftet vielgestaltig Solidarität zwischen Gruppen: Reichen und Armen, Erwerbstätigen[5] und Nichterwerbstätigen, Gesunden und Kranken, Jungen und Alten, Erwachsenen und Kindern. „Soziale Solidarität“ äußert sich im Transfer von Geld-, Dienst- und Sachleistungen. Während der privatrechtliche Transfer durch Verwandtschaft als natürlichem Abstammungsverhältnis legitimiert wird, gründet soziale Solidarität in erbrachter Vorsorge oder einer Bedarfslage.

Die Ordnung familiärer und sozialer Solidarität entstammt einer Zeit, die sich von der gegenwärtigen wesentlich unterscheidet. Die Stabilität von Ehen und die Kinderzahl sinken: Gleichzeitig wächst

---

[1] Schwab, Familiäre Solidarität, FamRZ 1997, 521; Martiny, in diesem Band, A I.

[2] „Sozialhilferecht“ wird umfassend verstanden als das Recht der sozialen Hilfe und Förderung, das neben dem Recht der sozialen Vorsorge (= Sozialversicherung) und dem Recht der sozialen Entschädigung das Sozialrecht ausmacht. Zu diesen Unterscheidungen näher: Eichenhofer, Sozialrecht, 2000 (3. Aufl), Tz 10ff; ders, SGb 1998, 289.

[3] Franz Ruland, Familiärer Unterhalt und Leistungen der sozialen Sicherheit, 1973, 9; Zacher, Ehe und Familie in der Sozialrechtsordnung, in ders, Abhandlungen zum Sozialrecht, 1993, 555, 561; zwei Schalen formen das Leben – das „vorfindliche“ – hier: das Ehe- und Familienrecht, sowie das Sozialrecht.

[4] Arnold Gehlen, Moral und Hypermoral, 1986, 135, vgl auch 142.

[5] Fünfter Familienbericht, BT-Drucks 12/7560, 70ff; in Deutschland mehr als anderwärts weit überwiegend unter abhängig Erwerbstätigen.

die Lebenserwartung der Menschen beträchtlich.[6] Mit diesem Wandel geht eine umfassende Veränderung von Erfahrungen, Orientierungen und Leitbildern familiären Lebens einher, die hergebrachte Vorstellungen von Solidarität zweifelhaft, ja anachronistisch erscheinen lassen.[7] Die veränderte Zusammensetzung der inländischen Wohnbevölkerung[8] lässt für die Zukunft die Ausweitung sozialer Solidarität erwarten. Dies droht Fähigkeit oder Bereitschaft der Leistungsfähigen zu überfordern. Wie kann die Leistungskraft der Familien gestärkt werden, die maßgeblich die Sozialleistungen erwirtschaften?[9] Diese Frage zielt vor allem auf die junge Familie – als das Paar, das unmittelbar vor einer potentiellen oder nach einer erfolgten Familiengründung steht. Sie berührt aber auch Familien in späteren Lebensphasen. Macht Kinderreichtum künftig arm – Kinderarmut reich? Wie gestaltet sich die soziale Solidarität unter den Generationen (II)? Wie ist diese mit familiärer Solidarität verknüpft und wie wirken beide aufeinander ein (III)? Welche Unzulänglichkeiten enthüllt diese geltende Ordnung sozialer Solidarität im Blick auf die familiäre Solidarität und wie lassen sie sich überwinden (IV)? Was bedeutet es für den Sozialstaat, wenn er umfassend in den Dienst von Familienförderung gestellt wird (V)?

---

[6] Robert Hettlage, Familienreport. Eine Lebensform im Umbruch, 1998 (2. Aufl); Heinz Lampert, Priorität für die Familie, 1996, 65 ff, 81 ff; Kurt Lüscher, Familienleitbilder und Familienpolitik, in U. Meier (Hg), Vom Oikos zum modernen Dienstleistungshaushalt, Festschrift für Rosemarie von Schweitzer, 1997, 381; ders, Widersprüchliche Vielfalt, Bitburger Gespräche, Jahrbuch 2001, 15; Martiny, in diesem Band, A II.

[7] Kurt Lüscher, Soziologische Annäherungen an die Familie, 2001.

[8] Vgl Statistisches Bundesamt, 9. Koordinierte Bevölkerungsberechnung, 2000; Karl Schwarz, Bericht 2000 über die demographische Lage in Deutschland, Zeitschrift für Bevölkerungswissenschaft, Bd 26 (2001), 3 ff.

[9] Franz-Xaver Kaufmann, Herausforderungen des Sozialstaats, 1997, 81, 103; Heinz Lampert, Priorität für die Familie, 1996, 89 ff, 111 ff.

II. Sozial(rechtlich)e Solidarität unter den Generationen

Sozial(rechtlich)e Solidarität gründet im „Generationenvertrag".[10] Weil die Generationen jedoch über den alljährlich dreistellige Mrd-€-Beträge[11] fordernden Transfer nie förmlich übereingekommen sind, erscheint das Wort „Vertrag" euphemistisch. „Generationen schließen keine Verträge; Generationen üben Solidarität".[12] Im ökonomischen Sinn bringt die Formel jedoch treffend zum Ausdruck: Die aktive Generation erwirtschaftet die Mittel, die an die Älteren oder Jüngeren in Form sozialer Leistungen fließen.[13] Geben und Nehmen beruhen im Sozialstaat auf der schwer durchschaubaren Häufung von Einzelbelastungen und -begünstigungen unterschiedlicher Gruppen – Umverteilungsakten, die sich längst zu Umverteilungsströmen ausgewachsen haben.[14]

Sozialversicherung dient der *Eigen*vorsorge, weil Tatsache und Ausmaß der Beitragspflicht über den Leistungsanspruch des Versicherten entscheiden. Da soziale Sicherheit auf dem Umlageverfahren beruht, dient sie zugleich der *Fremd*vorsorge. Über den Umfang des Beitrages entscheiden nicht die präsumtiven Bedarfe der Versicherten

---

[10] Grundlage dessen ist ein kontraktualistisches Sozialstaatsverständnis, vgl Julian Nida-Rümelin, Die ethischen Grundlagen des Sozialstaats, in Wolfgang Kersting, Politische Philosophie des Sozialstaats, 2000, 333; krit Franz Xaver Kaufmann, Herausforderungen des Sozialstaats, Frankfurt/Main 1997, S 69ff.

[11] Der Sozialbericht (BT-Drucks 13/1042, S 188ff) wies für 1997 1256 Mrd DM als Sozial-Budget aus.

[12] Oswald von Nell-Breuning, Drei Generationen in Solidarität, in ders/Cornelius Fetsch (Hg), Drei Generationen in Solidarität, 1981, 27, 29; vgl auch Kurt Lüscher, Die Ambivalenz von Generationenbeziehungen – eine allgemeine heuristische Hypothese, in Martin Kuhli/Marc Szydlick (Hg), Generationen in Familie und Gesellschaft, 2000, 138, 145f. Solidarität ist nicht als Vorgegebenheit, sondern als produktive Bewältigung ambivalenter Familienverhältnisse zu deuten. Kurt Lüscher, Solidarische Beziehungen: das „neue" Problem der Generationen, in Festschrift für Franz-Xaver Kaufmann, 1999, 59ff.

[13] Vgl Axel H. Börsch-Supan, Demographie, Arbeitsangebot und die Systeme der Sozialen Sicherung, in Siebert (Hg), Sozialpolitik auf dem Prüfstand, 1996, S 13ff; Dies ist nicht neu: „Schon immer mussten die Erwerbstätigen den Unterhalt für die nicht oder nicht mehr Arbeitenden aufbringen. Geschah dies früher in relativ kleinen ökonomischen Einheiten, so ist heute nur noch die gesamte Volkswirtschaft eines Staates in der Lage, die großen ökonomischen und sozialen Risiken auszugleichen. Sie ist damit die einzig wirklich umfassende und damit tragfähige Risikogemeinschaft.", EKD, Die soziale Sicherung im Industriezeitalter. Eine Denkschrift, 1973, 12.

[14] Vgl Sozialbericht, BT-Drucks 13/1042, S 188ff; Gerhard Bäcker ua, Sozialpolitik und soziale Lage in der Bundesrepublik Deutschland, Bd 2, 1989, S 194; BT-Drucks 13/1042, S 193 weist Pro-Kopf-Ausgaben von 1597 DM für Ehe und Familie aus.

an *künftiger* eigener *Vorsorge,* sondern die von der Sozialversicherung allen *aktuell* Berechtigten geschuldeten Leistungen.[15] Die Umverteilung findet nicht ausschließlich, indes weit überwiegend zwischen unterschiedlichen Altersgruppen statt. In der Krankenversicherung sind Beitragszahler und Leistungsempfänger überwiegend personenidentisch; gleichwohl beanspruchen sie Ältere umfassender als Jüngere.[16] Häufiger – namentlich in der Renten-, Pflege- und Arbeitslosenversicherung – gehören Beitragszahler und Leistungsempfänger unterschiedlichen Altersgruppen an. Die sozialrechtliche Leistungspflicht ist regelmäßig in fehlender Erwerbstätigkeit und -fähigkeit begründet, die sozialrechtliche Einstandspflicht beruht dagegen auf Erwerbstätigkeit.

Im so vermittelten intergenerationellen Ressourcentransfer von den Leistungsfähigen an die Bedürftigen stimmen Sozial- und Unterhaltsrecht überein. Beide[17] unterscheiden sich jedoch in den *Beteiligten* (hier Verwandte, dort soziale Gruppen), *Organisationsformen* (hier Privatrecht, dort öffentliches Recht) und *Maßstäben* der Leistungsbemessung (hier Individualisierung, dort Typisierung). Daraus folgen wechselseitige Verschränkungen zwischen Unterhalts- und Sozialrecht: Sichert Sozialrecht die Bedarfsdeckung, wird Unterhaltsrecht gegenstandslos;[18] belastet es die Leistungsfähigen, erschwert es die Unterhaltsgewährung. Soziale Vorsorge wirkt auf Familien also *ent-* wie *belastend.* Wird der Aszendenten-Bedarf primär sozialrechtlich und der Deszendenten-Bedarf primär unterhaltsrechtlich gedeckt,[19] beschränkt deshalb die Ausweitung von

---

[15] Klar analysiert von Louis Alvin, Salaire et sécurité sociale, Paris 1947, p 9ff, der zwischen dem salaire d'activité und dem salaire d'inactivité unterscheidet: „Le salarié inactif partage le sort heureux ou malheureux du salarié actif: c'est une solidarité synchrone" (14).

[16] Die Inanspruchnahme von Versicherungsleistungen steigt mit wachsendem Lebensalter. So erreichte die Krankenversicherung der Rentner 1998 eine Selbstfinanzierungsquote von 44,7% (Bundesministerium für Gesundheit, Daten des Gesundheitswesens, 1999, 408) und 1999 44,5% (Deutsche Krankenhausgesellschaft, Zahlen, Daten, Fakten, 2000, 74); vgl auch Statistisches Bundesamt, Gesundheitsbericht für Deutschland, 1998, 449f: Gesundheitskosten konzentrieren sich auf die letzte Lebensphase.

[17] Grundlegend: Franz Ruland, Familiärer Unterhalt und Leistungen sozialer Sicherheit, Berlin 1973; Dieter Martiny, Unterhaltsrang und -rückgriff, 2000, 79ff; Bernd von Maydell, Unterhalts- und Sozialrecht, in 10. Deutscher Familiengerichtstag 1994, 23; einen generellen Klärungsbedarf sieht der Rechtsausschuß des Deutschen Bundestages (BT-Drucks 14/3781).

[18] Winfried Boecken, Sozialrechtslehre und Privatrecht, SDSRV Bd 47 2000, 61, 86ff; Peter Tempel, Die Berücksichtigung von Sozialversicherungs- und Kindergeldleistungen im Unterhaltsrecht, 1974, 29ff; Schwenzer, FamRZ 1989, 689; Martiny, S 1288ff.

[19] Jürgen Borchert, Zur Notwendigkeit einer (familienpolitischen) Strukturreform des Sozialstaates, 1996, 35ff; Franz-Xaver Kaufmann, 103; Kirsten Scheiwe, Kinderkosten und Sorgearbeit im Recht, 1999, 9ff.

Zahl und Bedarf der Aszendenten notwendig die wirtschaftlichen Möglichkeiten der Deszendenten. Der Konflikt zwischen Sozial- und Unterhaltsrecht ist daher programmiert.

Die Systeme sozialen Ausgleichs, sozialer Förderung und Hilfe werden aus Steuern finanziert. Die Lastentragung hängt von der Ausgestaltung der Besteuerung ab. Direkte Besteuerung belastet nach der Leistungsfähigkeit des Steuerpflichtigen: Einkommen wird absolut und proportional desto höher besteuert, je höher es ist. Bei indirekter Besteuerung trägt der Einzelne entsprechend seinem Konsum die öffentlichen Lasten. Bei direkter Besteuerung fragt sich, ob Familienunterhalt die Leistungsfähigkeit mindert. Da Kindererziehung potentiell verwertbare Arbeitskraft für Erziehungsaufgaben bindet, mindert Familienarbeit die steuerrechtliche Leistungsfähigkeit.[20] Dieser Ausfall führt aber – so möglich – zur Ausweitung wirtschaftlicher Aktivitäten. Dies hat ein höheres Einkommen und damit eine höhere Teilhabe an der Finanzierung der öffentlichen Leistungen durch direkte Besteuerung zur Folge. Gleichzeitig benötigen Familien regelmäßig mehr Konsumgüter. Familien beteiligen sich daher durch indirekte Besteuerung erheblich an der Finanzierung öffentlicher Aufgaben. Von der Ausgestaltung und dem Mischungsverhältnis von Steuern und Leistungen hängt ab, ob Familien durch die sozialen Ausgleichs-, Förder- und Hilfesysteme be- oder entlastet werden. Familien drohen, wegen ihrer Erwerbs- und Konsumorientierung steuerlich erheblich belastet zu werden und gleichzeitig wegen ihrer stärkeren ökonomischen Aktivität als weniger bedürftig zu erscheinen und sozialrechtlich deshalb unzureichend geschützt zu werden. Falls die Zahl der Älteren steigt und gleichzeitig die Zahl der Erwerbstätigen sinkt, tritt der Zielkonflikt zwischen sozialer und familiärer Solidarität hervor: Die aktiv Erwerbstätigen mit Kindern „müssen den Unterhalt zweier nicht aktiver Generationen aufbringen, einmal ... für die noch nicht produktive und die nicht mehr produktive Generation".[21] „Die Kollektivierung der Alterssicherung bei gleichzeitiger Familiarisierung der kostendeckenden Nachwuchssicherung"[22] führt mithin zu einer erheblichen Belastung der Familien. Erwächst daraus ein „endogener Nachwuchs beschränkender Verteilungsme-

---

[20] BVerfGE 82, 60; 99, 216; Jürgen Borchert, Renten vor dem Absturz – Ist der Sozialstaat am Ende?, 1993, 259ff; Lehner, Der Familienlastenausgleich nach dem Jahressteuergesetz 1996, in Zacher-Festschrift, 1998, 511.

[21] Von Nell-Breuning, Fn 12, 28.

[22] Jürgen Borchert, Sozialstaat unter Druck, in Heidelberger Club für Wirtschaft und Kultur eV (Hg), Sozialfall, Sozialstaat: Wie sicher ist unsere soziale Sicherung?, 1996, 34, 42; Kirsten Scheiwe, Kinderkosten und Sorgearbeit im Recht, 1999, 15f.

chanismus"?[23] Der Eltern-Generation droht so, – von den Unterhaltsbegehren *ihrer Kinder sowie* den sozialrechtlichen Begehren *der Älteren* gleichzeitig belastet – Mangel zu leiden und diesen antizipierend die Familiengründung oder -ausweitung zu unterlassen. Diese Doppelbelastung der aktiven Generation wird mit dem – freilich schiefen[24] – Bild der „Sandwich"-Generation zum Ausdruck gebracht.

---

[23] Borchert, Fn 22, 42.

[24] Denn in dem Bild gelangt deren doppelte Belastung nicht zum Ausdruck, was indes deren Charakteristikum darstellt; dazu R. Nave-Herz, Sandwichgeneration? Lastenverteilung zwischen Familie und Staat, in Forum Familie und Erbrecht, Sonderheft 2001, 25.

III. Verknüpfungen zwischen den Ordnungen sozialer und familiärer Solidarität

1. *Einwirkung des Sozialrechts auf das Unterhaltsrecht*

Sozialrecht, das die Leistungsfähigkeit der Unterhaltspflichtigen stärkt oder erhält, wirkt unterhaltsstärkend. Dies kann *erstrebt* sein oder sich aus der Leistungsgewährung als *Nebeneffekt* ergeben. Kinder- und Erziehungsgeld sollen die Leistungsfähigkeit des Unterhaltspflichtigen gezielt stärken. Kindergeld[25] gleicht den durch Kindererziehung ausgelösten Unterhaltsbedarf eines Kindes, Erziehungsgeld diejenigen Erwerbseinbußen partiell aus, welche den Eltern durch Kindererziehung entstehen.[26] Der Kinderfreibetrag wirkt unterhaltsstärkend, weil Kindesunterhalt steuermindernd berücksichtigt und so die Unterhaltsfähigkeit des Steuerpflichtigen erhöht wird. Stellt Sozialrecht bei Eintritt der sozialen Risiken *Einkommensersatzleistungen* bereit, wirkt es unterhaltsstärkend. Werden diese an den Berechtigten unabhängig von einer Kindesunterhaltspflicht gewährt, geschieht dies ohne familienpolitische Tendenz. Sie begründen aber die Leistungsfähigkeit der Empfänger mit Kindesunterhaltspflichten und sichern damit auch die Bedarfsdeckung der Kinder.[27] Vereinzelt hängt die Höhe der Sozialleistungen von der Familienunterhaltspflicht ab: Bei Arbeitslosengeld und -hilfe kommt es darauf an, ob der Berechtigte einem Kind unterhaltspflichtig ist.[28] Das Wohngeld wird vom Einkommen wie von den Unterhaltspflichten des Berechtigten bestimmt.[29] Senkungen von Sozialleistungen mindern regelmäßig die unterhaltsrechtliche Leistungsfähigkeit der Empfänger und schmälern so auch die Ansprüche unterhaltsabhängiger Kinder.

---

[25] Yvonne Renner, Familienlasten- oder Familienleistungsausgleich?, 2000; Hase, VSSR 1996, 79, 83.

[26] Ulrich Becker, Rn 2ff vor §§ 1–14 BErzGG in Buchner/Ders, Mutterschutzgesetz, Bundeserziehungsgeldgesetz, 1998 (6. Aufl); Max Wingen, Erziehungsgeld als Element eines familienpolitischen Gesamtkonzeptes, in ders, Zur Theorie und Praxis der Familienpolitik, 1994, 174: Kompensation der Opportunitätskosten der Kindererziehung.

[27] Vgl zum Ganzen: Ursula Rust, VSSR 1996, 103.

[28] §§ 129 SGB III; Familienkomponenten waren als Kinderzulage und -zuschuss auch in Unfall- und Rentenversicherung verbreitet, vgl umfassend Ursula Rust, Familienlastenausgleich in der gesetzlichen Kranken-, Unfall- und Rentenversicherung, 1990.

[29] §§ 4, 9, 15 WoGG; Fuchs, in von Maydell/Ruland (Hg), Sozialrechtshandbuch, Tz 28–15ff; vgl Max Wingen, Familienpolitik, 1997, 243ff, 265ff.

Sozialrecht kann eigens *Bedarfe* decken und damit den Platz privaten Unterhaltsrechts einnehmen. Beseitigt es unterhaltsrechtliche Bedürftigkeit, wird der unterhaltspflichtige Verwandte von der Einstandspflicht frei. Beispiele für solche Gestaltungen sind die *Familienkrankenhilfe* (§§ 10 SGB V, 25 SGB XI), wodurch Ehegatten und unterhaltsabhängige Kinder[30] in der gesetzlichen Kranken- und Pflegeversicherung auf Kosten der Solidargemeinschaft versichert werden, die Leistungen der *Ausbildungsförderung*, die bei geringem Einkommen von Eltern und Kind Ausbildungen auch denen ermöglichen, die mangels Leistungsfähigkeit des Pflichtigen keinen Anspruch auf Ausbildungsunterhalt (§ 1610 Abs 2 BGB) hätten oder Einrichtungen der *Jugendhilfe*, welche die Betreuung von Klein- und Schulkindern sichern, bis hin zum gesamten öffentlichen Bildungswesen.

Diese Leistungen werden als Solidarleistungen ohne oder gegen Eigenbeteiligung gewährt. Ein erheblicher Teil der sozialen *Vorsorge* (Rente, Kranken- und Verletztengeld, Arbeitslosengeld) schafft schließlich *Einkommensersatz* und befähigt deren Empfänger damit zu eigener Bedarfsdeckung. *Bedürftigkeit* entfällt: Unterhaltsrecht wird durch Sozialrecht *verdrängt*.[31]

Sozialrecht tritt schließlich bei Unterhaltsausfällen an die Stelle des Unterhaltsrechts. Kommen Vater, Ehegatte oder vormaliger Ehegatte gegenüber dem(r) Berechtigten ihrer Unterhaltspflicht nicht nach, so wird der Bedarf durch den Unterhaltsvorschuss (UnterhVG) oder die Sozialhilfe gedeckt. Jugendhilfe kommt für Eltern auf, die den Kindesunterhalt nicht leisten und ihr Kind in öffentliche Obhut geben. Die Einstandspflicht des Trägers rechtfertigt sich nicht aus der Pflichtvergessenheit des Unterhaltsschuldners, sondern aus dem Schutzbedürfnis des Berechtigten, dessen andernfalls gefährdete *Bedarfsdeckung* an der *Pflichtvergessenheit* des Schuldners scheiterte. Deshalb *entlastet* die Leistung des Trägers an den Unterhaltsgläubiger diesen *nicht* von seiner privatrechtlichen Verpflichtung. Diese bleibt erhalten, *ändert* aber den Adressaten.[32] Die Pflicht gegenüber dem Berechtigten ist dem aushelfenden Träger geschuldet, auf den die Forderung kraft Gesetzes oder Überleitung

---

[30] Und nichtbeschäftigten Ehegatten sowie seit kurzem Lebenspartner (§ 10 Abs 1 SGB V, § 11 Abs 1 LPartG).

[31] Wolfgang Gitter/Jutta Hahn-Kemmler, Die Verdrängung des Zivilrechts durch das Sozialrecht – dargestellt am Unterhaltsrecht, SGb 1979, 195; Bernd von Maydell in ders/Ruland (Hg), Sozialrechtshandbuch, 1996 (2. Aufl), Tz 1–43 ff; Bernd Künkel, Unterhaltsrecht und Sozialrecht aus der Sicht des Familienrichters, FamRZ 1991, 14; Martiny, B II. 5.

[32] Die funktionale Verwandtschaft von Unterhalt und Sozialleistungen wird deutlich (Martiny, Unterhaltsrang und -rückgriff, 2000, 92 f), kommt es zum Rückgriff des Trägers, dient die Zahlung nicht mehr der Bedarfsdeckung, sondern fiskalischen Belangen (ebd, 103 ff).

übergeht.[33] Dieser trägt die Risiken der Schuldbeitreibung sowie der Zahlungsunfähigkeit des Unterhaltsschuldners.

2. *Rückwirkungen des Unterhaltsrechts auf das Sozialrecht*

Die in der sozialen *Entschädigung*[34] und sozialen *Vorsorge*[35] vorgesehene Hinterbliebenenversorgung begründet *abgeleitete* Rechte auf Sicherung aus einem Sozialrechtsverhältnis des Verstorbenen. An dessen Stammrecht haben Ehegatte, vormaliger Ehegatte, Eltern oder Kinder teil. Die Ansprüche der Hinterbliebenen ähneln den erbrechtlichen Berechtigungen,[36] sind „héritage social"[37] – „sozial(rechtlich)es Erbe". Sie sichern den todesbedingt entfallenden Unterhalt, sind jedoch nicht „Unterhaltsersatzleistungen",[38] weil sie nicht vom gewährten Unterhalt, sondern von dem dem Verstorbenen zustehenden Leistungsanspruch abhängen. Dieser orientiert sich am durchschnittlichen und nicht am individuellen Unterhaltsbedarf des Berechtigten. Die Hinterbliebenenrente ist also *nicht unterhaltsakzessorisch,* sondern gründet in den familienrechtlichen *Statusverhältnissen,*[39] welche so für sie präjudiziell werden.[40] In der Hinterbliebenenversorgung *ergänzt* Sozialrecht das Unterhaltsrecht, weil es bei Fortfall von Unterhalt die Bedarfsdeckung sozialrechtlich gewährleistet.[41] Darüber hinaus wird die Hinterbliebenenversorgung auf Stiefkinder erstreckt.[42]

---

[33] §§ 91 BSHG, 7 UnterhVG, 93 SGB VIII.

[34] Unechte Unfallversicherung, Impfgeschädigten-, Soldaten- und Zivildienstleistendenversorgung sowie Gewaltopferentschädigung.

[35] Unfall- und Rentenversicherung.

[36] Franz Ruland, Familiärer Unterhalt und Leistungen der sozialen Sicherheit, 1973, 214.

[37] Louis Alvin, Salaire et sécurité sociale, 1947, 12f; hieraus ergäben sich konzeptionelle Nähen zum Pflichtteilsrecht, vgl dazu Martiny in diesem Band C II.

[38] Wolfgang Dreher, Sozialleistungen als Unterhaltsersatz, 1998 (2. Aufl).

[39] Von Ehe, Kindschaft und Elternschaft.

[40] Eberhard Eichenhofer, Internationales Sozialrecht und internationales Privatrecht, 1987; ders, VSSR 1990, 161; ders, Sozialrecht, 2000 (3. Aufl), Rz 148; Maximilian Fuchs, Zivilrecht und Sozialrecht, 1992, 298ff; zu den Folgen für nichteheliche Lebensgemeinschaften: Udsching, Sozialrecht, in Hausmann/Hohloch (Hg), Das Recht der nichtehelichen Lebensgemeinschaft, 1999, 478; von Maydell, 57. DJT (1988), 145ff, 169ff.

[41] Vereinzelt sieht das Sozialrecht auch die vorübergehende Bereitstellung einer Haushaltshilfe vor; diese soll den vorübergehenden Ausfall der Arbeitskraft im Haushalt ausgleichen. § 38 SGB V; Wannagat-Mrozynski, § 38 SGB V Rn 3ff; allerdings mit ganz erheblichen Defiziten, die dringend überwunden werden müssen: Denn die Pflege wird so schlecht bezahlt, dass freie Träger ergänzend einspringen, vgl Dänzer-Vanotti, Hilfe auf Sparflamme, Süddeutsche Zeitung Nr 189 (2001), S VII.

[42] §§ 56 II 1, 48 III SGB VI, 67 II SGB VII; auch § 10 IV 1 SGB V (Familienkrankenhilfe); vgl auch Martiny in diesem Band, B III. 1c) dd).

Sozialrecht räumt dem Unterhaltsgewährenden Vorteile ein, falls die Erbringung von *Naturalunterhalt* zum *Begründungstatbestand* für sozialrechtliche *Ansprüche* wird. Beispiele sind das Erziehungs- und das Pflegegeld. In der Rentenversicherung ist ferner Kindererziehung als rentenrechtlicher Vorteil anerkannt. Mit der Pflegeversicherung wurde erstmals die sozialrechtliche Sicherung von Pflegepersonen geschaffen. Sie besteht unabhängig davon, ob die Pflege in Erfüllung einer familienrechtlichen Unterhaltspflicht – also im Verhältnis unter Ehegatten oder zwischen Eltern und Kindern, Kindern oder Eltern – erbracht wird oder nicht; auch freiwillig geleistete Pflege führt zum Versicherungsschutz der Pflegeperson. Gleichwohl kommt der für die Pflegeperson in Renten-, Unfall- und Arbeitslosenversicherung begründete Schutz statistisch gesehen primär den im Familienverhältnis Pflegenden zugute. Die sozialrechtliche Förderung von Kindererziehung und Pflege soll *Familienarbeit* der *Erwerbsarbeit gleichstellen.*[43]

Sozialrecht fördert den Unterhalt schließlich durch die Abzweigung (§§ 48f. SGB I). Der dem Berechtigten laufende Geldleistungen zur Sicherung des Lebensunterhalts[44] schuldende Sozialleistungsträger darf danach an unterhaltsberechtigte Ehegatten und Kinder den ihnen unterhaltsrechtlich zukommenden Teil der Sozialleistungen unmittelbar auszuzahlen, falls der sozialleistungsberechtigte Unterhaltsschuldner dem Ehegatten oder den Kindern Unterhalt nicht leistet. Die Abzweigung des auf den Unterhalt entfallenden Anteils an der Sozialleistung begleicht die Unterhaltsschuld des Sozialleistungsberechtigten. *Sozialrecht* nimmt so *unmittelbar unterhaltsrechtliche Funktionen* wahr.

3. Wechselwirkungen zwischen Sozialrecht und Unterhaltsrecht

Soweit Sozialrecht auf familiärer Solidarität aufbaut, *ergänzt* es diese, soweit es an deren Stelle tritt, *ersetzt* es diese, und soweit es die Leistungsfähigkeit des Empfängers erst herstellt, *ermöglicht* es diese. Der Sozialstaat erhebt wachsende Abgaben zur Finanzierung seiner wachsenden Ausgaben und belegt dafür Erwerbseinkommen und Verkehrsvorgänge mit Beiträgen und Steuern. Dies schwächt auch und gerade die Unterhaltsfähigkeit der Familien. Daraus folgt jedoch nicht: Je weniger sozialrechtlicher Transfer, desto besser geht es den

[43] BVerfGE 87, 1; Hans F. Zacher, Referat 47. DJT (1968), O 7ff; Hase, VSSR 1996, 79, 94; vgl zu dieser Problematik im bürgerlichen Unterhaltsrecht: BGH NJW 2001, 2254: Auswirkung der Haushaltsführung auf den Unterhaltsanspruch nach Scheidung.

[44] Insbesondere Renten, Arbeitslosen-, Kranken- und Verletztengeld.

Familien![45] Denn diese werden nicht nur belastet, sondern auch gestützt. Der in Erziehungs-, Kinder- und Wohngeld, Ausbildungsförderung, Einrichtungen der Kinderbetreuung, Unterhaltsvorschuss, Hinterbliebenensicherung, Kindererziehungszeiten und Sicherung der Pflegepersonen ausgeformte Schutz wird nicht nur von den Familien, sondern auch von den – jedenfalls im Finanzierungszeitpunkt – „Kinderlosen" finanziert, obgleich diese die hieraus fließenden Vorteile nicht (aktuell) in Anspruch nehmen.

---

[45] Was wohl die Schlussfolgerung wäre, wenn die Diagnose von Jürgen Borchert, Renten vor dem Absturz – Ist der Sozialstaat am Ende?, 1993, 150ff, von der „Transferausbeutung der Familien" (Suhr, Der Staat, 1990, 69ff) zuträfe.

IV. Fragwürdigkeiten in der Ordnung sozialer und familiärer Solidarität und Möglichkeiten ihrer Überwindung

Die aufgewiesene Ordnung sozialer und familiärer Solidarität ist nur tragfähig, wenn sie an den Wandel der Familien- und Generationenverhältnisse angepasst wird. Leitmotiv ist die Einsicht, dass „die Familien in einem dem ökonomischen Wert nach beachtlichen Umfang (Leistungen) zur Bildung, Erhaltung und Pflege des für die Entwicklung und Qualität der Gesellschaft grundlegenden Humanvermögens erbringen, das nicht nur den Trägern des Humanvermögens, sondern allen Gesellschaftsmitgliedern zugute kommt."[46] Das Recht hat deshalb die Familien zu schützen und Familienarbeit zu fördern (Art 6 Abs 1 GG). Folglich ist die gegebene Ordnung familiärer und sozialer Solidarität auf mögliche Unzulänglichkeiten und deren Überwindung zu untersuchen. Sie lassen sich in zwei Gruppen unterteilen: Zum einen kann das Niveau der sozialen Solidarität auf der Basis der selbst erhobenen Ansprüche nicht zureichen (1); zum anderen können Strukturveränderungen angezeigt sein, sei es hin zu mehr sozialer Solidarität (2), sei es hin zu mehr familiärer Solidarität (3).

1. Zureichendes Sicherungsniveau?

Das Sicherungsniveau sozialer Solidarität ist eine wirtschaftliche Größe; sie ist jedoch auch rechtlich belangvoll, weil die Zweckbestimmung einer Sozialleistung deren Sicherungsniveau bestimmt.

a) Soziale Vorsorge: Anerkennung von Familienarbeit

Familienförderung geschieht in der *Rentenversicherung* durch kind- oder ehegattenbezogene Leistungen.[47] Kindbezogene Leistungen sind Kindererziehungs- und Berücksichtigungszeiten, Waisenrenten und Kinderzuschuss; ehegattenbezogene Leistungen sind die

---

[46] Wissenschaftlicher Beirat für Familienfragen, Gerechtigkeit für Familien, Schriftenreihe des Bundesministerium für Familien, Senioren, Frauen und Jugend, Band XXX, 2001, S 128; vgl auch Hettlage, Familienreport, 263 f; Scheiwe, Fn 19, 15 und passim.

[47] Michaelis, DRV 1997, 696.

Witwen- und Witwerrenten: Jene prämiieren Kindererziehung und schützen Kinder, diese fördern die Ehe als Institution. Als Ausprägung sozialen Ausgleichs[48] rechtfertigt die Familienförderung durch die gesetzliche Rentenversicherung, „dass es, um den Lebensstandard der nicht mehr produktiven Generation zu sichern, dreier Generationen bedarf, die Solidarität miteinander üben".[49] Sie folgt dem verfassungsgerichtlichen Gebot, rentenrechtliche Benachteiligungen der Kindererziehung schrittweise abzubauen.[50] Kindererziehungszeiten mit rentenbegründender wie -steigernder Wirkung stellen Familienarbeit einer Erwerbstätigkeit gleich; sie unterscheiden sich jedoch in Umfang und Ausgestaltung: Eltern, die Kinder seit 1992 erzogen, erhalten drei Jahre, Eltern, die davor erzogen, indes nur ein Jahr pro Kind als Kindererziehungszeit gutgebracht.[51] Deren Bewertung wurde ab Juli 2000 auf den allgemeinen Rentenwert festgesetzt. Damit wird Kindererziehung der Erwerbsarbeit eines Durchschnittsverdieners (= 1 EP) rentenrechtlich gleichgestellt.[52] Seit 1999 finanziert diese der Bund, nicht mehr die Solidargemeinschaft.[53] Die Zuerkennung von Berücksichtigungszeiten[54] für die Kindererziehung bis zum 10. Lebensjahr des Kindes führt zu einer höheren Bewertung der beitragslosen Zeiten und so zu einer weiteren Rentensteigerung für kindererziehende Versicherte. Die Rentenreform 2001 sieht ferner eine Höherbewertung der Berücksichtigungszeiten für Erziehende mit geringem Erwerbseinkommen vor, sofern diese 25 rentenrechtliche Jahre zurückgelegt haben.[55] Dies gilt auch für nichterwerbstätige Eltern für den Zeitraum der Pflege eines Kindes unter 18 Jahren. Desweiteren wird die Bewertung der Erziehung von zwei oder mehr Kindern durch nicht erwerbstätige Eltern angehoben.[56]

---

[48] Hase, VSSR 1996, 44ff; ders, Versicherungsprinzip und sozialer Ausgleich, 2000, S 192ff, 254ff; Joachim Becker, Transfergerechtigkeit und Verfassung, 2001, 302ff und passim.

[49] Oswald von Nell-Breuning, Drei Generationen in Solidarität, in ders/Cornelius Fetsch (Hg), Drei Generationen in Solidarität, 1981, 28.

[50] BVerfGE 87, 1, 39ff; zu den empirischen Auswirkungen von Kindererziehung auf Rentenanwartschaften: Stegmann, DRV 2001, 137.

[51] §§ 56, 249 SGB VI; In der Ausgestaltung sind Leistungen an Eltern des Geburtsjahrgangs 1921 und älter von Leistungen an Eltern jüngerer Jahrgänge zu unterscheiden (§ 249 SGB VI). Die Unterscheidung erklärt sich daraus, dass bei Einführung der Kindererziehungszeiten der Geburtsjahrgang 1921 bereits Leistungsempfänger war.

[52] § 70 Abs 3 a SGB VI; bis zum 30. 6. 1998 belief sich die Bewertung noch auf 75%, bis 30. 6. 1999 auf 85% und bis zum 30. 6. 2000 auf 90%, vgl § 295 SGB VI.

[53] § 177 SGB VI.

[54] § 57 SGB VI.

[55] Marschner, SozSich 2001, 89; Ruland, FamRZ 2001, 129, 130; ders, NJW 2001, 1673, 1677f.

[56] § 70 Abs 3 a SGB VI; BT-Drucks 14/5068, S 2.

Diese Leistungen werden von der Solidargemeinschaft der Versicherten getragen. Zwar minderte die Rentenreform 2000/2001 die ehegattenbezogenen Leistungen, anerkannte indes die Kindererziehung erstmals auch in der Hinterbliebenenversorgung als rentensteigernd. Danach sind dem hinterbliebenen rentenberechtigten Ehegatten für das erste Kind zwei EP und für jedes weitere Kind je ein EP gutzuschreiben.[57] Als Alternative wird den Berechtigten bei 25 beiderseits zurückgelegten rentenrechtlichen Jahren ermöglicht, ihre in gemeinsamer Ehe erworbenen Anwartschaften aus der Rentenversicherung hälftig aufzuteilen. Das Wahlrecht zwischen der Hinterbliebenenrente und der Aufspaltung (Splitting[58]) der in der Ehezeit gemeinsam erworbenen Rentenanwartschaften ist bei Eintritt der Rentenberechtigung beider Ehegatten auszuüben. Außerdem hat die Rentenreform Subventionen und steuerliche Vergünstigungen für den Aufbau einer privaten ergänzenden Altersvorsorge gebracht. In diesem Zusammenhang werden für Ehegatten sowie für Kinder Zuschüsse oder steuerliche Vergünstigungen erbracht.[59]

Die *Pflegeversicherung* begründete für die sich häuslicher Pflege widmenden Familienangehörigen erstmals[60] eine eigene soziale Sicherung. Die Pflegeperson steht während der Pflege unter dem Schutz der Unfallversicherung[61] und wird für die Zeit geleisteter Pflege in die Rentenversicherung einbezogen.[62] Die anfallenden Beiträge entrichtet dafür die Pflegekasse.[63] In der gesetzlichen Kranken- und Pflegeversicherung besteht für nicht oder geringfügig beschäftigte Ehegatten eines Versicherten in der Familienversicherung Versicherungsschutz gegen Krankheit und Pflegebedürftigkeit. Ein Schutz durch die Unfallversicherung für Familienarbeit besteht dagegen nicht. In der Arbeitslosenversicherung verlängern Zeiten der Pflege oder Erziehung eines unter drei Jahren altes Kindes eines Arbeitslosen die Rahmenfrist.[64] Im übrigen gebietet das Gesetz die Rücksichtnahme auf Kindererziehende und Pflegende bei der zeitlichen, inhaltlichen und organisatorischen Ausgestaltung von Leistungen der aktiven Arbeitsförderung.[65]

Kindbezogene Leistungen begünstigen den erziehenden Elternteil; sie werden jedoch nicht von den „Kinderlosen“, sondern der Gene-

---

[57] § 78a SGB VI; Ruland, NJW 2001, 1673, 1678.
[58] §§ 120a ff SGB VI.
[59] §§ 10a, 82ff EStG.
[60] § 3 Satz 1 SGB XI.
[61] § 2 Nr 17 SGB VII.
[62] § 3 Satz 1 Nr 1a SGB VI.
[63] § 166 Abs 2 SGB VI.
[64] § 124 SGB III.
[65] § 8 Abs 3 SGB III.

ration der Kinder getragen – so diese Beitragszahler werden.[66] Nach Beanstandungen durch das BVerfG[67] ist sie als „additive Kindererziehungszeit“[68] ausgestaltet. In deren Genuss kommen auch Eltern, die Erwerbstätigkeit mit Kindererziehung verbinden.

In der deutschen Rentenversicherung wird die Kindererziehung im internationalen Vergleich[69] beachtlich hoch bewertet. Problematisch ist allerdings die unterschiedliche Bewertung der vor und nach 1992 geleisteten Kindererziehung.[70] Gewiss würde eine Angleichung der Bewertung erhebliche Beträge fordern.[71] Die vor 1992 zurückgelegte Kindererziehungszeit zählt im Vergleich der nach 1992 jedoch nur zu einem Drittel. Die vorgebliche familienpolitische Großtat einer Anerkennung der Kindererziehung für drei Jahre bedeutet für die heute aktive Generation ein wohlfeiles Versprechen. Für dessen Einlösung haben die ihr nachfolgenden Generationen von Beitragszahlern einzustehen. Schon um der Generationengerechtigkeit willen ist deshalb die Annäherung der vor und nach 1992 geleisteten Kindererziehung anzustreben. Die beschlossene Erhöhung der Berücksichtigungszeiten begünstigt einseitig geringverdienende und nicht erwerbstätige Versicherte. Dies mag der Gleichbehandlung aller Versicherten zuwiderlaufen,[72] lässt sich indes als Schutz Einkommensschwacher – Akt sozialen Ausgleichs rechtfertigen.[73]

Die Hinterbliebenenversorgung beruht auf der überkommenen Rollenverteilung unter den Geschlechtern: einem verdienenden Mann und einer nichterwerbstätigen oder hinzuverdienenden, sich der Kindererziehung widmenden Frau.[74] Eine um die wirtschaftliche

---

[66] Rahn/Becker, DRV 1997, 673; 1998 getreu den von Marschner, DRV 1997, 690 formulierten Zielvorstellungen auf das Durchschnitts-Versicherten-Einkommen erhöht, reagiert der Gesetzgeber auf die Kritik bei Renate Jaeger, Verhandlungen 60. DJT (1994), O 43f: „Die Kindererziehungszeit, die nicht mehr wert ist als ein durchschnittliches Einkommen, diskriminiert Eltern“.

[67] BVerfGE 94, 241.

[68] Michaelis, DRV 1997, 699.

[69] Stamatia Devetzi in VDR (Hrsg.), Rentenversicherung im internationalen Vergleich, 1999, 355.

[70] Kritisch auch Jaeger, Verhandlungen des 60. DJT (1994), O 45: Kindererziehungszeit sollte nicht als „Geburtsprämie für die Zukunft“ mißverstanden werden. Ursula Rust in dies (Hg), Eigenständige Alterssicherung von Frauen, 2000, (auch ZSR 2000, 669ff), 30.

[71] Marschner, SozSich 2001, 89 spricht von 23,9 Mrd DM jährlich; ähnlich Thiede in Rust (Hg), Eigenständige Alterssicherung der Frau, 2000, 189, 193ff.

[72] Dazu BVerfGE 94, 241; Ruland, FamRZ 2001, 129, 130; Joachim Becker, Transfergerechtigkeit und Verfassung, 2001, 321 zu §§ 262 (Rente nach Mindesteinkommen), 256 (Berufsausbildung) SGB VI.

[73] Hase, Versicherungsprinzip und sozialer Ausgleich, 2000, 254ff.

[74] Diane Sainsbury, Gender, Equality and Welfare States, Cambridge University Press 1996, p 46ff.

und soziale Gleichstellung von Frauen und Männern bemühte Politik[75] befürwortet deshalb die *Ablösung* der *abgeleiteten* durch die *individuelle* Sicherung. Diese gereicht aber den Frauen zum Nachteil, die einzig eine abgeleitete Sicherung haben oder deren Erwerbseinkünfte nur einen bescheidenen Umfang erreichen. Diese bleiben auf die abgeleitete Sicherung nach wie vor angewiesen.[76]

Die 2001 beschlossene, für die Generation der bei Verabschiedung unter 40 Jahre alten Versicherten maßgebende Hinterbliebenenversorgung sucht den Kompromiss zwischen der abgeleiteten und der individuellen Sicherung. Zwar werden das Maß der Sicherung um 5% vermindert und eigene Erwerbs-, Renten- und nun auch Vermögenseinkünfte – ähnlich wie im Unterhaltsrecht – berücksichtigt. Dadurch wird die Hinterbliebenenrente zur fürsorglichen Sicherung verändert.[77] Die zum Ausgleich erstmals eingeführte Anrechnung von Kindererziehungszeiten gleicht diesen Verlust aber für vormals erziehende Hinterbliebene aus; bei Erziehung mehrerer Kinder wird die Hinterbliebenenrente gegenüber dem bisherigen Rechtszustand gar erhöht. Das als Alternative zur Hinterbliebenenrente eingeführte Splitting erlaubt die rentenrechtliche Angleichung der Erwerbsbiographien für die Ehezeit und sichert so auch dem sich der Kindererziehung widmenden Elternteil die Teilhabe an dem vom erwerbstätigen Ehegatten erwirtschafteten Überschuss an Rentenanwartschaften. Erzielt der nichterziehende Ehegatte dagegen ein unterdurchschnittliches Einkommen, so profitiert er von der Höherbewertung der Kindererziehungszeiten. Dieses Ergebnis läuft dem Familienleistungsausgleich innerhalb der Rentenversicherung zwar zuwider; es wird aber durch die prinzipiell familienfreundlichere Alternative Hinterbliebenenrente abgewendet. Das Splitting setzt den Konsens der Ehegatten voraus.

Die gegenwärtige Aufteilung der Rentenanwartschaften unter den Versicherten bleibt auf Anwartschaften der Rentenversicherung beschränkt. Die Konstruktion ist zwar einfach zu handhaben; sie schafft aber ungerechtfertigte Vorteile für Eheleute, die in unterschiedlichen Systemen sozialer oder privater Vorsorge gesichert sind.[78] Daher ist eine Erstreckung des Splittings auf sämtliche Vorsorgerechte wie beim Versorgungsausgleich[79] (§ 1587 I BGB) nötig.

---

[75] Ebd, p 173 (gender equality reform).

[76] Ebd, 197.

[77] BVerfGE 97, 271, 284 f: „die Hinterbliebenenrente ist eine vorwiegend fürsorgerisch motivierte Leistung" (ebd, 285), hat aber eine Fortentwicklung in diese Richtung bereits gebilligt; die Anrechnung jeglichen Einkommens wird mit deren Nähe zum Unterhaltsrecht gerechtfertigt.

[78] Ruland FamRZ 2001, 129, 132.

[79] Staudinger-Eichenhofer, BGB, 1998 (13. Aufl) Rn 1 ff vor § 1587.

Das Wahlrecht zwischen Hinterbliebenenrente und Splitting soll sichern, dass alle ehelichen Lebensformen sozialversicherungsrechtlich als gleichwertig behandelt werden.[80] Es bleibt jedoch in der Ausgestaltung problematisch, wenn sich die Entscheidung für die Eheleute unterschiedlich auswirkt. Dann kann das Wahlrecht mangels Einvernehmens nicht ausgeübt werden.

Familienarbeit in die Unfallversicherung einzubeziehen,[81] um den „frauentypischen Zivildienst in der Familie zu honorieren",[82] erscheint in Anbetracht der beträchtlichen Unfallgefahren im Haushalt[83] erwägenswert. Auch die Einbeziehung der Familienarbeit in die Arbeitsförderung ist sinnvoll, zumal sich diese zur Frauenförderung bekennt und die Arbeitsmarktintegration von Frauen anstrebt (§ 8 SGB III).[84] Allerdings besteht in der Unfallversicherung die Schwierigkeit, die zu versichernde Familienarbeit von der nach wie vor unversicherten Sphäre privater Betätigung abzugrenzen. Die Umschreibung der versicherten Tätigkeit wie der Nachweis eines durch Familienarbeit bedingten Unfalls bereiten deshalb große Schwierigkeiten. Deshalb dürfte eine Einbeziehung der Familienarbeit in die Unfallversicherung an praktischen Schwierigkeiten scheitern.

b) Soziale Förderung

aa) Überblick

Kinder- und Erziehungsgeld bilden den *Familienleistungsausgleich.*[85] In dieser Bezeichnung statt „Familienlastenausgleich" soll anklingen, „dass die Ziele der Familienpolitik nicht nur an den Lasten, sondern vor allem an den Leistungen orientiert werden sollen." Das Kindergeld dient dem *intergenerationellen* Lastenausgleich.[86] Es

---

[80] Vgl dazu die gemeinsame Erklärung der Evangelischen und Katholischen Kirche zur Zukunft der Alterssicherung, in Frankfurter Rundschau, 28. Juni 2000, S 18.

[81] Hierfür schon Gitter, 50. DJT (1974), D 107ff, D 151ff; bereits verwirklicht in der landwirtschaftlichen Unfallversicherung (vgl § 124 SGB VII, dazu Leube in Kater/Leube, SGB VII, 1997, § 124 Rn 3ff).

[82] Jaeger, 60. DJT (1992), O 35ff.

[83] Nach dem Unfallbericht der BAuA wies die Unfallstatistik 1996 2,751 Mio Haushaltsunfälle auf!

[84] Vgl auch entsprechende Vorschläge im Positionspapier des Bundesarbeitsministerium zur Reform der Arbeitsförderung, 2001, 12f; vgl § 8a SGB III (Vorschlag des Job-Aqtiv-Gesetzes, BT-Drucks 14/6944).

[85] § 6 SGB I.

[86] Wissenschaftlicher Beirat für Familienfragen, Gerechtigkeit für Familien, Schriftenreihe des Bundesministeriums für Familie, Senioren, Frauen und Jugend, Band XXX, 2001, 18, 80ff, 226ff; zu den Funktionen des Kindergelds auch Wingen,

(Fortsetzung nächste Seite)

soll den öffentlichen Beitrag zum Unterhalt des Kindes leisten, den erziehungsbedingten Einkommensausfall ausgleichen, Erziehungsarbeit honorieren[87] und Familiengründung oder -ausweitung anreizen.[88] Kinder- und Erziehungsgeld zahlt der Bund an Eltern zum Ausgleich für den ihren Kindern gewährten Bar- und Betreuungsunterhalt. Sie stärken die unterhaltsrechtliche Leistungsfähigkeit der Eltern und entlasten gleichzeitig die Zweige sozialer Vorsorge von dem Erfordernis familienfreundlicher Ausgestaltung.[89] Die Leistungen verwirklichen das in der *katholischen Soziallehre* verankerte Gebot nach *familiengerechter Entlohnung.*[90] Soziale Gestaltungsaufgaben werden so durch *Externalisierung* bewältigt.[91] Hätte der Arbeitgeber familiengerecht zu entlohnen, zögen Arbeitnehmer ohne Kindesunterhaltspflichten Vorteile, weil Arbeitgeber aus deren Beschäftigung niedrigere Löhne zu zahlen hätten. Kinder- und Erziehungsgeld entlasten das Arbeitsverhältnis von der Aufgabe familiengerechter Entlohnung. Der gebotene soziale Ausgleich geschieht durch öffentliche Kassen.

bb) Kindergeld und Kinderfreibetrag

Kindergeld steht allen in Deutschland wohnenden Eltern und Kindern zu. Desweiteren steht inländisches Kindergeld einem im Inland beschäftigten, aus einem anderen EWR-Staat stammenden Arbeitnehmer zu. Es richtet sich nach der Anzahl der dem Berechtigten zugeordneten Kinder, beträgt ab 2002 für das erste bis dritte Kind 154 € und für das vierte und jedes weitere Kind je 179 €.[92] Das

---

(Fortsetzung der Fußnote)
Familienpolitik, 1997, 183ff; kritisch zum Sprachgebrauch Fichtner, Festschrift für Wingen, 2000, 226ff mit der richtigen Beobachtung, dass der Staat die Erziehung der Kinder weder bezahlen kann, noch sollte, der Begriff also unrealistische Erwartungen weckt.

87 Wissenschaftlicher Beirat, Fn 86, 18ff.

88 Ebd, 77, Der private Unterhalt sowie die öffentliche Familienförderung werden als Vorleistungen der Eltern und der Gesellschaft an die Kinder verstanden. „Wenn es stimmt, dass die Familiengründung – also die Entscheidung für Kinder – anspruchsvoller geworden ist, dann sind auch die Leistungen derer, die Familien gründen, gesellschaftlich höher zu bewerten." (S 128f).

89 Namentlich tritt das Kindergeld an die Stelle des rentenversicherungsrechtlichen Kinderzuschusses (§ 170 SGB VI) oder der unfallversicherungsrechtlichen Kinderzulage (§§ 583 RVO iVm 217 Abs 3 SGB VII).

90 Encyclica quattragesimo anno 1931, Tz 63ff.

91 Vgl dazu Zacher, Grundtypen des Sozialrechts, in ders, Abhandlungen zum Sozialrecht, 1993, 257, 261ff; ders, Die Anatomie des Sozialrechts, SGb 1982, 329ff.

92 § 6 Abs 1 EstG idFd Zweiten Gesetzes zur Familienförderung (BT-Drucks 14/6411).

universal ausgestaltete Kindergeld variiert nach der Anzahl der zu erziehenden Kinder. Es basiert so auf dem Verteilungsprinzip *formaler Gleichheit*, das scheinbar einseitige Begünstigungen oder Belastungen von Eltern vermeidet.[93] In seiner universalen Ausgestaltung ist es kostspielig und nicht zielgenau: Für die Bedürftigen ist es zu niedrig, weil es deren Bedarf nur partiell deckt. Für die Kinder wohlhabender Familien ist es hingegen vergleichsweise gering, weil es sich an den durchschnittlichen Einkommensverhältnissen orientiert. Dessen Grenznutzen sinkt mit wachsendem Einkommen der Eltern.

Bis 1996 standen Kindergeld und Kinderfreibetrag nebeneinander (*duales* System). Jenes war ein sozialrechtlicher Transfer, dieser eine Steuerverschonung. Mit dem Jahressteuergesetz 1996 wurde das duale System durch ein *monistisches* System ersetzt. Für unbeschränkt Steuerpflichtige besteht seither zwischen Kindergeld und dem einkommensproportionalen Kinderfreibetrag eine Alternative. Das BKGG als Subvention besteht daneben zwar fort, hat aber nur noch für die in Deutschland nicht unbeschränkt Steuerpflichtigen Belang. Kindergeld und Kinderfreibetrag sind so zu bemessen, dass zumindest das Existenzminimum des Kindes freigestellt wird.[94]

Nach der Rechtsprechung des BVerfG[95] umfasst die staatliche Pflicht zur Familienförderung (Art 6 Abs 1 GG) den Familienleistungsausgleich. Dieser hat aber nicht jede die Familie treffende Belastung zu lindern:[96] *Kindergeld* soll namentlich *nicht* den gesamten *Lebensbedarf* eines Kindes decken. Es stellt vielmehr einen Zuschuss zu dem prinzipiell von den Eltern zu leistenden Kindesunterhalt dar. Die Erziehung der Kinder ist Recht und Pflicht der Eltern (Art 6 Abs 2 GG). Daraus folgt auch die Unterhaltspflicht.[97] An deren Tragung beteiligt sich die Allgemeinheit durch Kindergeld. Bei Bedürftigkeit ist der gesamte Lebensbedarfs eines Kindes allerdings durch Sozialhilfeträger zu decken. Kindergeld ist auf die Sozialhilfe anzurechnen.[98] Dies kann Sozialhilfeempfänger in eine Armutsfalle

---

[93] John Ditch/Helen Barnes/Jonathan Bradshaw, A Synthesis of National Family Policies 1995 (Social Policy Research Unit, University of York) 1996, p 40; Anne Hélène Gauthier, The State and the Family, 1996, p 163 f.

[94] Schulin/Igl, Sozialrecht, 1999 (6. Aufl), Rn 884 f; Gitter/Schmitt, Sozialrecht, 2001 (5. Aufl), § 39.

[95] BVerfGE 82, 60, 81 f.

[96] BVerfGE 43, 108, 121; 75, 348, 360 mwN; „Der Gesetzgeber hat im Interesse des Gemeinwohls neben der Familienförderung auch andere Gemeinwohlbelange bei seiner Haushaltswirtschaft zu berücksichtigen und dabei vor allem auf die Funktionsfähigkeit und das Gleichgewicht des Ganzen zu achten". (BVerfGE 82, 60, 82).

[97] BGH FamRZ 1981, 341, 344; Frenz, NJW 1993, 1103 ff; BVerfG FamRZ 1985, 143; BVerfGE 57, 257; 66, 84, 94.

[98] BVerwG FEVS 35, 1; Schellhorn/Jirasek/Seipp, BSHG, 1997 (15. Aufl), § 2 Rn 45 f.

(poverty trap) führen: Nehmen sie eine gering bezahlte Erwerbstätigkeit auf, entfällt die Sozialhilfe. Deshalb ist der Anreiz zur Arbeitsaufnahme gering, falls – wie regelmäßig – für die Tätigkeit ein unterdurchschnittlicher Lohn gezahlt wird.[99] Der Gefahr würde begegnet, falls ein den Kindesbedarf umfassend deckendes Kindergeld eingeführt würde.[100] Es verhinderte, dass Eltern einzig für die Bestreitung von Kindesunterhalt Sozialhilfe beanspruchen müssten. Die Verwirklichung dieses Ziels erforderte beachtliche Mittel.[101] Ferner würde damit der Kindesunterhalt vom Bund und nicht mehr dem Sozialhilfeträger getragen. Ein den Mindest-Lebensbedarf des Kindes deckendes Kindergeld kommt als generelle Lösung nicht in Betracht. Um der Armutsfalle für Einkommensschwache zu entgehen, ist der Übergang zwischen Kindergeld und Sozialhilfe besser abzustimmen. Dies gelänge durch einen Kindergeldzuschlag für Eltern mit geringem, aber über dem Sozialhilfeniveau liegendem Einkommen.[102]

Die Verwirklichung dieses Vorschlags bedeutete die Absage an ein universelles Kindergeld. Zu dessen Rechtfertigung wird vorgebracht, es sei gerecht, weil es alle Familien gleich bedenke.[103] Diese Deutung trifft aber nur zu, wenn die Besteuerung der Familien außer Betracht bleibt. In dem geltenden monistischen System erscheinen Kindergeld und Kinderfreibetrag als *Alternativen.* Obgleich die Familienbesteuerung Gegenstand einer gesonderten Untersuchung sein wird[104] ist in diesem Gutachten auf das Verhältnis von Kindergeld und Freibetrag einzugehen, weil dieses die Ausgestaltung des Kindergeldes letztlich prägt.

---

[99] von Löffelholz, Dietrich/Fritsche, Bernd/Kopp, Günter, Aktuelle Bestandsaufnahme des deutschen Transfersystems – eine empirische Analyse unter Effektivitäts- und Anreizgesichtspunkten, 1997: Der Unterschied zwischen der Sozialhilfe und den Einkünften aus angelernter Tätigkeit ist relativ gering, vgl S 73ff. Er beläuft sich auf Werte zwischen 5% und 10%, nach anderen Studien auf 10–15%. Die Differenz ist namentlich bei Familien gering, bei Alleinstehenden und Ehepaaren ohne Kinder ist sie höher; Dietrich Engels, Der Abstand zwischen der Sozialhilfe und anderen Arbeitnehmereinkommen, 1999, 18ff; Bernd Eggen, Privathaushalte mit Niedrigeinkommen, 1998, 116ff.

[100] Deutscher Familienverband, Erklärung vom 11. 6. 1999.

[101] Fischer, SF 2001, 85ff.

[102] Wie in Frankreich, Großbritannien und Irland, vgl John Ditch/Helen Barnes/Jonathan Bradshaw, A Synthesis of National Family Policies, 1995, p 65ff oder in Rheinland-Pfalz: Richtlinien zur Durchführung des „Sonderprogramms zur Erprobung von Modellansätzen zur Förderung der Beschäftigung von Geringqualifizierten und Langzeitarbeitslosen" in der Fassung der Ersten Änderung vom 24. 4. 2001, http://www.masfg.rlp.de/arbeit/mainzer modell.htm#2.

[103] John Ditch/Helen Barnes/Jonathan Bradshaw, A Synthesis of National Family Policies, 1995, p 46.

[104] Vgl das Referat von Jens-Peter Meincke.

Die Einkommensverhältnisse von Familien werden durch deren steuerliche Belastung beeinflusst. Während das BVerfG[105] in seiner älteren Spruchpraxis dem Ermessen des Gesetzgebers überließ, ob Kindesunterhalt bei der Steuererhebung als Verschonungs- oder als Gewährungsgrund sozialer Leistungen erachtet werde, modifizierte es inzwischen seine Rechtsprechung[106] und befand: Bei der Besteuerung ist das Existenzminimum der Familie stets steuerfrei zu belassen; nur das über dieses Minimum hinausgehende Einkommen unterliegt der Besteuerung. Namentlich sei der Unterhalt keine privatnützige Aufwendung,[107] zumal das Kind auf dessen Gewährung einen Anspruch hat. Ferner sei nicht nur der Sachunterhalt des Kindes freizustellen, sondern auch dessen Erziehungs- und Betreuungsbedarf.[108] Zum Verhältnis von Kindergeld und steuerlicher Belastung befand das Gericht: „Dem Gesetzgeber steht es frei, die kindesbedingte Minderung der Leistungsfähigkeit entweder im Steuerrecht zu berücksichtigen oder ihr stattdessen im Sozialrecht durch die Gewährung eines dafür ausreichenden Kindergeldes Rechnung zu tragen oder auch eine Entlastung im Steuerrecht und eine solche durch das Kindergeld miteinander zu kombinieren."[109]

Das derzeit geltende Recht beruht auf einer solchen *Kombination.* Die steuerpflichtigen Eltern erhalten Kindergeld oder den Freibetrag – je nachdem, welche Lösung dem Steuerpflichtigen den höheren Ertrag verspricht.[110] Das Kindergeld wird so bemessen, dass dieses für die weit überwiegende Mehrzahl der Steuerpflichtigen vorteilhafter als die Steuererleichterung ist. Nur bei Eltern mit sehr hohem Einkommen übertrifft der Freibetrag das Kindergeld. Wie der Progressionssatz der Belastung, so wirkt auch die Entlastung progressiv.[111] Wegen der Alternativität zwischen Kindergeld und Freibetrag erfüllt das Kindergeld somit auch steuerliche Funktionen, weil es für deren Bezieher zugleich die Steuerfreiheit des Existenzminimums

---

105 BVerfGE 43, 108.

106 BVerfGE 82, 60; 99, 260.

107 BVerfGE 82, 60; Althammer, Festschrift für Wingen, 2000, 215, 216ff (subjektives Netto-Prinzip); Böckenförde, StuW 1986, 335ff; Lehner, Festschrift für Zacher, 1998, 511, 519; Zeidler, StuW 1985, 1, 3ff; dagegen Bareis, StuW 1991, 38ff (für Markteinkommenstheorie).

108 BVerfGE 99, 216, 235ff einerlei, ob Fremd- oder Eigenbetreuung vorliege.

109 BVerfGE 82, 60, 84; 61, 319, 354; 43, 108, 123f; vgl zum dualen System Scherf, SF 1994, 259; Oberhauser, SF 1985, 14.

110 Wird im Rahmen einer durch das Finanzamt von Amts wegen durchgeführten Vergleichsrechnung bei der Jahresveranlagung der Einkommenssteuer festgestellt, dass die Gewährung des Kinderfreibetrages günstiger ist, wird der Kinderfreibetrag nachträglich berücksichtigt, §§ 31f EStG.

111 BVerfGE 82, 60. Im Zuge der beschlossenen Reform der Einkommensteuer wird die Steuerprogression in den kommenden Jahren sinken. Damit sinkt auch der Entlastungseffekt des Freibetrages.

eines Kindes sichert. Ein seinem Namen gerecht werdender Familienleistungsausgleich verlangt indessen einen Transfer, der mehr gewährleistet als die Steuerfreiheit des Existenzminimums der Familie.[112]

Ist das monistische, von der Alternativität von Kindergeld und Kinderfreibetrag geprägte System sachgerecht? Die Freistellung von Kinderunterhalt bei der Einkommensbesteuerung verwirklicht horizontale Steuergerechtigkeit[113], garantiert die Besteuerung nach Leistungsfähigkeit. Sie besteuert die Bezieher gleicher Einkünfte mit und ohne Kinder unterschiedlich, weil das Einkommen jener auch der Sicherung des Kindesunterhalts dient.[114] Der Entlastungseffekt steigt mit wachsendem Einkommen entsprechend der progressiven Belastung. Wer aus Gründen vertikaler Steuergerechtigkeit die proportionale steuerliche Belastung von Einkommen aber billigt, kann schwerlich die progressive Wirkung von Entlastungen beanstanden.[115] Der Kinderfreibetrag ist ein Element familiengerechter Besteuerung und gerade deshalb *kein* Instrument des Familienleistungsausgleichs. Kindergeld und Kinderfreibetrag können daher *nicht* als *Alternativen,* sondern müssen als *zwei* einander ***komplementäre*** und für einander jeweils unverzichtbare Elemente von Familienförderung begriffen werden: Das Kindergeld stärkt die Unterhaltsfähigkeit der Familien, Kinderfreibeträge sichern das Prinzip der Besteuerung nach Leistungsfähigkeit für Eltern mit und ohne Kinder. Nur ein den Kindesbedarf umfassend deckendes Kindergeld schlösse den Kinderfreibetrag aus, weil es die Bedürftigkeit des Kindes beseitigte und damit der Rechtsgrund für die Steuerverschonung entfiele. Solange dies nicht der Fall ist, – und so weit sollte ein sozialrechtlicher Familienleistungsausgleich auch um der Sicherung des Elternrechts (Art 6 Abs 2 GG) willen nicht gehen – ist ein Nebeneinander von Kindergeld und Kinderfreibetrag unverzichtbar.

Daher wäre die funktionsgerechte Trennung von Kinderfreibetrag und Kindergeld der Transparenz förderlich. Statt dem vorgeblichen Ideal einer gleichmäßigen Familienförderung für Kinder aus verschiedenen Einkommensverhältnissen zu huldigen und dabei die beiden Funktionen als Steuerverschonung *und* Subvention der Kin-

---

112 Wissenschaftlicher Beirat für Familienfragen, Gerechtigkeit für Familien, 2001, 80; vgl auch Fünfter Familienbericht, BT-Drucks 12/7560, 289ff: „Die Familien haben jahrelang Milliardenbeträge zu viel Steuern abgeführt" (ebd), der prononciert ein Nebeneinander von Freibetrag und Kindergeld fordert, dieser als Mittel zur Herstellung der Steuergerechtigkeit, jener als Instrument zur Sicherung der Bedarfsgerechtigkeit.

113 BVerfGE 62, 60, 89; vgl auch Heinz Haller, Besteuerung der Familieneinkommen und Familienlastenausgleich, 1981, 32f; BT-Drucks 13/11368, 88; Jachmann in Kirchhof/Söhn, EStG, 1999, § 31 Anm 46.

114 BVerfGE 82, 60, 89f.

115 Eichenhofer, Sozialrecht 2000 (3. Aufl), Rn 503.

dergeldzahlung zu verdunkeln, würde bei einem Nebeneinander explizit werden:[116] Hinter dem einheitlichen Kindergeld verbirgt sich tatsächlich eine gemischte Leistung aus Steuerentlastung und sozialrechtlicher Förderung. Sie bedeutet damit eine vom *jeweiligen Einkommen* der *Eltern abhängige, höchst differenzierte* Förderung. Stattdessen sollte für alle Steuerpflichtigen mit Kindern ein dem Steuersatz proportionaler Freibetrag auszuweisen und abzugelten sein. Im Gegenzug sollte dafür den Einkommensschwachen, die im Rahmen des Einkommensteuerrechts für den Kindesunterhalt keine oder eine unzureichende Entlastung erhalten, im Wege eines tendenziell bedarfsdeckenden Kindergeldes eine angemessene Kompensation zuteil werden.[117]

In vielen EU-Staaten[118] wird das Kindergeld trotz seiner universalen Ausrichtung für Alleinerziehende oder einkommensschwache Familien erhöht. Es bedeutet ein „partielles Versagen der Familienpolitik",[119] wenn in den EU-Staaten die Kinder in der Armutsbevölkerung überproportional vertreten sind. Ab dem dritten Kind steigt das Armutsrisiko erheblich an. Gerade für kinderreiche Familien muss die Bedarfsdeckung Vorrang vor dem sozialhilferechtlich begründeten und auch sinnvollen Lohnabstandsgebot haben.[120] Deshalb kann die Sicherung des Kindesbedarfes dem Sozialhilferecht nicht überantwortet werden. Der Schutz der Familien vor Verarmung ist durch den Familienleistungsausgleich zu gewährleisten.[121] Für das Kindergeld der Durchschnittsverdiener folgte daraus, dass es nur einen Teil – etwa in Höhe eines Drittels des Existenzminimums

---

[116] Der 10. Kinder- und Jugendbericht (BT-Drucks 13/11368), XII führt aus, dass 1998 von 50 Mrd DM Kindergeld 27 Mrd die Funktion der Steuerfreistellung und 23 Mrd der Subventionierung dienen. Der Selbstfinanzierungsanteil der Familien am Kindergeld soll 1990 32% betragen haben (Fünfter Familienbericht, BT-Drucks 12/7650, 294).

[117] So auch Gröpl, StuW 2001, 150, 165 f; Paul Kirchhof, Wer Kinder hat, ist angeschmiert, DIE ZEIT, Nr 3 v 11. Januar 2001; Heinz Lampert, Priorität für die Familien, 1996, 235 f.

[118] Jonathan Bradshaw/John Ditch/Hillary Holmes/Peter Whiteford (Ed), Support for Children – a Comparison of Arrangements in 15 Countries, 1993, 35 ff; Christiane Dienel, Familien vor Armut bewahren, in Neubauer/Dienel/Lohkamp-Himmighofen (Hrsg), Zwölf zur Familienpolitik, 1993, 496; Gauthier, Fn 93, p 170 ff.

[119] Dienel, ebd, 473.

[120] Rüfner, NDV 1993, 363.

[121] So der Vorschlag des 10. Kinder- und Jugendberichts (BT-Drucks 13/11368), S 94 f; Max Wingen, Familienpolitik, 1997, 185; Otto Fichtner, Kinder, Mütter und Sozialstaat, wird deren Kinderlastenausgleich niedrig verdienenden Familien gerecht?, in Festschrift für Wingen, 2000, 225, 230, „Der Gesetzgeber muss endlich den Mut zu einem degressiven Kinderlastenausgleich haben: mehr Kinderentlastung für die gering, weniger für die gut Verdienenden. Dafür sprechen auch finanzielle Gründe, weil jede Einheitslösung in der Größenordnung des sozialen Existenzminimums alle finanziellen Kräfte des Staates übersteigt".

eines Kindes[122] – betragen könnte und sollte; für Eltern mit drei oder mehr Kindern sollte ein deutlich höheres Kindergeld vorgesehen werden. Allerdings sollte diesen daneben der Kinderfreibetrag zustehen. Für die Bezieher weit überdurchschnittlicher Einkommen wäre – wie bereits heute im monistischen System – das Kindergeld verzichtbar.

cc) Erziehungsgeld

Erziehungsgeld soll den Eltern die Erziehung in der ersten Lebensphase eines Kindes finanziell erleichtern. Es flankiert den arbeitsrechtlichen „Elternurlaub". Dieser befreit die Eltern Neugeborener von den Hauptpflichten aus dem Arbeitsverhältnis. Deren Arbeitsplatz bleibt jedoch erhalten. Zum Ausgleich für einen Einkommensverlust wird bis zur Vollendung des 24. Lebensmonats des Kindes ein Erziehungsgeld in Höhe von monatlich 307 € bezahlt. Dieses steht im Sachzusammenhang mit dem Mutterschutz, erweitert dessen Schutztatbestände jedoch über die Schwangerschaft, Niederkunft und Stillzeit hinaus.[123] Das Erziehungsgeld kann seinen Sinn nur in der Abgeltung von Familienarbeit erfüllen – die *opportunity costs* von Kindererziehung ausgleichen. Das BErzGG wurde 2001 novelliert.[124] Die Novelle sollte „für Eltern ... die Voraussetzungen für die gemeinsame partnerschaftliche Betreuung eines Kindes ohne eine wesentliche Einschränkung ihrer gleichzeitigen Berufstätigkeit"[125] sichern. Das Erziehungsgeld kann seither bis zur Höhe von monatlich 460 € in Anspruch genommen werden, falls seine Bezugsdauer auf zwölf Monate verkürzt wird. Durch Kürzung der Phase von Nichterwerbstätigkeit werden die Beschäftigungschancen der Erziehenden erhöht. Außerdem können die Eltern eine gemeinsame „Elternzeit" (statt „Elternurlaub") beanspruchen. Die für den Berechtigten höchst mögliche wöchentliche Erwerbsarbeit wird von 19 auf 30 Wochenstunden erhöht. In Betrieben mit mehr

---

[122] Vgl zu Berechnungsansätzen: Fünfter Familienbericht, BT-Drucks 12/7560, 290f.

[123] Renate Jaeger, Verhandlungen 60. DJT (1994), O 32f: Schutz der Frau vor den mittelbaren Folgen der Mutterschaft; so auch die internationale Sicht: Sheila B. Kamerman, Parental Leave Policies: An Essential Ingredient in Early Childhood Education and Care Policies, Social Policy Report 2000, 3.

[124] Bundesministerium für Familie, Senioren, Frauen und Jugend, Erziehungsgeld – Elternzeit – das neue Bundeserziehungsgeldgesetz für Eltern mit Kindern ab Geburtsjahrgang 2001, 2000; Gauthier, p 173f; Andreas Netzler, Familien, in Jutta Allmendinger/Wolfgang Ludwig-Mayerhofer (Hg), Soziologie des Sozialstaats, 2000, 297, 309f.

[125] Ebd; Neuregelung überwindet die von Renate Jaeger, Verhandlungen 60. DJT (1994), O 55f kritisierten Defizite.

als 15 Beschäftigten hat der Erziehungsgeldberechtigte einen Anspruch auf Einräumung eines Teilzeitarbeitsplatzes. Das 2001 reformierte Recht wahrt diese Funktion; deshalb ist keine Änderung in der Ausgestaltung des Erziehungsgeldes veranlasst. Im Gegenteil, durch die Erweiterung von Wahl- und Gestaltungsrechten wird es mehr als bislang der Vielfalt familiärer Lebensentwürfe gerecht.

dd) Dienstleistungen

Wegen des steigenden Bildungs- und Qualifikationsniveaus der jüngeren, gegenwärtig in das Erwerbsleben eintretenden Generation wie der veränderten Ansprüche an weibliche Biographien – Mutterschaft mit qualifizierter und umfassender Berufstätigkeit zu verbinden[126] – stiegen im vergangenen Jahrzehnt die Erwartungen an die Vereinbarkeit von Erwerbsarbeit und Familie.[127] Dieses Ziel verlangt nach hinreichend differenzierten und wohnortnahen Angeboten an Einrichtungen der außerfamiliären Kinderbetreuung und -erziehung – von der Kinderkrippe über den Kindergarten und Kinderhort, die schulische Ganztagsbetreuung bis hin zu den Einrichtungen der Jugendarbeit als Elemente der sozialökologischen Infrastruktur.[128] Für die neuen Bundesländer[129] ist dieses Angebot – in Nachwirkung der vorschulischen und schulischen Einrichtungen der DDR – vorhanden und nach tiefgreifenden Reformen ihrer Ausrichtung und Ausgestaltung heute auch hinreichend differenziert und kindnah ausgestaltet; dagegen wird für die alten Bundesländer allgemein ein Nachholbedarf diagnostiziert.[130] Kinderkrippen, Kindergärten, schulische Ganztagseinrichtungen, Jugendarbeit und Schülerhorte sind

---

[126] So stellt das IAB in einer Analyse vom 12. 4. 2001 (IAB-Kurzbericht Nr 7/2001) eine Zunahme des Wunsches nach Erwerbsbeteiligung von Frauen fest.

[127] Vgl dazu auch Maximilian Fuchs, Gutachten F, 60. DJT (1994) F 64ff; Bernd Eggen, Vereinbarkeit von Beruf und Familie als Kern der sozialen Sicherung von Familien (Vortrag 15. 11. 2000 auf dem 75. Deutschen Fürsorgetag); 10. Kinder- und Jugendbericht (BT-Drucks 13/11368), 188ff; Gauthier, Fn 93, p 181ff.

[128] Wissenschaftlicher Beirat für Familienfragen, Kinder und Kindheit in Deutschland, 1998.

[129] Vgl zu Thüringen: Frank-Michael Pietzsch, Eigenverantwortung und Solidarität – Familie und Jugend in Thüringen, vom 15. 9. 2000.

[130] So weist die Jugendhilfestatistik 1998 ein eindeutiges Ost-West-Gefälle bei den Kinderkrippen auf: Brandenburg hat danach einen Versorgungsgrad von 51,9%, Sachsen-Anhalt von 47,2%, Mecklenburg-Vorpommern von 30,8%, Thüringen von 25,9 und Sachsen von 24,1% – neue Länder und Ost-Berlin insgesamt von 36,3%. Demgegenüber lag die Versorgung im früheren Bundesgebiet bei 2,8% – in Hamburg bei 11,7%; Vgl im übrigen Institut für Erziehungswissenschaft der Universität Tübingen, Erziehung und Betreuung von (0–10jährigen) Kindern in der Familie und in familienbezogenen Einrichtungen, Materialien zur Familienpolitik, 1998, Nr 3; Thomas Bahle/Astrid Pfennig, Angebotsformen und Trägerstrukturen sozialer Dienste im europäischen Vergleich, Mannheimer Zentrum für Europäische Sozialforschung, Nr 34, 2.

nötig, um für Eltern Erwerbs- und Familienarbeit[131] vereinbar zu machen. Familien brauchen ferner Beratung, Bildung, Entlastung, Unterstützung, aber auch Angebote und Leistungen, die die Aufgaben der Eltern bei Bedarf ersetzen können. [132] Um Frauen die gleichberechtigte Teilhabe am Erwerbsleben zu sichern – eine, wenn nicht die wesentliche Voraussetzung für die langfristige Sicherung der Altersvorsorge[133] –, hat Politik die Vereinbarkeit von Berufstätigkeit und Kinderbetreuung zu ermöglichen:[134] „Wenn Kinderbetreuung vor allem ‚Privatsache' und diese unbezahlte Arbeit überwiegend von Müttern geleistet wird, ist dies ... ein strukturelles Hindernis für den gleichen Zugang zu bezahlter Arbeit und Einkommen für Frauen."[135] Solche Bemühungen dienen der Familien- und Frauenförderung zugleich. Auf diesem Ansatz beruhen das IAO-Übereinkommen Nr 156 und die IAO-Empfehlung Nr 165,[136] welche die Mitgliedstaaten der IAO zur Förderung der Chancengleichheit von Frauen sowie Beschäftigten mit Elternpflichten anhalten.[137] Das BVerfG entschied, dass Art 3 Abs 2 Satz 2 GG den Gesetzgeber verpflichte, die Bedingungen zu schaffen, damit Erziehung und Erwerbsarbeit aufeinander abgestimmt werden können, die Wahrnehmung familiärer Aufgaben nicht dem Erziehenden im Erwerbsleben zum Nachteil gereicht.[138] Ähnlich formuliert Art 33 Abs 2 EU-Grundrechtecharta die Vereinbarkeit von Familie und Erwerbsarbeit als Ziel.[139]

---

[131] Fuchs, Gutachten F 60. DJT (1994).

[132] Diakonie-Korrespondenz 1/2000; Wingen, Familienpolitik, 1997, 277.

[133] EG-Kommission, die Entwicklung des Sozialschutzes in Langzeitperspektive: zukunftssichernde Rechte, KOM (2000) 622 endg, Tz 2.3.; dies, Mitteilung vom 3. Juli 2001, Tz 2.3.: Danach soll zur Sicherung der Nachhaltigkeit der Rentenversicherung EU-weit bis 2010 die Frauenerwerbsquote auf 60% steigen.

[134] Vgl dazu Maximilian Fuchs, Gutachten 60. DJT (1994) F 67ff; Kirsten Scheiwe, Kinderkosten und Sorgearbeit im Recht, 1999; Monika Tonner, Familienpolitik als Politik zur Vereinbarkeit von Familie und Beruf, in Irene Dingeldey (Hg), Erwerbstätigkeit und Familie im Steuer- und Sozialsystem, 2000, 59ff.

[135] Scheiwe, Fn 19, 15.

[136] Internationale Arbeitsorganisation, Übereinkommen und Empfehlungen, Bd II, 1993, 1736, 1740.

[137] Dies gilt auch für die Vereinbarkeit von Erwerbsarbeit und Pflegearbeit, vgl Irene Hoskins, Combining Work and Elder Care – a Challenge for Now and the Future, 1996.

[138] BVerfGE 88, 203, 260: „Der Schutz des ungeborenen Lebens, der Schutzauftrag für Ehe und Familie (Art 6 GG) und die Gleichstellung von Mann und Frau in der Teilhabe am Arbeitsleben (Art 3 Abs 2 GG, 3, 7 IPWSK) verpflichten den Staat, insbesondere den Gesetzgeber, Grundlagen dafür zu schaffen, dass Familientätigkeit und Erwerbsarbeit aufeinander abgestimmt werden können, und die Wahrnehmung der familiären Erziehungsaufgaben nicht zu beruflichen Nachteilen führt"; 97, 332, 347f.

[139] Vgl näher zwischen Bericht COM (1998) 770 final, p 20ff; EC Commission 5. 3. 1999, Annual Report from the Commission Equal Opportunities for Women and

(Fortsetzung nächste Seite)

In der weltweiten Debatte um Familienpolitik steht die Vereinbarkeit von Familien- und Erwerbsarbeit im Mittelpunkt. Für die Frühphase kindlicher Entwicklung soll danach eine Kombination von Kinderbetreuung und Erwerbsarbeit ermöglicht werden. Für spätere Phasen kindlicher Entwicklung sollen Familie und Erwerbsarbeit möglichst gelungen verknüpft werden können: Es wird mehr Flexibilität im Arbeitsleben sowie der Ausbau einer wohnortnahen, den Bedürfnissen der zu betreuenden Kinder sowie der beschäftigten Eltern in jeder Lebensphase möglichst umfassend gerecht werdenden öffentlichen Betreuung gefordert.[140]

Die Verwirklichung dieses Zieles erfordert das Engagement von Bund, Ländern und – vor allem – Gemeinden und – soweit die Arbeitswelt betroffen ist – auch der Tarifvertragsparteien, Unternehmen und Betriebe.[141] In Zeiten knapper öffentlicher Haushalte bei gleichzeitig altersbedingt steigenden Ausgaben ist dies eine schwierige Aufgabe. Die Städte und Landkreise haben in den 1990er Jahren, unterstützt durch die Länder, zwar Erhebliches beim Aufbau eines flächendeckenden Angebots an Kindergartenplätzen geleistet.[142] Im Unterschied zu anderen EU-Mitgliedstaaten wurde jedoch in Deutschland (West) – abgesehen von der halbtägigen Kindergartenerziehung – die Förderung der anderen Formen der außerhäuslichen Kinderbetreuung nicht als vordringlich erachtet.[143]

(Fortsetzung der Fußnote)
Men in the European Union 1998, COM (1999) 106 final, p 12ff; vgl ferner Michaela Kreyenfeld/Karsten Hank, Does the Availability of Child Care Influence the Employment of Mothers? Findings from Western Germany, 19 (2000) Population Research and Policy Review, 317.

[140] Fünfter Familienbericht, BT-Drucks 12/7560, 275; Laroque, Fn 255, p 8ff.

[141] Fünfter Familienbericht, BT-Drucks 12/7560, 277ff; Jonathan Bradshaw/Steven Kennedy, The Employment of Lone Parents: a Comparison of Policy in 20 Countries, Family Policy Studies Centre, London 1996, 32.

[142] Wesentlich durch Statuierung eines Rechtsanspruchs auf den Kindergarten bewirkt (§ 24 SGB VIII, vgl dazu Winner ua, SGB VIII, 1995, § 24 Rn 6ff).

[143] Bradshaw, Fn 141, 56: „In Germany there ist no special policy for lone parent families. In this respect, the policy environment is consistent with the dominant attitudes and expectations of its population: that is support for the employment of mothers is weak. Accordingly, and in spite of the official claim that the state is neutral regarding the employment of lone parents, the interplay between services (in particular child-care services), cash benefits and tax allowances discourages the employment of lone parents as long as children are young, but encourages while they become older.", Darin äußert sich der „konservative" Typ von Wohlfahrtsstaatlichkeit (Esping-Anderson, The Three Worlds of Welfare Capitalism, 1990, p 9ff), der durch den weitgehenden Ausschluss der nicht erwerbstätigen Ehefrau aus der sozialen Sicherung, dem Mangel öffentlicher Kinderbetreuung und dem Subsidiaritätsprinzip geprägt ist. Danach ist staatliches Handeln nur erforderlich, falls die Möglichkeiten familiärer Selbsthilfe erschöpft sind. In den angelsächsischen Ländern wird die Kin-

(Fortsetzung nächste Seite)

Die Zielvorstellung – Familien- und Erwerbsarbeit künftig besser zu verknüpfen – dürfte unumstritten sein. Kontrovers[144] wird jedoch die angemessene Form frühkindlicher Betreuung beurteilt: Hier steht die Ansicht, die Betreuung eines Kindes bis zum dritten Lebensjahr sei der Familie aufgegeben. Deren Wahrnehmung solle durch das Erziehungsgeld maßgeblich gesichert sein. Dort steht die Ansicht, jedem Kind sei vor Vollendung des 3. Lebensjahres die Betreuung in einer außerfamiliären Einrichtung zu ermöglichen. Diese Auffassungsunterschiede reichen bis in die – sich in dieser Hinsicht merklich unterscheidende – Sozialpolitik der einzelnen Bundesländer hinein.[145] So sehen einige[146] ein sich an das Erziehungsgeld (BErzGG) anschließendes Landeserziehungsgeld vor.[147] Andere begründen dagegen in ihren zur Umsetzung der Kindergartenversorgung (§ 22 SGB VIII) geschaffenen Gesetzen Ansprüche auf außerfamiliäre Kinderbetreuung ab Vollendung des ersten Lebensjahres des Kindes.[148]

Die Entscheidung über die angemessene Betreuung von Kleinkindern wird wesentlich von der sozialen Lage der Eltern sowie ihren Erfahrungen und Wertvorstellungen bestimmt. Sie sollte nicht von den politischen Mehrheitsverhältnissen in dem einzelnen Bundesland abhängen! Vielmehr hat Politik den Eltern die Wahlfreiheit[149] zwi-

(Fortsetzung der Fußnote)
derbetreuung als überwiegend private Verantwortlichkeit verstanden. Deshalb sind Alleinerziehende wegen der hohen Kosten der Kinderbetreuung in Großbritannien seltener als Verheiratete beschäftigt. In Belgien und Frankreich sowie Skandinavien gelten Kinderbetreuungsangebote dagegen als öffentliche Aufgabe (Diane Sainsbury, Gender, Equality and Welfare States, Cambridge University press, 1996, 95ff; vgl Schweden: Daghem/Familjedaghem). In Schweden wird vom „social service state" gesprochen, der durch die öffentliche Sicherung von Kinderbetreuung Erwerbsarbeit für Frauen ermöglicht und durch deren Entfaltung zugleich zusätzliche Beschäftigungsmöglichkeiten in den Erziehungs-, Pflege- und Hilfsberufen schafft (Ebd, 103).

144 Fünfter Familienbericht, BT-Drucks 12/7560, 247ff; im EU-Vergleich: Marlene Lohkamp-Himmighofen, in Neubauer/Dienel/Lohkamp-Himmighofen (Hrsg), Zwölf Wege zur Familienpolitik in der Europäischen Gemeinschaft, 1993, 313, 326ff.

145 Bernd Eggen, Familienpolitische Leistungen der Ländern Deutschlands für Familien mit Kindern unter drei Jahren, in Festschrift für Max Wingen, 2000, 321ff.

146 Bayern, Baden-Württemberg, Sachsen und Thüringen; in Baden-Württemberg besteht ein eigenes Programm Mutter und Kind, das auch Alleinerziehenden ermöglichen soll, bis zum dritten Lebensjahr des Kindes dieses zu betreuen, ohne einer Erwerbsarbeit nachzugehen.

147 Baden-Württemberg, RL-LErzG, GABl v 30. 8. 1995, S 451ff (Geburten bis Ende 2000), GABl v 29. 8. 2001, S 904ff (Geburten ab 2001); Bayern, BayLErzGG, GVBl S 600, BayRS 2170 – 3-A; Mecklenburg-Vorpommern, LErzGG M-V, 1. ÄndG v 13. 3. 1997, M-V GVOBl 1997, S 90; Sachsen, SächsLErzGG, SächsGVBl 1996, S 423; Thüringen, ThürLErzGG, ThürGBl 2001, S 1.

148 Vgl zB § 2 KiBeG Sachsen-Anhalt (Reich, KiBeG, Kommentar, 1997, § 2 Rn 1).

149 Fünfter Familienbericht, BT-Drucks 12/7560, 279ff.

schen der familiären und außerfamiliären Kinderbetreuung *effektiv* zu ermöglichen. Dies setzt den Auf- und Ausbau von Einrichtungen außerfamiliärer Kinderziehung voraus, ganz ebenso wie durch Erziehungsgeld die Möglichkeit familiärer Kleinkinderziehung gesichert werden muss.[150] Der Bund sollte nach den für die Gemeinden leidvollen[151] Erfahrungen bei Schaffung des Rechtsanspruchs auf einen Kindergartenplatz davon absehen, Großzügigkeit und Reformfreude vorzugeben, deren Folgekosten indes Ländern und vor allem den Gemeinden zu überbürden. Diese Aufgabe sollte als legitimes Betätigungsfeld bürgernaher Landes- und Kommunalpolitik frei von jeglicher Ingerenz des Bundes bleiben.

c) Soziale Hilfe

aa) Familienarmut

Der 2001 von der Bundesregierung vorgelegte Bericht über Armut und Reichtum in Deutschland[152] bestätigte den seit Jahrzehnten beobachtbaren steigenden Anteil von Kindern und Familien an der Armutspopulation.[153] Familien- und Kinderarmut ist maßgeblich Folge der Arbeitslosigkeit des Erziehenden.[154] Unter den Empfängern von Hilfe zum Lebensunterhalt hatte Ende der 1990er Jahre die Gruppe der alleinerziehenden Frauen den höchsten Anteil.[155] 56% aller sozialhilfebeziehenden Kinder leben in Haushalten von Alleinerziehenden.[156] Die Erwerbsbeteiligung alleinerziehender Mütter mit

---

[150] Wingen, Gewährleistung von außerhäuslicher Kinderbetreuung – eine Stellungnahme aus der Sicht der Familienpolitik, in ders, Zur Theorie und Praxis der Familienpolitik, 1994, 181.

[151] Josef Isensee, Der Rechtsanspruch auf einen Kindergartenplatz, DVBl 1995, 1; vgl auch 10. Kinder- und Jugendbericht, BT-Drucks 13/11368, 196ff; Zur Finanzierung vergleichend; Michaela Kreyenfeld/C. Katharina Spieß/Gerd G. Wagner, Finanzierungs- und Organisationsmodelle institutioneller Kinderbetreuung, 2001.

[152] Bundesministerium für Arbeit und Sozialordnung (Hg) (BMA), Lebenslagen in Deutschland. Der erste Armuts- und Reichtumsbericht in Deutschland, 2001.

[153] Vgl 10. Kinder- und Jugendbericht, BT-Drucks 13/11368, 90ff; Dieser Anteil ist auch im EU-Vergleich überproportional hoch: John Ditch/Helen Barnes/Jonathan Bradshaw/Majella Kilkey (Hg), Eine Synthese nationaler Familienpolitik 1996, Kommission EG, Generaldirektion Beschäftigung, Arbeitsbeziehungen und soziale Angelegenheiten, 1998, 36ff; vgl auch Jonathan Bradshaw/Jane Millar, Lone Parent Familites in the UK, 1991.

[154] BMA, 28.

[155] Ebd, 79; vgl auch Bundesministerium für Familie, Senioren, Frauen und Jugend, Alleinerziehende in Deutschland, 2000.

[156] Unter den Hilfeempfängern nicht-deutscher Staatsangehörigkeit liegt dieser Anteil sogar bei 64%, BMA, Fn 152, 85f, 108.

Kindern unter drei Jahren ist gering.[157] Weit überdurchschnittlich verfügen diese über ein weit unterdurchschnittliches Einkommen.[158] Zwar bewältigen Familien schwierige Lebenslagen, überbrücken Brüche in der beruflichen oder wirtschaftlichen Entwicklung einzelner Familienmitglieder und steigern ihre Fähigkeit zur Erzielung von Einkommen, Bildung von Vermögen und Begründung von Vorsorge.[159] Gleichwohl erhalten Familienmitglieder häufiger als andere die ergänzende Hilfe zum Lebensunterhalt; sie beziehen zwar Erwerbseinkommen; dieses reicht aber für den Lebensbedarf sämtlicher Familienmitgliedern nicht hin.[160] Der Bericht folgert: „Für Familien hängt die Möglichkeit, durch Erwerbsarbeit den Lebensunterhalt eigenständig zu sichern, ganz wesentlich davon ab, inwieweit es gelingt, Familie und Beruf miteinander in Einklang zu bringen. Wichtige Voraussetzungen für eine gelingende Vereinbarkeit sind, dass Frauen und Männer gleichberechtigt an der Erwerbs- und an der Familienarbeit teilnehmen können, und dass bedarfsgerechte Kinderbetreuungsmöglichkeiten zur Verfügung stehen. Unsere Gesellschaft ist noch immer von einer geschlechtsspezifischen Arbeitsteilung geprägt, die Frauen im beruflichen Leben benachteiligt und Männern eine aktive Beteiligung an der Familie erschwert".[161]

bb) Wie zu überwinden?

Die Diakonie veranlasste dies zu der Beobachtung: „Die Familie wird von der Mitte an den Rand der Gesellschaft gedrängt" und forderte: „Eltern müssen die Mittel zur Verfügung stehen, die sie zur Erfüllung ihrer eigenen und der Bedürfnisse ihrer Kinder brauchen. Deshalb fordert die Diakonie, dass Eltern die Möglichkeit haben, ihr Familieneinkommen selbst zu erwirtschaften, Arbeits- und Beschäftigungsmöglichkeiten erhalten, und dass ausreichende Kinderbetreuungsmöglichkeiten da sind ... Armut erschwert und verhindert die Teilnahme am gesellschaftlichen Leben. Sie beschränkt die Entfaltungsmöglichkeiten von Kindern und verhindert Chancengleichheit. Armut macht Kinder häufig krank." [162] Reicht das Ausmaß sozial-

[157] Lag 1998 bei 27%, wogegen bei Kindern zwischen drei und sechs Jahren 52% und bei Kindern zwischen 6 und 17 Jahren 70% der Mütter erwerbstätig waren, BMA, Fn 152, 100f; vgl auch IAB Kurzbericht vom 16. 2. 2001 Nr 2/2001.

[158] BMA, Fn 152, 107.

[159] Ebd, 105.

[160] Ebd, 108.

[161] Ebd, 110.

[162] Sozialpolitische Positionen der Diakonie zur Lage der Familien, Diakonie Korrespondenz 1/2000; vgl auch das Wort der Evangelischen Kirche in Deutschland und der Bischofskonferenz zur wirtschaftlichen und sozialen Lage in Deutschland, Für eine Zukunft in Solidarität und Gerechtigkeit, Hannover/Bonn 1997, Tz 192ff.

rechtlicher Hilfen und steuerlicher Förderung also hin, um die jungen Familien – namentlich die alleinerziehenden Mütter – vor verbreiteter Armut zu bewahren?

Sozial- und Jugendhilfe sind Hilfe zur Selbsthilfe.[163] Um diesen Anspruch einzulösen, haben die Sozialhilfeträger im Rahmen des ihnen übertragenen Ziels dem Berechtigten Hilfe zur Arbeit zu bieten (§ 18 Abs 2 BSHG). Folgt daraus auch die Pflicht, sozialhilfebedürftigen Eltern Zugang zu einer Erwerbstätigkeit zu ebnen und Möglichkeiten der Kinderbetreuung zu eröffnen? Was schuldet der Empfänger sozialer Leistungen deren Träger? Hat er sich – so dazu imstande – zu bemühen, ohne Sozialleistungen seinen Lebensunterhalt durch eigene Arbeit zu bestreiten und darf ihn der Träger auch dazu anhalten? Oder verbirgt sich hinter diesem Ansinnen der schändliche Versuch einer Verhöhnung der Schwachen, weil sie für ihr eigenes Schicksal verantwortlich gemacht werden *(blaming the victims)?* Die Problematik stellt sich in der Sozialhilfe, in der Sozialversicherung generell.

Der Sozialstaat nimmt sich derer an, die seiner bedürfen. Die öffentliche Einstandspflicht erwächst und rechtfertigt sich aus der individuellen Bedürftigkeit. Dieser Schutz wird jedoch demjenigen vorenthalten, der sich einen Nachteil selbst zuzuschreiben hat. Die Kranken- und Unfallversicherung kommt nicht für diejenigen auf, die sich vorsätzlich eine Verletzung zugefügt,[164] Arbeitslosenversicherung und Sozialhilfe stehen grundsätzlich nicht für diejenigen ein, die sich selbst und freiwillig in eine Notlage gebracht haben.[165] Sozialleistungen sind generell nur für erlittene und nicht für selbst herbeigeführte Nachteile zu gewähren.

Der Sozialleistung bedarf nicht, wer seinen Lebensunterhalt durch Arbeit zu sichern vermag. Denn jeder Arbeitsfähige ist darauf verwiesen, seinen Lebensunterhalt durch Arbeit zu sichern.[166] Die Vorschläge, an die Bezieher von Sozialleistungen erhöhte Anforderungen an die Aufnahme von Arbeit zu richten,[167] lassen die Empfänger nicht im Stich oder überantworten sie ihrem Schicksal. Vielmehr wird die Hilfe statt in Geld, in Beteiligungschancen auf dem

---

[163] BMA, Fn 152, 233.

[164] §§ 52 SGB V; 21 SGB VIII.

[165] § 144 SGB III.

[166] Zacher, Die Anatomie des Sozialrechts, SGb 1982, 329.

[167] Ökonomisch klar analysiert von Holger Feist, Arbeit statt Sozialhilfe, 2000; zu den häufig als Beispiele zitierten US-Reformen: David T. Ellwood, Anti-Poverty Policy for Families in the Next Century: From Welfare to Work and Worries, 14 (2000) Journal of Economic Perspectives, 187; Robert Haveman/Barbara Wolfe, Welfare to Work in the U.S: A Model for other Developed Nations? 7 (2000) International Tax and Public Finance, 95.

Arbeitsmarkt gewährt. Die Träger, die nicht selbst Arbeitsplätze vorhalten oder über Einrichtungen verfügen, die den Empfängern die Aufnahme von Arbeit erleichtern oder ermöglichen, nehmen dafür die Dienste Dritter in Anspruch und opfern dafür auch mitunter beträchtliche Summen.

Die Schwachen werden dadurch nicht ihrem Schicksal überlassen, denn ihnen wird Hilfe zur Selbsthilfe zuteil. Wenn aber Arbeit den der Hilfe Bedürftigen ebenso nährt wie öffentliche Geldleistungen, dann gebietet nicht nur fiskalische Klugheit, sondern auch der Respekt gegenüber dem Hilfeempfänger, ihm die Hilfe zu gewähren, welche seine Selbstachtung erhöht. Gewiss ist dies keine Patentlösung. Es fehlen mancherorts – an zu vielen Orten nach wie vor – zureichende Arbeitsgelegenheiten. Dann bleibt es bei der Geldleistung. Politik kann aber Träger dazu anhalten, sich um vorhandene Arbeitsgelegenheiten oder die Schaffung der Voraussetzungen von Arbeit zu bemühen. Dies bindet zwar finanzielle Mittel und Personal, weshalb die Träger aus wirtschaftlichen Motiven vor solcher Möglichkeit zurückschrecken. Aber werden diese Möglichkeiten ergriffen, so können die Empfänger der Erwartung genügen, unter der im Sozialstaat alle Erwerbsfähigen stehen. Sozialleistungen sind nicht entscheidend eine Alternative zur Arbeit, sondern Mittel zur Sicherung und Wiedererlangung von Arbeit. Es bedarf einer Revision der auf § 18 Abs 3 S. 2 BSHG beruhenden *Rechtspraxis,* dass Erziehende von der *Obliegenheit* zur Erwerbsarbeit *freigestellt* sind, sofern sie Kinder unter drei Jahren zu betreuen haben. Diese Regelung erklärt sich aus dem Bestreben, die Erziehung von Kleinkindern durch einen nicht berufstätigen Elternteil zu gewährleisten und ihn daher von der Obliegenheit zur Erwerbsarbeit zu entlasten.[168] Der Erziehende läuft jedoch Gefahr, sich von der Erwerbsarbeit zu entfernen, so dass für Eltern nach der Erziehungsphase die Ein- und Wiedereingliederung in den Arbeitsmarkt erschwert sind.

cc) Unterhaltsvorschuss

Der bis 1992 für Kinder Alleinerziehender bis zum 6. Lebensjahr bis zu drei Jahre, seither für Kinder bis zum 12. Lebensjahr bis zu sechs Jahre gewährte Unterhaltsvorschuss sichert den Mindestunterhaltsbedarf für nichteheliche Kinder, Halbwaisen sowie Kinder von geschiedenen oder getrenntlebenden Eltern. Er ist gegen die Träger der Jugendhilfe gerichtet und gegenüber dem Unterhaltsanspruch subsidiär. Daher geht beim Unterhaltsausfall der Unterhaltsanspruch auf den öffentlichen Träger kraft Gesetzes über (§ 7 Un-

---

[168] Vgl dazu Schellhorn/Jirasek/Seipp, BSHG, 1997 (15. Aufl), § 18 Rn 23ff.

terhVG).[169] Infolge von Leistungsausweitungen, erhöhter Arbeitslosigkeit und Zahlungsverweigerung kam es in den 1990er Jahren zu einer deutlichen Zunahme der Leistungen. Ende 1998 bezogen Alleinerziehende in über 137000 Fällen Unterhaltsvorschuss- und -ausfallleistungen (40%) und in über 107000 Fällen privaten Unterhalt (31%). Der Unterhaltsvorschuss sichert somit – statistisch gesehen – häufiger den Lebensbedarf als das private Unterhaltsrecht. Namentlich bei steigender Kinderzahl hat der Unterhaltsvorschuss wachsende Bedeutung.[170] Sind Änderungen angezeigt?

Zur Entwicklung des Unterhaltsvorschusses im vergangenen Jahrzehnt führt die Bundesregierung aus: „Die Bedeutung des Unterhaltsvorschusses als Einkommen hat sich in den letzten fünf Jahren kaum verändert. Der Anteil der Haushalte von Alleinerziehenden, die Unterhaltsvorschuss oder Unterhaltsausfallleistung beziehen, schwankt seit 1994 nur geringfügig um die 40%-Marke. Anders sieht dies beim privaten Unterhalt aus. Während 1994 noch 35% der alleinerziehenden Privaten Unterhalt erhielten, lag der Anteil zuletzt nur noch bei 31%."[171] Während die Sozialleistungen also ihren angestammten Platz wahrten, erlitt das Familienrecht einen Funktionsverlust. Der Anteil der durch Regress beigetriebenen Mittel an den Gesamtaufwendungen sank beträchtlich. Dies mag auch an einem Konstruktionsfehler des Regressrechts liegen. Wegen der Aufteilung der Finanzierungslast zwischen Bund (1/3) und Ländern (2/3) steht beim Unterhaltsvorschuss der Regressanspruch dem Land zu, nicht jedoch den für die Geltendmachung von Regressansprüchen zuständigen Trägern der Jugendhilfe. Die Städte und Landkreise tragen daher nicht nur das Beitreibungsrisiko für Regressansprüche, sondern auch die administrative und finanzielle Folgelast für deren Durchsetzung. Hieraus erwächst für die Regressberechtigten ein nur geringer Anreiz,[172] weil die eigene Mühewaltung keine Vorteile einträgt, sondern dem Land als dem Regressberechtigten nützt. Daher sollten Regressberechtigung und Beitreibungslast gebündelt bei dem Land konzentriert werden.[173]

---

[169] Dieter Martiny, Maintenance Advance Payments, Social Benefits and Maintenance Obligations; Ms; Rainer Scholz, Unterhaltsvorschußgesetz, Kommentar 1999 (4. Auflage); Christoph Gröpl, Aktuelle Entwicklungen im öffentlichen Unterhaltsleistungsrecht, NJW 1998, 2390.

[170] BMA, Fn 152, 88.

[171] Ebd; vgl auch UVG-Bericht der Bayerischen Staatsregierung, ZfJ 1999, 61.

[172] Gröpl, NJW 1998, 2390, 2394.

[173] Vgl die Möglichkeit der „Rückübertragung" der Unterhaltsforderung an den die Leistung gewährenden Träger in § 7 Abs 4 Satz 2, 3 UnterhVG; Scholz, UnterhVG, 1999, Tz 7.7.1 zu § 7: Von dieser Möglichkeit soll nur ausnahmsweise Gebrauch gemacht werden.

2. Umschichtung von Aufgaben familiärer Solidarität in die soziale Solidarität

a) Soziale Vorsorge: Elternvergünstigung auf Sozialversicherungsbeiträge?

aa) Auftrag an den Gesetzgeber

Von der Fachöffentlichkeit unerwartet beschied das BVerfG mit Urteil vom 3. 4. 2001,[174] es sei mit Art 3 Abs 1, 6 Abs 1 GG ab Januar 2005 unvereinbar, „dass Mitglieder der sozialen Pflegeversicherung, die Kinder betreuen und erziehen, mit einem gleich hohen Pflegeversicherungsbeitrag wie Mitglieder ohne Kinder belastet werden". Die diesem Grundsatz zuwiderlaufenden beitragsrechtlichen Bestimmungen[175] sind zu reformieren. Dem Gesetzgeber wurde ferner zu prüfen aufgegeben, ob eine Beitragsvergünstigung für Eltern für weitere Zweige der Sozialversicherung in Betracht komme. Den „Kinderlosen" würden auf Kosten der Kindererziehenden für das „altersspezifische Risiko der Pflegebedürftigkeit" im Umlageverfahren getragene Leistungen aus der Pflegeversicherung zuteil, ohne selbst Kinder erzogen und „damit zum Erhalt des Beitragszahlerbestandes beigetragen"[176] zu haben. „Wenn aber das Leistungssystem ein altersspezifisches Risiko abdeckt und so finanziert wird, dass die jeweils erwerbstätige Generation die Kosten für vorangegangene Generationen mittragen muss, ist für das System nicht nur die Beitragszahlung, sondern auch die Kindererziehung konstitutiv. Wird die zweite Komponente nicht mehr regelmäßig von allen geleistet, werden Eltern spezifisch in diesem System belastet, was deshalb auch innerhalb des Systems ausgeglichen werden muss."[177] Das BVerfG[178] verlangt, dass die Versicherten regelmäßig für den Schutz für ein altersspezifisches Risiko durch die Sozialversicherung sowohl einen *monetären,* als auch einen *regenerativen* Beitrag leisten. Erbringen Mitglieder lediglich den monetären, aber nicht den regenerativen Beitrag, müsse dieser *Ausfall* durch einen höheren monetären Beitrag wettgemacht werden.

Diese Entscheidung überraschte, weil das BVerfG noch 1992 ausdrücklich entschieden hatte, Art 3 Abs 1, 6 Abs 1 GG geböte nicht, hinsichtlich der Begründung von Rentenanwartschaften Kinderer-

---

[174] BVerfG – 3. 4. 2001 – 1 BvR 1629/94, BVerfG NJW 2001, 1712.
[175] §§ 54 Abs 1, 2, 55 Abs 1 Satz 1, Abs 2, 57 SGB XI.
[176] BVerfG NJW 2001, 1712, 1714.
[177] Ebd.
[178] BVerfG NJW 2001, 1712; in diese Richtung zuvor schon Rollinger, SozVers 1993, 319.

ziehung und Beitragszahlung gleichzustellen. Denn der regenerative Beitrag könne anders als der monetäre Beitrag nicht an die im Erhebungszeitraum anspruchsberechtigte Rentnergeneration ausgeschüttet werden.[179] Das GG gebietet jedenfalls nicht ausdrücklich eine nach der Kinderzahl variierende Ausgestaltung von Sozialversicherungsbeiträgen.[180]

bb) Einwände

Die Umsetzung des Richterspruchs führte in das Beitragsrecht neue, vordem unbekannte Elemente ein: Wie ist der reproduktive Beitrag von Eltern zur Sozialversicherung im Verhältnis zu dem auf dem Erwerbseinkommen basierten[181] zu bestimmen? Wird ein Kind dereinst nicht sozialversicherungspflichtig, sondern Beamter, Sozialhilfeempfänger, Auswanderer oder Freiberufler, leisteten dessen Eltern keinen regenerativen Beitrag zur Sozialversicherung. Soll deshalb eine gewährte Beitragsvergünstigung nachträglich entfallen? Nach einer weiteren Entscheidung des BVerfG vom 3. 4. 2001[182] ist den gegen das Risiko des Alters *privat* versicherten Eltern eine Prämienvergünstigung für Kindererziehung *nicht* zu gewähren, und zwar selbst dann, wenn deren Kinder sozialversichert werden.[183] Ist dieser Unterschied gerechtfertigt? Beitragsvergünstigungen für sozialversicherte Eltern beruht auf Fiktionen und Friktionen, die deren Akzeptanz abträglich sind.

Wichtig sind weiter die Eckpunkte der Vergünstigung. Soll schon eine Familie mit einem Kind eine Vergünstigung erhalten,[184] obgleich deren regenerativer Beitrag nicht zureicht?[185] Wäre sie, da „fast" kinderlos, nicht eher mit Beitragszuschlägen zu belasten? Sollen Adoptiv- und Pflegekinder den leiblichen Kindern sozialversicherungsrechtlich gleichstehen: Denn was soll honoriert werden – die Erziehung oder die Geburt eines Kindes? Und ist die Begrenzung auf die in Zukunft Kinder erziehenden Versicherten richtig oder müssen an der Beitragsvergünstigung nicht auch ebenso die Versicherten an den Vergünstigungen teilhaben, die in der Vergangenheit Erziehungsverantwortung getragen haben? Soll im übrigen die Beitragsvergünstigung für Eltern als Anreiz für die Familiengründung oder -ausweitung wirken, so würde er in Anbetracht des augenblicklich (!)

[179] BVerfGE 87, 1, 39f.
[180] Ruland, NJW 2001, 1673, 1675.
[181] Rothgang, SF 2001, 123, 125.
[182] BVerfG – 3. 4. 2001 – 1 BvR 81/98, NJW 2001, 1716.
[183] Ruland, NJW 2001, 1673, 1675.
[184] BVerfG NJW 2001, 1712, 1716.
[185] Für die Konstant-Haltung der inländischen Bevölkerung ist Netto-Reproduktionsrate von 2,3 Geburten pro Frau zu fordern.

nur geringen Beitragssatzes der sozialen Pflegeversicherung (0,85% des versicherungspflichtigen Brutto-Arbeitsentgelts für Arbeitnehmer) einen nur geringen Entlastungseffekt von durchschnittlich 15 € – 20 € pro Monat auslösen. Der Entlastungseffekt ist gering und er tritt einkommensproportional ein, wogegen die Kosten für den zu leistenden Kindesunterhalt konstant sind. Wer am meisten Hilfe braucht, erhält in diesem System am wenigsten![186]

Der eigentliche familienpolitische Durchbruch gelänge daher, wenn die Vergünstigung auch auf die Beiträge zur Renten- und Krankenversicherung erstreckt würde. Die Entscheidungsbegründung scheint dies auch anzudeuten.[187] Denn nicht minder als die Pflegebedürftigkeit erscheinen Erwerbsunfähigkeit und Alter als ein „altersspezifisches Risiko". In der Rentenversicherung zeigt sich die strukturelle Begünstigung der nichterziehenden gegenüber den kindererziehenden Versicherten eindeutig. Zwar begünstigt sie durch Kindererziehungs- und Berücksichtigungszeiten, Witwen- und Waisenrenten[188] die Familien speziell. Das BVerfG erachtete jedoch die insoweit strukturgleiche, weil Familienarbeit mit Erwerbsarbeit gleichstellende Familienversicherung in der Pflegeversicherung nicht als hinreichende Kompensation der von ihm angenommenen Zusatzbelastungen von Eltern. Zwar dominieren in der Pflegeversicherung die Dienstleistungen und in der Rentenversicherung die Geldleistungen. Deshalb ist in der Rentenversicherung das mit Beiträgen belegte Einkommen die Basis der individuellen Rentenberechnung.[189] Andererseits *entstand* die Debatte um die Anerkennung des regenerativen Beitrags in der *Rentenversicherung.*[190] Zugunsten der Zuerkennung der Beitragsvergünstigung für Eltern in der Rentenver-

---

[186] Kaltenbach, DAngVers 1988, 89, 93; Ruland, NJW 2001, 1673, 1675; Rothgang, SF 2000, 123f; Schmähl, DAngVers 1988, 318ff.

[187] So auch Plagemann, ZIP 2001, 1041, 1043; Rothgang, SF 2001, 123; Sell, SF 2001, 81; aA Ruland, NJW 2001, 1673, 1675.

[188] Michaelis, DRV 1997, 696ff.

[189] Bert Rürup, Stellungnahme des Sozialbeirats zu Urteilen des BVerfG zur Pflegeversicherung vom 3. 4. 2001 hinsichtlich ihrer Bedeutung für die GKV, http://www.bund.de/de/sicherung/rente/stellungnahme.htm, Tz 20ff.

[190] Vgl vor allem Jürgen Borchert, Renten vor dem Absturz – Ist der Sozialstaat am Ende?, 1993: „Im „Vorsorgesystem" der Rentenversicherung zählen die Beiträge zur Versorgung der alten Generation 70mal mehr als die eigentliche Vorleistung der Kindererziehung" (150); „ausgerechnet diejenigen, die den Löwenanteil der Altersvorsorge ihrer Generation geleistet haben, werden im Rentenrecht am schäbigsten behandelt. Nichts anderes als diese Willkür des Gesetzgebers ist letztendlich der Grund der Altersarmut der Frauen" (150); wenn von der „Transferausbeutung der Familien" (ebd, 152) die Rede war, so war stets die Rentenversicherung gemeint; Matthias Pechstein, Familiengerechtigkeit als Gestaltungsgebot für die staatliche Ordnung, 1994, 317ff; Suhr, Der Staat 1990, 69ff; Paul Kirchhof, DIE ZEIT Nr 3 v 11. Januar 2001, S 9.

sicherung wird ferner vorgebracht, die Mütter leisten „was den Unterbau, die Infrastruktur der sozialen Rentenversicherung ausmacht, nämlich die Generation heranzuziehen, die später die Renten erarbeitet."[191] Außerdem entlastet die Vergünstigung die Eltern in der Phase der Kindererziehung[192] und belastet zugleich die „Kinderlosen". Schließlich ist gar die Erstreckung der Beitragsvergünstigung für Eltern auf die Krankenversicherung zu erwägen. Denn so wenig wie Pflegebedürftigkeit ist Krankheit auf diese beschränkt; dennoch beansprucht gerade die ältere Generation die Leistungen der Krankenversicherung überproportional.[193]

Gegen die Beitragsvergünstigungen für Eltern wird eingewandt, sie seien auf die Solidargemeinschaft der Sozialversicherten beschränkt, Familienförderung sei jedoch eine gesamtgesellschaftliche Aufgabe.[194] Die Kindererziehung stellt auch für den entfallenen monetären Beitrag keine gleichwertige Entlastung bereit.[195] Ob die Erziehung auch in Gestalt künftiger Beitragszahler der Rentenversicherung zugutekommt, ist ferner fraglich und schließlich schwächt sie die versicherungsrechtliche Basis des beitrags- und einkommensbezogenen Rentenversicherungssystems,[196] ja stellt dieses völlig in Frage. Beitragsvergünstigungen für Eltern als eine Art regeneratives deficit spending bieten im übrigen allenfalls die Chance auf eine *mittel-* und *längerfristige* Linderung der demographischen Probleme der Sozialversicherung – bereiten ihr indes im Gegenzug *aktuell drängende Probleme* ihrer Finanzierung. Denn selbst wenn der regenerative Beitrag dadurch erhöht werden könnte, so träte der monetär zu verzeichnende Gewinn erst in Jahrzehnten ein; der durch Verschonung eingetretene Beitragsverlust wäre jedoch durch aktuelle Beitragserhöhungen auszugleichen.

Die gegenwärtig in der Sozialversicherung aus dem Bruttoeinkommen des Versicherten zu entrichtenden Beiträge lassen familiäre Belastungen unberücksichtigt. Dies vereinfacht dem *Arbeitgeber* den Beitragseinzug. Diese Finanzierung rechtfertigt außerdem, die sozialversicherungsrechtliche Geldleistung als einen Anteil des mit Beiträgen belegten Einkommens zu bestimmen.[197] Soll der Beitrag für Eltern ermäßigt werden, wäre die Entsprechung von Beitrag und Leistung gelockert. Das Urteil zielt auf die Neugestaltung und

---

[191] Oswald von Nell-Breuning, Fn 12, 41.
[192] Michaelis, DRV 1997, 698.
[193] Vgl oben Fn 16.
[194] Kaltenbach, DAngVers 1988, 89, 93; Kolb, DRV 1989, 1, 2; Ruland, DRV 1992, 327, 330; Rahn/Becker, DRV 1997, 662; Michaelis, DRV 1997, 698.
[195] BVerfGE 87, 1, 39f.
[196] Michaelis, DRV 1997, 698f.
[197] BVerfGE 92, 53; 102, 127.

-verteilung der Beitragslasten.[198] Der Elternrabatt könnte zwar *kostenneutral* von den *Arbeitgebern* ausgeglichen werden. Aber dies erschwerte die Beschäftigungschancen von Eltern und kommt deshalb nicht in Betracht. Umgekehrt sollte der Arbeitgeber beitragsbegünstigter Eltern nicht an deren Vergünstigungen teilhaben. Der Ausgleich hätte sich daher auf den *Arbeitnehmeranteil* zu beschränken. Die Beitragsermäßigung wäre folglich durch die „anderen" – die als „kinderlos" geltenden Arbeitnehmer aufzubringen. Deren Beitragsbelastung stiege auf ein Ausmaß, das für sie jedenfalls der Ertrag aus Erwerbsarbeit noch geringer ausfallen würde als gegenwärtig. Kinderlose freiwillig Versicherte würden die Sozialversicherung künftig fliehen und in die Privatversicherung drängen, weil dort nach dem BVerfG[199] wegen der anderweitigen Finanzierungsform eine Familienkomponente verzichtbar sei.[200] Im Ergebnis hätten die „kinderlosen" Pflichtversicherten den Ausgleich zu leisten, „kinderlose" Privatversicherte würden dagegen freigestellt.[201] Und als „kinderlos" gälte auch, wer vormals womöglich viele Kinder erzogen hat, selbst wenn diese inzwischen allesamt Beitragszahler geworden sind!

cc) Folgerungen

Der vom BVerfG erteilte Auftrag zur Ausgestaltung eines *elternfreundlichen* sozialversicherungsrechtlichen Beitragsrechts verlangt tiefgreifende Umgestaltungen.[202] Ein solches mag familienfreundlich sein. Ist es aber *beschäftigungsfreundlich,* wenn es den Arbeitgebern den Beitragseinzug erschwert und den als „kinderlos" geltenden Arbeitnehmern den Anreiz auf Erwerbstätigkeit nimmt? Es sind deshalb schonendere Alternativen zu erkunden. Falls eine Gruppe durch Aufwendungen für ihre soziale Vorsorge als zu stark belastet erscheint und deshalb zu fördern ist, so kommt dafür das Subventionsrecht in Betracht. Subventionen mindern die Vorsorgeaufwendungen für Bergleute und Landwirte. Diese könnten auch für Geringverdiener gesenkt werden durch Ausweitung des Solidarausgleichs. Nach diesem Vorbild könnte den Eltern im Rahmen des Kindergelds ein dem Erziehungsaufwand proportionaler Zuschuss als Abgeltung ihres reproduktiven Beitrags für die Zukunftssiche-

---

[198] Plagemann, ZIP 2001, 1041, 1042; Rothgang, SF 2001, 121, 124; Ruland, NJW 2001, 1673, 1675.

[199] BVerfG – 3. 4. 2001 BvR 1681/94 = NJW 2001, 1707.

[200] Zu Recht kritisch Rothgang, SF 2001, 123 f; Ruland, NJW 2001, 1673, 1676.

[201] Ruland, NJW 2001, 1671, 1675.

[202] Stefan Sell, SF 2001, 81 betont daher zu Recht: Das Urteil bedeutet einen fundamentalen Eingriff in die Finanzierungsstruktur unseres Sozialversicherungssystems.

rung sämtlicher (!) Alterssicherungssysteme eingeführt werden.[203] Zu erwägen wäre die Schaffung einer *Familienkasse*,[204] die sämtliche Familienleistungen zu erbringen und zu finanzieren hätte. So könnte das einkommensbezogene System sozialer Vorsorge ohne tiefgreifende und folgenreiche Reformen fortgeführt werden. Gleichzeitig würde den Eltern eine finanzielle Entlastung zum Ausgleich für ihren reproduktiven Beitrag zur Alterssicherung, einerlei ob öffentlich oder privat, zuteil werden.

b) Soziale Förderung: Ausbildungsförderung neu gestalten?

Ausbildungsförderung ist Teil der Bildungs- und Arbeitsmarktpolitik.[205] Soll Familienpolitik zur Entwicklung von Humankapital beitragen, rückt Ausbildungsförderung ins Zentrum. Nach deutschem Recht[206] sind die Eltern dem Kind auch nach dessen Volljährigkeit zum Ausbildungsunterhalt – also Finanzierung einer beruflichen Erstausbildung verpflichtet. Weil der geschuldete Unterhalt jedoch von der Leistungsfähigkeit der Eltern und der Bedürftigkeit des Kindes abhängt (§§ 1602f BGB), wären Eltern mit geringerem Einkommen mangels Leistungsfähigkeit von der Pflicht freigestellt, ihren Kindern ein aufwendiges und langwieriges Studium zu finanzieren. Kindern aus einkommensschwachen Elternhäusern wäre so die Möglichkeit eines Studiums verschlossen. Diese Folgen werden durch die Ausbildungsförderung[207] abgewendet. Diese ist daher *familienabhängig* und *subsidiär* ausgestaltet.[208] Leistungen gehen an Studierende, deren Eltern nicht über ein für die Deckung des Kindesbedarfs hinreichendes Einkommen verfügen.

Es gibt Vorschläge,[209] diese Leistungen neu zu gestalten – namentlich Kindergeld oder Ausbildungsfreibeträge für volljährige, sich in Ausbildung befindliche Kinder in ein einheitliches an diese zu zah-

---

[203] Ruland, NJW 2001, 1677.

[204] Alfred Schmidt, DAngVers 1988, 477, 490f.

[205] Christiane Dienel, Bildungschancen und Bildungskosten: Maßnahmen zur Ausbildungsförderung in Europa als Teil der Familienpolitik, in Neubauer/Dienel/Lohkamp-Himmighofen (Hg), Zwölf Wege zur Familienpolitik in der EG, 1993, 369, 373ff.

[206] § 1610 Abs 2 BGB, weniger ausgeprägt die Familienrechte vieler westlicher Nachbarstaaten, Schwenzer, Gutachten 59. DJT (1992), A 44ff; Martiny, Fn 17, S 1288ff; ders, in diesem Band B III 1.

[207] Ulrich Ramsauer/Michael Stallbaum, Mein Recht auf BAföG, 1997 (3. Aufl); Richter in von Maydell/Ruland, Sozialrechtshandbuch, 1996 (2. Aufl), Tz 30.

[208] Ramsauer/Stallbaum, Mein Recht auf BAföG, 1997 (3. Aufl), Einl.

[209] Vgl auch die Initiative von BÜNDNIS 90/DIE GRÜNEN, BT-Drucks 13/10833 mit dem Vorschlag zur Schaffung eines beitragsfinanzierten Bundesausbildungsförderungsfonds, der eine familienunabhängige Ausbildungsförderung nach sozialversicherungsrechtlichen Grundsätzen sichern soll.

lendes Ausbildungsgeld umzuwandeln. Als Alternative zu der subsidiären und familienabhängigen Ausbildungsförderung[210] sprach sich namentlich das Deutsche Studentenwerk,[211] in Anlehnung an dänische und niederländische Vorbilder,[212] für eine elternunabhängige Förderung in Gestalt eines einheitlichen Ausbildungsgeldes aus. Daneben sollte die vom Elterneinkommen abhängige Ausbildungsförderung fortgeführt werden. Die Reform soll Begabungspotentiale mobilisieren, die Chancengleichheit im Bildungswesen sichern, Verteilungsgerechtigkeit wahren, Selbständigkeit und Eigenverantwortlichkeit der Studierenden erhöhen, für Transparenz im Familienleistungsausgleich und größere Verlässlichkeit bei der Studienfinanzierung sorgen. So würde der Unterhaltsbedarf des Kindes vermindert. Die elterliche Unterhaltspflicht beschränkte sich nur noch auf den nicht gedeckten Teil.[213] In dem Ausbildungsförderungsreformgesetz[214] beschritt der Gesetzgeber diesen Weg jedoch nicht, sondern bewegte sich bei den darin beschlossenen Verbesserungen in den vertrauten Bahnen familienabhängiger, subsidiärer Ausbildungsförderung. Diese konzentriert sich auf die Förderung bedürftiger Studierender. Eltern von in Ausbildung befindlichen Kindern erhalten die einkommensproportionalen Steuervorteile. Dies wahrt primär die horizontale Steuergerechtigkeit. So ist gesichert, dass der durch öffentliche Zahlungen nicht unmittelbar gedeckte Unterhalt eines in Ausbildung befindlichen volljährigen Kindes steuerlich geltend gemacht werden kann.

Dieses System sozialer Förderung ist die Folge aus der privatrechtlichen Pflicht zum Ausbildungsunterhalt.[215] Die vorgeschlagene Reform sicherte zwar gegenüber dem volljährigen Kind, dass die öffentlichen Zuwendungen ihm auch unmittelbar zugute kommen. So würde die Zweckbestimmung öffentlicher Leistungen dem Empfänger gegenüber einsichtig. Die Förderung der Kinder ginge jedoch zu Lasten der Eltern, die den das Ausbildungsgeld übersteigenden Unterhaltsaufwand zwar aufbringen, steuerlich indessen nicht mehr

---

210 Vgl von Löffelholz ua, Aktuelle Bestandsaufnahmen des deutschen Transfersystems, 1997, 104; Martiny, Fn 17, 1275 ff.

211 Beschluss 60. Ordentliche Mitgliederversammlung vom 7./8. Dezember 1999.

212 Dienel, Bildungschancen und Bildungskosten, in Neubauer/Dienel/Lohkamp-Himmighofen (Hrsg), Zwölf Wege zur Familienpolitik in der Europäischen Gemeinschaft, 1993, 389 ff; Arnold A.J. Spee, Ausbildungsförderung in den Niederlanden – System und erste Erfahrungen, in Albert von Mutius (Hrsg), Ausbildungsförderung und Familienlastenausgleich, 1989, 157 ff.

213 FamRZ 1985, 916 f.

214 BGBl I 2001, 390–402.

215 Daran fehlt es bei den als Vorbild genommenen Staaten Dänemark und Niederlande, vgl Schwenzer, 59. DJT (1992), A 45 (Beschränkung auf Kinder zwischen 21 bis 24 Jahren).

geltend machen könnten. Das Kindergeld könnte – und sollte – bei den in Ausbildung stehenden Volljährigen zwar durchaus an diese ausgezahlt werden. Als Ersatz für bisher gewährte Steuervorteile kommt ein Ausbildungsgeld allerdings nicht in Frage, so lange es nicht den Unterhaltsbedarf des Kindes vollständig deckt. Wenn Ausbildungsunterhalt zivilrechtlich geschuldet und sozialrechtlich nur subsidiär – im übrigen nur anteilig – gedeckt ist, muss der ungedeckte Rest nach wie vor steuerlich berücksichtigt werden.[216]

c) Soziale Hilfe

aa) Soziale Grundsicherung

Die Rentenreform 2000/2001 führte die soziale Grundsicherung ein, um die soziale Vorsorge „armutsfest" zu machen. Die soziale Grundsicherung baut auf der Sozialhilfe auf,[217] generalisiert und typisiert deren Erwerbsvoraussetzungen, überantwortet die Bedürftigkeitsfeststellung und die Abwicklung der Leistungen einem neuen Träger und versagt diesem gleichzeitig den Rückgriff auf Familienangehörige, um „verschämter Armut" entgegenzuwirken.[218] Der Anteil der über 60jährigen an der Armutspopulation (Empfänger der Hilfe zum Lebensunterhalt) ist heute gering.[219] Die Regelung mag auf die Kompliziertheit des Rückgriffs reagieren,[220] zumal die Aussichten auf dessen Realisierung bescheiden sind. Andererseits wird für die älteren und dauerhaft Erwerbsunfähigen der Grundsatz des Nachrangs der Sozialhilfe weithin aufgegeben und für sie eine allgemeine, gegenüber der Unterhaltspflicht vorrangige staatliche Einstandspflicht begründet. § 2 Abs 1 GSiG schließt den Rückgriff des Trägers gegenüber unterhaltspflichtigen Kindern und Eltern aus, soweit deren Gesamteinkommen unter 100000 € jährlich liegt. Stellt

---

[216] Vgl dazu auch Martiny in diesem Band, B III 1 c) aa).

[217] Vgl zur „bedarfsorientierten Grundsicherung bei Alter und Erwerbsunfähigkeit" (§ 28a SGB I), Gesetz über eine bedarfsorientierte Grundsicherung im Alter und bei Erwerbsunfähigkeit (GSiG), BGBl 2001, S 1310, 1335; die Grundsicherung unterscheidet sich damit vom Modell der Sockelrente, die der Deutsche Juristinnenbund als Modell für die eigenständige soziale Sicherung im Rahmen der Rentenversicherung ins Gespräch gebracht hat (Ursula Rust (Hg), Eigenständige Alterssicherung von Frauen, 2000 = ZSR 2000, 669ff).

[218] Vgl zum Grundproblem Andreas Hänlein, Die Heranziehung Unterhaltspflichtiger bei langwährender Pflegebedürftigkeit Volljähriger nach BSHG und BGB, 1992; Ingeborg Schwenzer, Verwandtenunterhalt und sozio-demographische Entwicklung, FamRZ 1989, 685, 687; Nationale Armutskonferenz, Erklärung vom 15. 2. 2001.

[219] Er beträgt zwar nur 2,5% in Westdeutschland und 2,2% in Ostdeutschland.

[220] Vgl im einzelnen Empfehlungen für die Heranziehung Unterhaltspflichtiger in der Sozialhilfe, NDV 2000, 129ff; Brudermüller, FamRZ 1996, 129; Richter, FamRZ 1996, 1245.

die *Grundsicherung* einen ersten Schritt zu einer allgemeinen Mindestsicherung – eines Bürgergelds für jeden Bedürftigen – dar? Soll insbesondere die soziale Grundsicherung auf *Langzeitarbeitslose* oder *Alleinerziehende* ausgeweitet werden?[221]

Die Frage zielt auf das Für und Wider eines *Rückgriffs* durch Sozialhilfeträger auf Unterhaltspflichtige.[222] Zugunsten der Durchsetzung von Rückgriffsansprüchen spricht die Subsidiarität sozialer Sicherung gegenüber privatrechtlicher Einstandspflicht, mithin die Systemgerechtigkeit und der Grundsatz der sparsamen, auf das Nötige beschränkten Vergabe öffentlicher Mittel. Der Rückgriff führt andererseits zu sozialen Härten, falls er zugunsten der Älteren auf Kosten der jungen Generation geht. Er ist besonders prekär, wenn er Lücken in der sozialen Alterssicherung schließen soll, die auf sozialpolitischen Versäumnissen beruhen. Da sich die soziale Grundsicherung primär auf die in der Rentenversicherung unzureichend Gesicherten beschränkt, reagiert sie auf rentenpolitische Versäumnisse der Vergangenheit, schließt primär Lücken im sozialen Schutz. Die nachwachsende Generation sollte bei lückenhaften Erwerbsbiographien der vorangegangenen Generation nicht mit Unterhaltspflichten belastet werden. Dafür tritt die soziale Grundsicherung ein. Deren Ausweitung auf Langzeitarbeitslose oder Alleinerziehende ist dagegen nicht anzuraten. Schon heute erhalten Alleinerziehende wie die aus der Grundsicherung Berechtigten in der Sozialhilfe einen um den Mehrbedarfszuschlag[223] (§ 23 Abs 2 BSHG) erhöhten Satz. Alleinerziehenden ist ferner ebenso wie den Langzeitarbeitslosen primär durch Vermittlung von Arbeit, Bildung und Kinderbetreuung zu helfen – jedenfalls weit mehr als durch eine ihre Hilfeabhängigkeit perpetuierende soziale Grundsicherung.[224]

bb) Beratungshilfen

Neben dem Ausbau monetärer Hilfen bedarf es psychologischer, administrativer und informativer Hilfen, um der Armut zu begegnen.[225] Diese ist oft Folge fehlender Alltagskompetenz. Sie zu schaf-

---

[221] Erika Neubauer, Alleinerziehende als Zielgruppe der Familienpolitik, in Neubauer/Dienel/Lohkamp-Himmighofen (Hrsg), Zwölf Wege zur Familienpolitik in der EG, 1993, 410ff.

[222] Martiny, Fn 17, 1228ff.

[223] Schellhorn/Jirasek/Seipp, BSHG, 1997 (15. Aufl), § 23 Rn 20ff.

[224] So auch Martiny in diesem Band, B II 5; Dienel, Familien vor Armut bewahren, in Neubauer/Dienel/Lohkamp-Himmighofen (Hrsg), Zwölf Wege zur Familienpolitik in der EG, 1993, 461, 497ff.

[225] Max Wingen, Familienpolitik 1997, 277; Dienel, Familien vor Armut bewahren, Kritik zur Existenzsicherung in Europa, in Neubauer/Dienel/Lohkamp-Himmighofen (Hrsg), Zwölf Wege zur Familienpolitik in der EG, 1993, 461, 496f.

fen oder stärken, ist Ziel von Beratung. Um die dafür nötigen Voraussetzungen zu schaffen, legte die Bundesregierung Ende 1998 ein Armutspräventionsprogramm auf. Es soll die Kompetenz zur Führung von Haushalten stärken, die Schuldnerberatung verbessern und die Fähigkeit des Einzelnen zur Bewältigung wirtschaftlicher Krisen stärken.[226] Es soll die Mängel in der Handlungskompetenz der Menschen in einer von Überschuldungsrisiken geprägten Konsumwelt stärken. Die Initiative ist sinnvoll. Sie läßt sich nicht auf eine Maßnahme zur Armutsprävention verkürzen, sondern sie ist von allgemeiner familienpolitischer Bedeutung.[227] Denn sie kommt nicht nur den armen oder von Armut bedrohten, sondern allen Familien zugute. Sie erfordert aber einen erheblichen Aufwand an Sozialarbeit. Außerdem ist fraglich, ob das Angebot auch diejenigen erreicht, die seiner am dringendsten bedürfen.[228]

3. Ausweitung familiärer Solidarität

a) Familienversicherung

In Kranken- (§ 10 SGB V) und Pflegeversicherung (§ 25 SGB XI) vermittelt ein versicherungspflichtig Erwerbstätiger dessen nichterwerbstätigem Ehegatten sowie den unterhaltsberechtigten Kindern Schutz bei Krankheit und Pflegebedürftigkeit durch die *Familienversicherung*. Diese wird von der Solidargemeinschaft der Beitragszahler getragen. Sie soll Familienarbeit fördern, kommt jedoch jedem Ehegatten – und seit neuestem gar Lebenspartnern[229] – zugute. Außerdem wird die Familie nur gefördert, falls lediglich ein Ehegatte erwerbstätig ist. Ist diese Regelung zielgenau, soll sie der Beitragszahler tragen oder soll sie abgeschafft werden?[230]

Die *Familienversicherung* gründet in Kindschaft und Ehe. Die Sicherung minderjähriger *Kinder* lässt sich zwar als Ausprägung des sozialen Ausgleichs rechtfertigen. Die Familienversicherung für den *Ehegatten* ist aber problematisch, sofern dieser Familienarbeit nicht leistet. Gegenwärtig beruht der Schutz des Ehegatten in dem von

---

[226] Michael Burkhardt Pjorkowski, Armutsgründe und Armutsprävention in Privathaushalten, Expertise für das Bundesministerium für Familie, Senioren, Frauen und Jugend, oJ.

[227] Wissenschaftlicher Beirat für Familienfragen, Familien und Beratung, 1995 (Schriftenreihe Bundesministerium für Familie und Senioren, Bd 16).

[228] Vgl ebd, 68 „Mittelschichten-Bias".

[229] Vgl § 11 Abs 1 LPartG.

[230] Dafür Bertram Schulin, Gutachten 59. DJT (1992), E 85 ff, 95, 117 f.

Familienarbeit unabhängigen Status der Ehe. Außerdem wird er durch die Solidargemeinschaft der Versicherten gewährleistet, statt wie in der Rentenversicherung[231] durch die Allgemeinheit sichergestellt. Familienpolitisch ist daher einzig die Einbeziehung der Kinder und diese erziehenden, nichterwerbstätigen Eltern in die Familienversicherung gerechtfertigt.[232] Außerdem wäre es sachgerechter, wenn statt der Solidargemeinschaft der Versicherten eine durch *Steuern* finanzierte *Familienkasse* diese Leistungen übernehmen würde.

b) Finanzierung außerfamiliärer Betreuungseinrichtungen

Die Ausweitung *außerfamiliärer Betreuungseinrichtungen* belastet die Träger der Jugendhilfe. Als Finanzierungsinstrumente stehen Teilnahme- und Kostenbeitrag zur Wahl (§§ 90ff SGB VII). Dieser ist einkommensabhängig (§ 93 SGB VIII), jener nicht, kann jedoch aufgrund Landesrechts nach Einkommen gestaffelt sein.[233] Das Finanzierungsinstrument entscheidet über die Lastenverteilung zwischen Öffentlichkeit und Privaten. Sollte die tendenziell umfassende öffentliche Finanzierung dieser Einrichtungen als eines neuen Zweiges der öffentlichen familienfördernden Infrastruktur angestrebt werden oder eine stärkere Beteiligung der Eltern im Hinblick darauf angestrebt werden, dass ihnen die Erwerbstätigkeit auch die Kostentragung erlaubt?

Der durch die Gemeinden einzulösende, beachtliche Mittel fordernde[234] Anspruch jedes Kindes auf umfassende außerfamiliäre Betreuung (§ 22ff SGB VIII) wirft die Frage auf, ob Eltern zu den Kosten herangezogen werden sollen. Wird die außerfamiliäre Kinderbetreuung als Teil des Bildungssystems und der unentgeltlichen sozialen Infrastruktur verstanden, läge die *öffentliche Vollfinanzierung* nahe. Dient sie dagegen auch der individuellen Betreuung, käme eine Gebührenfinanzierung in Betracht. § 90 SGB VIII sieht die Gebührenfinanzierung von Einrichtungen der Kindertagesbetreuung vor.[235] Die Betreuungsaufwendungen sind grundsätzlich

[231] Jedenfalls hinsichtlich der Kindererziehungszeiten (vgl oben IV 1 a).

[232] So auch schon Köbl, MittLVA Ober- und Mittelfranken 1988, 428, 435ff; vgl ferner Fünfter Familienbericht, BT-Drucks 12/7560, 295f.

[233] BVerwG, DVBl 1997, 1438.

[234] So besagen Kostenschätzungen, dass die Investitionen für einen Kindergarten- oder Krippenplatz im Bundesdurchschnitt bei 6400 DM liegen (Bericht über Studie des DIW, Süddeutsche Zeitung vom 4. 12. 2001, S 21).

[235] BVerfGE 97, 332, 343ff jedenfalls für Kindergartenplätze. Diese Entscheidung gilt stellvertretend für sämtliche Einrichtungen der Kinderbetreuung.

von deren Nutznießern zu tragen.[236] Landesrecht kann jedoch eine einkommensabhängige Gestaltung des Nutzungsentgelts vorsehen.[237] Soweit – wie üblich – die Einrichtung von einem freien Träger betrieben wird, sind diese Grundsätze auch für deren Finanzierung durch privatrechtliches Entgelt maßgeblich. Soweit der danach mögliche Beitrag die anteiligen Kosten nicht übersteigt, steht eine solche Finanzierung mit dem Gebührenrecht im Einklang.[238] Zwar ist diesem die Berücksichtigung der individuellen Leistungsfähigkeit fremd.[239] Als Finanzierungsgrundsatz des Jugendhilferechtes lässt sich eine Sonderregelung jedoch rechtfertigen, weil dessen Leistungen grundsätzlich einkommensproportional finanziert werden.[240] Dies folgt aus deren fürsorgerischer Tradition und Funktion. Die Finanzierung der außerhäuslichen Kinderbetreuung durch Gebühren kann wegen der unterschiedlichen Belastbarkeit der Eltern prinzipiell nicht kostendeckend gesichert werden. Die Träger der Jugendhilfe haben erhebliche Anteile der Investitions- wie Betriebskosten für die außerfamiliäre Kinderbetreuung zu tragen. Eine Abwälzung der Kosten auf einkommensschwache Familien kommt nicht in Betracht. Angesichts dessen erscheint die monetäre *Abgeltung* der *familiären* Erziehung durch das Erziehungsgeld zwar als die kostengünstige Alternative. Sie wird jedoch den Erwartungen vieler Eltern nicht gerecht, die eigene Erwerbsarbeit auch in der Phase der Kleinkinderziehung fortzusetzen. Diese Eltern sind dann auf außerfamiliäre Kleinkinderbetreuung angewiesen. Sie sind freilich dank des bezogenen Erwerbseinkommens auch eher in der Lage, einen kostendeckenden Beitrag zu erbringen. Eine Absage an eine einkommensproportionale Gebührenfinanzierung ginge mit dem Verzicht auf einen Auf- oder Ausbau entsprechender Dienste einher.

---

[236] Hauck-Stähr, SGB VIII § 90 Rn 2, 5; Münder, Familien- und Jugendhilferecht, 2000 (4. Aufl), 13.4; Schellhorn, SGB VIII, 2000, § 90 Rn 19ff; vgl zur Abgrenzung BVerfG, DVBl 1997, 1438.

[237] Zur Ausgestaltung als degressive oder progressive Staffelung Hauck-Stähr, SGB VIII § 90 Rn 11.

[238] BVerfGE 97, 332.

[239] Vgl Joachim Becker, Transfergerechtigkeit und Verfassung, 2001, 274ff; anders Jestedt, DVBl 2000, 1820, 1826ff; BVerfGE 97, 332 für Kindergärten; BVerwG DVBl 1994, 818; 1977, 1438.

[240] Menzel/Ziegler, Jugendhilferecht, 1997, 181ff; Wiesner ua, SGB VIII, 1995, vor § 89 Rn 2, 3ff.

c) *Individuelle Gestaltungsmöglichkeiten von Sozialleistungsansprüchen*

Sozialleistungsfälle werden oft mit Schicksalsschlägen in eins gesetzt. Nicht einmal selten sind die Sozialleistungsfälle aber die Folge vorangegangener Dispositionen des Sozialleistungsberechtigten: Sozialhilfebedürftig ist auch, wer etwa eine Arbeitsstelle aufgibt und für sich ein „Recht auf Faulheit" reklamiert, sich seines Vermögens im Wege vorweggenommener Erbfolge begibt, bei Scheidung auf einen Unterhaltsanspruch verzichtet oder eine erbrechtliche Verfügung trifft, so dass ein Vermögenswert zwar in den Nachlass eines Bedürftigen fällt, ihm dagegen die Verfügungsmacht darüber entzogen wird. Die Eltern, die den Unterhaltspflichten gegenüber ihren Kindern nicht nachkommen, belasten – mitunter leichtfertig, jedenfalls pflichtvergessen – die öffentliche Hand. Die rechtliche Bewältigung dieser Herausforderung ist durch beträchtliche Unsicherheit geprägt. Ist die Regress-Beschränkung nach geltendem Recht weiter akzeptabel oder sollten die Regressmöglichkeiten zugunsten der Sozialhilfeträger namentlich im Hinblick auf vorausgegangene Vermögensverfügungen der Hilfeempfänger oder der Hilfe bedürfender Dritter ausgeweitet werden? Wie kann der ungerechtfertigten, weil auf Versäumnissen beruhenden Inanspruchnahme von Sozial- und Jugendhilfe wie Unterhaltsvorschuss entgegengewirkt werden?

Zu allen Zeiten waren und sind – schon wegen ihrer bloßen Existenz als Teile der Leistungsverwaltung – Einrichtungen sozialer Sicherung missbrauchsanfällig[241] (moral hazard). Denn in jedem öffentlichen Leistungsprogramm liegt der Anreiz zur grundlosen Inanspruchnahme. § 92a BSHG verpflichtet deshalb zum Kostenersatz, wer *vorsätzlich* oder *grob fahrlässig* die *Gewährung* der *Sozialhilfe* an sich selbst oder seine unterhaltsbedürftigen Angehörigen *herbeigeführt* hat. Dieser Grundsatz sollte als *allgemeiner Grundsatz* im SGB I verankert werden. Er ergänzte und verallgemeinerte die in §§ 61 ff SGB I getroffenen Regeln über die sozialrechtlichen Mitwirkungsobliegenheiten. Gewiss wäre es ein – freilich populäres – Missverständnis, wollte man die Kostensteigerung des Sozialstaats auf den grassierenden Missbrauch zurückführen. Die Statuierung eines generellen Rechtsanspruchs auf Kostenersatz für vorsätzlich oder grob fahrlässig herbeigeführte Sozialleistungstatbestände wäre jedoch mehr als ein Akt symbolischer Politik. Denn

---

[241] Anthony Giddens, Die Frage der sozialen Ungleichheit, 2001, 42: „Alle Wohlfahrtsstaaten erzeugen Abhängigkeit, unehrliches Verhalten, Bürokratisierung, einflußreiche Interessengruppen und Betrugsfälle."

sie machte bewusst: Der Sozialstaat steht generell nur für die seiner Bedürfenden ein, bedenkt indes nicht diejenigen, die ihre Notlage selbst zu verantworten haben. Der danach zu finanzierende Kostenersatz könnte zwar – anders als im Zivilrecht bei den Vorhaltekosten[242] – nicht die Generalunkosten für die Träger sozialer Sicherheit umfassen. Denn deren Unterhaltung ist eine öffentliche Aufgabe. Andererseits bekräftigte der Sozialleistungsträger gegenüber Pflichtvergessenen deren Primärverantwortung. Die originär begründeten Rückforderungsansprüche träten neben die Regressansprüche. Als originäre Ansprüche wären sie einfacher als diese geltend zu machen.

Ferner ist der Nachrang der Sozialhilfe gegenüber vorrangig Leistungspflichtigen (§ 2 BSHG) besser als gegenwärtig zu sichern. Nach der gegenwärtigen Praxis verweisen Sozialhilfeträger Unterhaltsberechtigte auf den Unterhaltsschuldner nur, falls dieser leistungsfähig und der Anspruch realisierbar ist und aus der Verweisung keine Notlage entsteht.[243] Zwar darf die Verweisung nicht bei begründeten Sozialhilfeanträgen vorgenommen werden.[244] Umgekehrt darf jedoch die Sorge davor nicht zu einer Praxis führen, in deren Folge Sozialhilfeträger zu Inkassostellen für Unterhaltsansprüche werden. Ähnlich wie nach französischem Recht[245] sollte die Bewilligung von Sozialhilfe von nachweislichen Bemühungen des Berechtigten zur Beitreibung konkurrierender und vorrangiger privatrechtlicher Ansprüche abhängig gemacht werden.[246]

Weitere Reformen zur Stärkung familiärer Solidarität sind im Hinblick auf die privatrechtlichen Möglichkeiten zur Schaffung sozialrechtlicher Einstandspflichten zu erwägen. Einerseits wird dem Sozialhilfeträger zugestanden, den dem Schenker gegen den Beschenkten zustehenden Anspruch auf Rückforderung des Geschenks (§ 528 BGB) auf sich überzuleiten und damit im Rückgriff auf den verschenkten Vermögensgegenstand zuzugreifen.[247] Beim Unter-

---

242 BGHZ 32, 280; dazu Lange, Schadensersatz, 1990 (2. Aufl), § 6 VIII 4.

243 Vgl Helmut Schellhorn, Das Verhältnis von Sozialhilfe und Unterhaltsrecht am Beispiel der Heranziehung Unterhaltspflichtiger zu den Sozialhilfeaufwendungen, 1994, 144ff; Volker von Borzeszkowski, Der Rückgriff im Unterhaltsrecht, 1994, 13, 35, 56ff; Christian Müller, Der Rückgriff gegen Angehörige von Sozialhilfeempfängern, 2000 (3. Aufl).

244 Künkel, FamRZ 1991, 14, 19 (Verstoß gegen § 15 BSHG, Verbot der Hilfegewährung für Vergangenheit); Schellhorn, 144f.

245 Martiny, Fn 17, 1192ff.

246 So auch Martiny in diesem Band, B II 5 b).

247 BGH NJW 1998, 537; Albrecht Brühl, Sozialhilfe und Vermögensverwertung, in Brennpunkte des Sozialrechts 1998, 1999, 81ff; Dirk Zeranski, NJW 1998, 2574; Eberhard Eichenhofer, Rückgriff des Sozialhilfeträgers aufgrund vorangegangener Vermögensverfügungen unter Lebenden oder von Todes wegen, NDV 1999, 82ff.

haltsverzicht[248] ist die Lösung differenziert: Zieht der Unterhaltsverzicht die Sozialhilfebedürftigkeit des Empfängers nach sich, so ist dieser regelmäßig nach § 138 BGB nichtig[249] – falls die Bedürftigkeit ohne den Erlass des Unterhaltsanspruchs nicht eingetreten wäre. Wird der Unterhaltsverzicht dagegen von einem Hinterbliebenenrentenberechtigten erklärt, wird er anerkannt, so dass die vor Begründung der Zweitehe bestehende Hinterbliebenenrente wieder auflebt. Erbrechtliche Verfügungen zu dem Zweck, dem Empfänger die Verfügungsmacht über den Nachlass und so auch dem Sozialhilfeträger den Zugriff auf das Vermögen zu entziehen, werden weit überwiegend für zulässig erachtet.[250] Eine angemessene Lösung dieser Problematik hat zwei Grundprinzipien zum Ausgleich zu bringen: Die Privatautonomie zum einen und das Sozialstaatsprinzip zum anderen. Weder darf ein Inhaber eines Rechts in seiner Verfügungsfreiheit grundlos beeinträchtigt werden, noch darf es der Sozialstaat umgekehrt zulassen, dass jedermann dessen Einstandspflicht nach Belieben herbeiführt. Deshalb sind Verfügungen über private Vermögensrechte grundsätzlich unstatthaft, so sie das Rangverhältnis zwischen Eigen- und Solidarverantwortung zu Lasten der Allgemeinheit zu verändern bezwecken. Deshalb kann der Sozialhilfeträger bei Verfügungen des Schenkers den Anspruch auf Rückgewähr des Geschenks auf sich überleiten, deshalb sind Unterhaltsverzichte, welche die Sozialhilfebedürftigkeit des Verzichtenden zur Folge haben, unwirksam und deshalb sollten auch erbrechtliche Verfügungen, die einem Bedachten zwar Vermögenswerte zuweisen, ihm die Verfügungsmacht daran aber entziehen, jedenfalls in Höhe des Pflichtteils und eines Mindestfreibetrags dem Zugriff des Sozialhilfeträgers ausgesetzt sein.[251]

Das Jugendhilfe- und Sozialhilferecht beruht auf dem Nachrang gegenüber vorrangig Einstandspflichtigen. Gleichwohl sind auch bei Pflichtvergessenheit des Schuldners von Familienunterhalt Einstandspflichten des Sozialleistungsträger begründet. Zwar sichert die Anwendung der Rückgriffsregeln gegenüber den Unterhaltsschuld-

---

[248] Oliver Frey, Der Verzicht auf nachehelichen Unterhalt, 1989; Wolfgang Herb, Der Verzicht auf nachehelichen Unterhalt, insbesondere zu Lasten der Sozialhilfeträger, Diss Tübingen 1988; Vanessa Hohenblicher, Der Unterhaltsverzicht im nachehelichen Unterhaltsrecht nach § 1585 c BGB, Diss Regensburg 2000; Schwenzer, FamRZ 1989, 685, 681; Franziska Schumacher, Rechtsgeschäfte zu Lasten der Sozialhilfe in Familien- und Erbrecht, Diss Bonn 2000; Burkhard Hess, FamRZ 1996, 981; Künkel, FamRZ 1991, 14; Meder, FuR 1993, 12.

[249] BGHZ 86, 82.

[250] Vgl zu dieser Problematik: Bengel, ZEV 1994, 29; Köbl, ZfSH/SGB 1990, 449, 465; Krampe, AcP 191 (1991), 527, 546; Dittmann/Reimann/Bengel, Testament und Erbvertrag, 1986 (2. Aufl), D 276 ff.

[251] Eichenhofer, JZ 1999, 226, 232 f.

nern den Nachrang.[252] Gleichwohl sinkt der Ertrag aus Rückgriffsansprüchen, sei es, weil die Schuldner wirtschaftlich immer weniger leistungsfähig sind oder die Zahlungsmoral sinkt, sei es schließlich, weil die Sozialleistungsträger zu wenig Anreize zur Geltendmachung von Regressansprüchen haben. Angesichts dessen sind Erweiterungen der Informationspflichten über den § 98 SGB X hinaus sowie verstärkt die Möglichkeiten der Abzweigung (§§ 48f SGB I) zu nutzen, um den Ertrag aus Rückgriffsansprüchen zu steigern oder den Rückgriff entbehrlich zu machen.[253]

---

[252] Vgl dazu NDV 2000, 127ff; Martiny, Fn 17, 1270ff und passim.

[253] Vgl zur Ausweitung der Informationsrechte, insbesondere die Vorschläge im Bericht über die Anwendung des UVG der Bayerischen Staatsregierung, ZfJ 1999, 61.

V. Perspektiven und Institutionen öffentlicher Familienförderung

1. Leitperspektive

Anders als je zuvor sind Familiengründung und -größe heute zu einer „Frage der Wahl, der individuellen Entscheidung“[254] geworden. Im Zeitalter bewusster Elternschaft stellen sich Familiengründung und -ausweitung als Gebrauch von Freiheit (Art 6 Abs 1 GG) dar. Ob der Staat diese Freiheit lediglich achten und sich deshalb jeglicher Intervention in familiäre Verhältnisse enthalten oder die Familie umfassend schützen und fördern soll – darauf geben die westlichen Demokratien unterschiedliche Antworten.[255] Während die angelsächsischen Länder aus der Freiheit der Familie primär das Gebot zu staatlicher Nichtintervention ableiten und demgemäss die Familien primär sich selbst überlassen und lediglich vor Verarmung bewahren, verstehen sich die kontinental-europäischen Staaten seit jeher zu einer umfassenden Politik aktiver staatlicher Familienförderung.

Alle Bemühungen zur Familienförderung rechtfertigen sich aus Schutz und Gewährleistung betätigter Freiheit. Familienförderung hat sich aber jeglichen *Machbarkeitswahns* zu enthalten. „Die Familie braucht Hilfe, aber es ist schwer, ihr zu helfen“.[256] „Es muss ... der Vorstellung entgegengetreten werden, staatliche Politik könne ... erfolgreich das Verhalten von Familien direkt beeinflussen. Wir müssen im Gegenteil Familie als grundsätzlich politikresistenten Bereich postulieren und ausgehend von dieser Prämisse fragen, wie trotzdem mit staatlichen Maßnahmen der erforderliche Schutz und sinnvolle Unterstützung für die Entwicklung familialer Lebensformen gewährleistet werden können.“[257] Es steht also nicht etwa eine Enttabuisierung einer – wie immer gearteten – Bevölkerungspolitik zur Debatte. Der demokratische und zivilisierte Staat der Gegenwart hat weder Mandat noch Mittel, dem Einzelnen die Familiengründung oder -größe vorzuschreiben, sich in diese Entscheidung auch nur einzumischen. Auch in Frankreich, das seit alters eine pronatali-

---

[254] Franz-Xaver Kaufmann, Zukunft der Familie im vereinten Deutschland, 1995, 165.

[255] Vgl Michel Laroque, Family Benefits: Changing Policy?, ISSA 2nd Technical Conference: Social Security as an Instrument for Social Cohesion, Possibilities and Limitations, Naples 25.–27. March 1998, p 3.; Gauthier, Fn 93, p 203 ff: unterscheidet 4 Ansätze: a pro-family/pro-natalist, pro-traditional, pro-egalitarian and a pro-family but non-interventionist model.

[256] Franz-Xaver Kaufmann, Zukunft der Familie im vereinten Deutschland, 164.

[257] Ebd, 9; vgl auch Heinz Lampert, Priorität für die Familie, 1996, 186 ff.

stische Politik betrieb, wich der bevölkerungspolitische Elan von einst längst der ernüchterten Hoffnung, durch Familienpolitik wenigstens das notwendige Mindestmaß an Nachkommenschaft zu sichern.[258]

Der seine Legitimation aus der Sicherung der *Freiheit* des Einzelnen beziehende Staat ist – jedenfalls im kontinental-europäischen Verständnis zur *Familienförderung* berufen. Zwar werden die Belastungen vor allem anderen durch das Glück der Elternschaft aufgewogen. Und es wäre nicht nur vermessen, sondern naiv, versuchte Politik glauben zu machen, dass Familie ohne Sorgen, persönliche Einschränkungen, Risiken, finanzielle und seelische Belastungen zu haben wäre.[259] Der Staat ist jedoch be- und aufgerufen, die mit Elternschaft nicht zwingend verbundenen sozialen und ökonomischen Benachteiligungen zu lindern.[260] Nach Art 6 Abs 1, 2 GG hat der Staat die Familiengemeinschaft in ihrer jeweils selbst gewählten Ausrichtung zu respektieren.[261] Zwar wacht der Staat über die Ausübung des Elternrechts (Art 6 Abs 2 GG). Dies gestattet ihm jedoch nicht, „die Eltern zu einer bestimmten Art und Weise der Erziehung der Kinder zu drängen“ Das GG überlässt die Entscheidung über das Leitbild der Erziehung den Eltern.[262] „Zwar kann und muss der Staat den Eltern nicht alle Belastungen und Einschränkungen abnehmen, die für sie mit der ‚Pflege und Erziehung‘ (Art 6 Abs 2 GG) von Kindern verbunden sind.“ Aber „Eltern übernehmen mit der Erziehung ihrer Kinder zugleich Aufgaben, deren Erfüllung sowohl im Interesse der Gemeinschaft als Ganzes als auch jedes einzelnen gelegen ist. Darum ist der Staat gehalten, eine kinderfreundliche Gesellschaft zu fördern“.[263] Art 6 Abs 1 GG verpflichtet den Staat deshalb zur umfassenden Familienförderung. Deren Inhalt erschließt das BVerfG höchst detailliert dem GG: Diese Pflicht umschließt, „die Kinderbetreuung in der jeweils von den Eltern gewählten Form in ihren tatsächlichen Voraussetzungen zu ermöglichen und zu fördern. Die Kinderbetreuung ist eine Leistung, die auch im Interesse der Gemeinschaft liegt und deren Anerkennung verlangt.[264] … Der Staat hat dementsprechend dafür Sorge zu tragen, dass es Eltern gleichberechtigt möglich ist, teilweise und zeitweise auf eine eigene Erwerbstätigkeit zugunsten der persönlichen Betreuung ihrer Kinder

---

[258] Laroque, Fn 255, p 5.

[259] Heinz Haller, Besteuerung des Familieneinkommen und Familienlastenausgleich, 1981, 37f.

[260] BVerfGE 13, 331; 17, 1; 28, 104.

[261] BVerfGE 99, 216, 231; 61, 319, 347; Dreier-Gröschner, GG, 1996, Art 6 Rn 79ff.

[262] BVerfGE 99, 216, 232; 72, 122, 139f; 47, 46, 69f; 24, 129, 143.

[263] BVerfGE 88, 208, 259f.

[264] BVerfGE 88, 203, 258f; 87, 1, 38f.

zu verzichten wie auch Familientätigkeit und Erwerbstätigkeit miteinander zu verbinden. Der Staat muss die Voraussetzungen schaffen, dass die Wahrnehmung der familiären Erziehungsaufgaben nicht zu beruflichen Nachteilen führt, dass eine Rückkehr in die Berufstätigkeit ebenso wie ein Nebeneinander von Erziehung und Erwerbstätigkeit für beide Eltern einschließlich eines beruflichen Aufstiegs während und nach Zeiten der Kindererziehung ermöglicht und … die Angebote der institutionellen Kinderbetreuung verbessert werden".[265]

2. *Öffentliche Familienförderung im aktivierenden Sozialstaat*

Eine in diesem Sinne verstandene Familienpolitik hat die Folgen der „strukturellen Rücksichtslosigkeit von Wirtschaft und Staat gegenüber dem Tatbestand der Elternschaft"[266] zu überwinden. Solches Handeln wird durch das Allgemeininteresse zur Sicherung der Gesellschaft als Ganzer oder der institutionellen Voraussetzungen sozialer Sicherheit legitimiert. Entscheidender begründet sich solches Handeln aus dem *originären* Auftrag des *Sozialstaats,* die *Freiheit* jedes *Einzelnen* zu *flankieren* und deren Ausübung vor ökonomischen oder sozialen Nachteilen zu bewahren: die *Bedingungen* konkreter *Freiheitsbetätigung* für alle zu schaffen, sichern und fördern. Es ist der in diesen Jahren beschworene „aktivierende Sozialstaat" – als Modell eines Staates, der den Menschen selbstverantwortetes Handeln nicht abnimmt, sondern den Gebrauch individueller Freiheiten zu ermöglichen trachtet –, der in solchem Denken aufscheint.[267]

Der aktivierende Sozialstaat bezieht seine Inspiration aus den höchst unterschiedlichen konzipierten und konturierten Wohlfahrtsstaaten wie denen der USA, Großbritanniens und nordischen Staaten.[268] Er gründet auf dem Wahlspruch: *No rights without responsibilities!*[269] Namentlich hat die Sozialpolitik diese Maximen gegenüber arbeitsfähigen Berechtigten zu verwirklichen.[270] Bisher

---

[265] BVerfGE 99, 216, 234; 97, 332; 88, 203, 260.

[266] Franz-Xaver Kaufmann, Zukunft der Familien im vereinten Deutschland. Gesellschaftliche und politische Bedingungen, 1995, 11.

[267] Vgl in diesem Sinne auch Ingo Richter, RdJB 2000, 112, 119.

[268] Anthony Giddens, The Third Way, 1998, viii; ders, Die Frage der sozialen Ungleichheit, Frankfurt/Main 2001, 39; Richard Layard, How to Beat Unemployment, Oxford University Press 1986; Jacob Torfing, Journal of European Social Policy, 9 (1999), 5.

[269] Giddens, The Third Way, 1998, p 65.

[270] Giddens, Die Frage der sozialen Ungleichheit, 2001, 10.

galt diese Perspektive vor allem in der Arbeitsmarktpolitik: Arbeitslose und Sozialhilfeempfänger sollten mit Hilfe der Sozial- und Arbeitsämter in den Arbeitsmarkt eingegliedert werden. Wer ein Hilfsangebot ausschlägt, hat danach Leistungseinbußen hinzunehmen. „*Give a hand, not a handout!*" ist das Credo einer Politik des *Förderns* und *Forderns.* In den USA und Großbritannien zielten die Bemühungen der Arbeit-statt-Sozialhilfe-Programme (welfare-to-work) insbesondere auf die Gruppe der alleinerziehenden Mütter.[271] Ihnen wurden Kinderbetreuung, Ausbildungs- und Arbeitsmöglichkeiten durch die Sozialverwaltung angeboten. Der Ansatz enthielt also stets eine familienpolitische Komponente. Er könnte auf die gesamte Familienpolitik erstreckt werden. Denn Familienleistungen können zur Festigung sozialen Zusammenhalts wesentlich beitragen, weil sie der Familie als elementarer Gemeinschaft zugutekommen. Gleichzeitig prägt ihre Ausgestaltung wesentlich die Entwicklungsmöglichkeiten von Frauen und die Erziehungschancen von Kindern.[272]

Der sich auf die Nichtintervention in die Familie beschränkende liberale Staat muss und kann *Toleranz* gegenüber der Vielfalt familiärer Lebensformen walten lassen. Solche Toleranz ist *wohlfeil,* so lange der Staat nicht aktiv die Familie fördert. Der sozialpolitisch aktive Staat steht hingegen vor der Last der Prioritätensetzung. Denn *alle* Familienförderung ist Förderung *konkreter* Familien in *konkreten Lebenslagen.* Unter den Bedingungen knapper Mittel sind *Prioritäten* zu setzen. Dies führt zu der Grundsatzfrage, wie auftretende Zielkonflikte aufzulösen sind. Was ist konkret zu fördern: die familiäre oder die außerfamiliäre Kinderbetreuung, die möglichst umfassende sozialrechtliche Gleichstellung von Familienarbeit mit Erwerbsarbeit oder die Schaffung einer familienfreundlichen Arbeitswelt, die Familie mit Erwerbsarbeit vereinbar macht? Diese Alternativen prägen nicht nur die politische Debatte; es sind vor allem unter den Eltern unterschiedliche Präferenzen festzustellen. In einem liberalen Gemeinwesen haben die Eltern und nicht der Staat – und schon gar nicht die Mehrheitspartei – diese Grundsatzfragen familiären Lebens zu beantworten. Der Staat ist berufen, die Vielfalt der familiären Lebensformen durch politische Gestaltung zu ermöglichen. Eine solche Politik findet im Modell des den individuellen Freiheitsgebrauch ermöglichenden Staates ihr Fundament. Für den angedeuteten Zielkonflikt folgt daraus, dass die Politik nicht zwischen den aufgezeigten Alternativen zu entscheiden hat – wohl

---

[271] Ebd, 54; vgl umfassend und tiefgründig: Holger Feist, Arbeit statt Sozialhilfe, 2000, 122ff.

[272] Laroque, Fn 255, p 14.

aber vor der Frage nach der sachlichen und zeitlichen Priorität für die Einzelmaßnahmen steht. Im Sinne des ermöglichenden Staates wäre danach diejenige Maßnahme vordringlich, die das relativ *größte* familienpolitische *Defizit überwindet.*

Mit Blick auf die Zukunft ist das Recht dahin fortzuentwickeln, dass *Eigenhilfe* gestärkt wird, die *familiäre* Solidarität grundsätzlich der *sozialen* Solidarität *vorgeht,* die Sozialhilfe nur *subsidiär* einstandspflichtig bleibt, ohne den privatrechtlichen Unterhaltsschuldner zu *entlasten,* indes die *soziale Solidarität* umfassend Voraussetzungen für die *Stärkung* von Eigenhilfe und familiärer Solidarität schafft. Folglich bedürfen die Familien zur Stärkung ihrer Fähigkeit zur Selbsthilfe in größerem Umfang als bisher der öffentlichen Hilfe. Diese in zahlreichen Einzelvorschlägen ausgearbeitete Forderung erklärt sich aus der Idee des aktivierenden, den Freiheitsgebrauch ermöglichenden Sozialstaates.

3. Familienkasse

Eine solche Politik erfordert öffentliche Mittel – viel Geld, das weder durch Umschichtungen (etwa Abschaffung des Ehegatten-Splitting),[273] noch durch eine zusätzliche Belastung der Familien[274] aufgebracht werden kann und soll. Vielmehr ist eine familiengerechte Besteuerung[275] ein der Gesetzgebung aufgetragener,[276] in Zukunft noch zu verwirklichender Auftrag. Wenn Familien einerseits substantiell – in der Größenordnung von zweistelligen Milliarden-€-Beträgen jährlich – zusätzlich gefördert und gleichzeitig in der Einkommensteuer signifikant entlastet werden sollen, dann wäre es unseriös, würden Vorschläge zur Erweiterung familienfördernder Leistungen unterbreitet, ohne im Gegenzug deren Finanzierungsmöglichkeit zu bedenken.

Seit einigen Jahrzehnten[277] besteht der Vorschlag, die Gesamtheit der familienpolitischen Transferleistungen durch eine *Familienkasse* zu tragen. Dieser Vorschlag orientiert sich an den Vorbildern der

---

[273] Kritisch dazu etwa, Seltmann, Die steuerliche Berücksichtigung familialer Belastungen in den Staaten der EG, in Neubauer/Dienel/Lohkamp-Himmighofen (Hrsg), Zwölf Wege zur Familienpolitik in der EG, 1993, 205, 212 f; Böckenförde, StuW 1986, 335; Heinz Lampert, Priorität für die Familie, 1996, 193 ff.

[274] Darauf insistiert mit Recht der 10. Kinder- und Jugendbericht (BT-Drucks 13/11368), S 95 ff.

[275] Pechstein, Fn 190.

[276] BVerfGE 99, 216.

[277] Alfred Schmidt, DAngVers 1988, 477; Kolb, DRV 1989, 1, 13 f.

romanischen Länder.[278] Die Familienkasse wäre als Sondervermögen auszugestalten und als ein Movens einer aktivierenden Familienförderung zu begreifen und einzusetzen. Sie könnte als *Anstalt des öffentlichen Rechts* verwirklicht werden.

Fraglich ist jedoch wesentlich ihre Finanzierung. Anders als in den romanischen Ländern empfiehlt sich *nicht* die Finanzierung durch *einkommensproportionale Beiträge.*[279] Denn diese würden die in Deutschland ohnehin schon hohen – zu hohen! – Lohnnebenkosten weiter erhöhen. Auch eine Finanzierung durch eine Erhöhung der Mehrwertsteuersätze wäre untunlich, weil dies den Massenkonsum verteuern und insbesondere die Familien zusätzlich belasten würde. Es könnte jedoch durch die Einführung einer Steuer auf gehobenen Gebrauch und gesundheitsgefährdenden Verbrauch nach dem Vorbild anderer EU-Staaten[280] als dritte Stufe der Mehrwertsteuer eine Finanzierungsgrundlage geschaffen werden.[281] Es bestünde so die Chance zu einer verteilungspolitischen Korrektur, welche die Effekte der jüngsten Einkommensteuerreformen jedenfalls zum Teil ausgleicht. Wenn dort zur Steigerung von Arbeits- und Steuermoral sinnvollerweise der Progressionssatz gesenkt wird, und dadurch gleichzeitig beträchtliche öffentliche Mittel nicht mehr verfügbar werden, so könnte im Einklang mit der Maxime der Aufklärung: private vices – public benefits! durch eine zusätzliche steuerliche Belastung des gehobenen und gesundheitsgefährdenden Konsums ein Ausgleich geschaffen werden. Gewiss gibt es gegen diesen Vorschlag zahlreiche Einwände. Welcher Konsum ist gehoben und gesundheitsgefährdend? Jede Antwort bleibt vage und schwierig. Diesem Vorschlag kann ferner entgegengehalten werden, er sei letztlich vom Neidkomplex als dem die Sozialmoral schlechthin untergrabenden Ressentiment durchdrungen!

---

[278] Jean-Pierre Laborde/Françoise Monéger, Prestation familiales et contrôle social, 1994; Ponton-Grillet, Droit de la Famille, Juris-Classeur, Février 1998, p 4.

[279] In Frankreich wird von allen Einkünften (2,4%) und Vermögenserträgen (1%) natürlicher Personen die Contribution Sociale Généralisé erhoben.

[280] Vgl EG-Kommission, Struktur der Steuern, die in den Mitgliedstaaten der EU erhoben werden, 2000 (DOC/2905/2001 EG Kommission). Der Mehrwertsteuersatz ist danach vergleichsweise niedrig. Drei Stufen der Mehrwertsteuer kennen Griechenland, Spanien, Frankreich, Irland, Italien und Luxemburg. Der Anteil der indirekten Steuern am Gesamtsteueraufkommen ist in Deutschland im EU-Vergleich ebenfalls unterdurchschnittlich 12,6% – reicht von 11,1% (Spanien) bis 19,2% (Dänemark). Eine Lösung wäre im Rahmen der ohnehin angestrebten Steuerharmonisierung zu suchen.

[281] So auch Giddens, Die Frage der sozialen Ungleichheit, 2001, 113, als Anreiz zu Sparen und zu Investieren für langfristiges Wachstum.

Der Charme des Vorschlages liegt jedoch darin, dass zwischen den *Antipoden* des *sozialen Konfliktes,* um dessen Bewältigung es bei dem zur Erörterung stehenden Thema letztlich geht, ein monetärer wie symbolischer *Ausgleich* ermöglicht wird: den Belangen und Interessen der für die Zukunftssicherung Elementares leistenden Familien einerseits und der immer größer werdenden Schicht von Menschen, die sich fast alles leisten können und auch leisten, andererseits. Bei Realisierung des Vorschlages könnte der Luxuskonsum in dem Bewusstsein „genossen" werden, damit zugleich ein gutes Werk zu tun, und die Familien, die diesen bisher beargwöhnen, könnten davon unmittelbar profitieren. Der latente Verteilungskonflikt,[282] der die gesamte Debatte durchzieht, würde auf solche Weise produktiv bewältigt.

[282] Vgl dazu Ferdinand Oeter, Frondienstpflicht der Familie, Frankfurter Hefte 1953, 483: „Einmal muß die zwangsläufig in den Luxuskonsum einströmende Kaufkraftsteigerung derjenigen, die für weniger als zwei Kinder zu sorgen haben, systematisch durch wohlabgewogene Familienausgleichsabgaben abgefangen werden, zum anderen muß den Familien mit zwei oder mehreren Kindern durch eine Revision der steuerlichen und möglicherweise auch der sozialen Abgaben ein echter Kaufkraftgewinn zugeführt werden" (492 – so Oeter, 1953!).

VI. Thesen

1. Grundsätze

(1) Öffentliche Familienförderung soll als Teil einer umfassenden Familienpolitik Entfaltungsmöglichkeiten von Familien durch zureichende, Wahlmöglichkeiten eröffnende Angebote an öffentlichen Leistungen sichern; diese sollen die Vereinbarkeit für Elternschaft und Erwerbsarbeit gewährleisten und die Armut von Kindern und Familien lindern – langfristig beseitigen.

(2) Öffentliche Familienförderung soll wie alle Familienpolitik die Fähigkeit der Familie zur Selbsthilfe stärken und familiärer Solidarität grundsätzlich Vorrang vor sozialer Solidarität geben. Die soziale Solidarität hat jedoch umfassend die Eigenhilfe und familiäre Solidarität zu stärken.

2. Einzelforderungen

a) Entfaltungsmöglichkeiten für Familien

(3) Das Kindergeld muss das steuerlich freizustellende Existenzminimum übertreffen und sich mittelfristig einem Drittel des sozialhilferechtlichen Existenzminimums für Kinder nähern.

(4) Kinderfreibeträge sind als Element der Steuergerechtigkeit unverzichtbar. Die überproportionale Entlastung von Familien mit Kindern und hohem Einkommen ist die Kehrseite der progressiven Besteuerung. Einkommensschwache Familien – die mangels hinreichenden Einkommens steuerlich nicht zureichend entlastet werden können – sind gezielt sozialrechtlich zu fördern.

(5) Die Kinderbetreuung ist durch Geldleistungen (Erziehungsgeld), sozialversicherungsrechtliche Anerkennung von Kindererziehung (Kindererziehungszeiten) sowie ein hinreichend differenziertes, wohnortnahes, qualitativ anspruchsvolles Angebot von Betreuungsangeboten für Kinder und Jugendliche sämtlicher Altersstufen (Krippen, Kindergärten, Horten, Ganztagsschulen, Jugendeinrichtungen) zu sichern.

(6) Ausbildungsförderung muss allen in nachschulischer Ausbildung stehenden Kindern aus einkommensschwachen Elternhäusern zuteil werden. Kindergeld steht mit Vollendung der Volljährigkeit

dem in Ausbildung stehenden erwachsenen Kind als eigener Anspruch zu. Die einkommensteuerliche Berücksichtigung von Aufwendungen für die Ausbildung der Kinder bleibt erhalten.

(7) Die Familienversicherung in Kranken- und Pflegeversicherung ist beizubehalten, allerdings auf unterhaltsabhängige Kinder und die diese erziehenden Eltern zu beschränken. Durch die Ausweitung der Kindererziehungszeit auf drei Jahre pro Kind sowie die Berücksichtigung der Kindererziehung in der Hinterbliebenensicherung ist die Kindererziehung in der Rentenversicherung bereits beachtlich anerkannt und gefördert worden. Die Unterschiede in der rentenrechtlichen Bewertung der vor und nach 1992 geleisteten Kindererziehung sind jedoch zu vermindern. Kindererziehungszeiten sind auch in der Arbeitslosenversicherung anzuerkennen.

(8) Beitragsvergünstigungen für Eltern sind der Sozialversicherung fremd. Sie sollten weder in der Pflegeversicherung noch in anderen Zweigen eingeführt werden. Statt dessen sollten Eltern als Ausgleich für ihren generativen Beitrag für sämtliche Systeme der sozialen und privaten Vorsorge eine nach Kinderzahl gestaffelte, vom Einkommen unabhängige Zulage zum Kindergeld erhalten.

(9) Kindererziehungszeiten, Kinder- und Erziehungsgeld, Familienversicherung und die Beitragszuschüsse für Eltern in der Sozialversicherung sollen durch eine steuerfinanzierte Familienkasse getragen werden. Die hieraus finanzierten Leistungen werden auch Privatversicherten gewährt. Die Familienkasse entgilt diese Leistungen nach familienpolitischen Kriterien. Die Leistungen werden durch die dritte Stufe der Mehrwertsteuer auf Sachen und Dienstleistungen des gehobenen Bedarfes und gesundheitsgefährdenden Verbrauchs finanziert.

(10) Die Beratung für Familien über Erziehung, Krisenmanagement, Stärkung der Haushaltsführungskompetenz und Schuldnerberatung ist zu sichern und in ihrer Zielgenauigkeit zu stärken.

b) Vereinbarkeit von Erwerbsarbeit und Elternschaft

(11) Es besteht ein erheblicher Bedarf an außerhäuslicher Kinderbetreuung und -erziehung für Klein- und Schulkinder – namentlich in den alten Bundesländern. Ein flächendeckendes, wohnortnahes und differenziertes Angebot an Betreuungseinrichtungen ist für Kinder aller Altersstufen zu schaffen. Es sollte durch nach Einkommen gestaffelte Beiträge zuzüglich erheblicher von den Städten und Landkreisen mit substantieller Unterstützung der Länder zu leistender Investitionen finanziert werden. Der Bund sollte sich der Vorgaben enthalten, solange er sich nicht substantiell an deren Finanzierung (mit)beteiligt.

(12) Um Müttern Erwerbsarbeit und Elternaufgaben verbinden zu helfen, sind außerfamiliäre Einrichtungen der Kinderbetreuung auf- und auszubauen. Da Eltern in ihrer Lebensgestaltung frei sind, muss ein Elternteil auch frei sein, die Elternaufgaben ohne Erwerbsarbeit auszuüben. Für beide Entwürfe ist hinreichend Vorsorge zu treffen.

c) Bekämpfung von Kinder- und Familienarmut

(13) Der Kinder- und Familienarmut ist durch einen Kindergeldzuschlag für einkommensschwache Familien entgegenzuwirken. Das Kindergeld ist für diese bis auf den Sozialhilfesatz für Kinder anzuheben.

(14) Die Sozialhilfeträger haben die Kinderbetreuung zu sichern und die (Wieder-) Eingliederung des erziehenden Elternteils in das Arbeitsleben verpflichtend anzustreben.

(15) Die Anreize zur Geltendmachung von Regressen der Sozialleistungsträger sind zu erhöhen; gleichzeitig sind die Möglichkeiten einzuschränken, durch privatrechtliche Gestaltungsakte den Regress der Sozialleistungsträger zu beschränken oder auszuschließen. In den Allgemeinen Teil des Sozialgesetzbuches ist als Grundsatz zu formulieren: Zum Ersatz von Sozialleistungen ist verpflichtet, wer deren Voraussetzungen vorsätzlich oder grob fahrlässig geschaffen hat.